아동관찰 및 행동연구 제2판

CHILD BEHAVIOR OBSERVATION

제2판

아동관찰 및 행동연구

홍길회 · 박재옥

dm 동문사

PREFACE

머리말

유아교육은 발달에 적합한 실제라 정의내려지며, 따라서 유아교육의 효과를 제대로 거두기 위해서는 영유아들의 발달 상태를 잘 이해하고, 그에 맞는 교육과정을 수립하는 것이 기본적인 일입니다. 체계적인 교육을 받고 전문적인 자질을 갖춘 교사의 역할 수행이 중요한 대목입니다.

'교육의 질은 교사의 질을 능가하지 못 한다'는 고전적인 말은 언제나 진리이고, 교사의 전문성은 아이들의 발달 수준, 행동, 생각, 느낌 등을 정확하게 파악할 수 있는 전문적인 지식과 기술을 갖추는 것에서 출발합니다.

교사의 역할 중에서 가장 중요한 것은 영유아를 관찰하고 분석하는 일이라 할 수 있는데, 그들의 발달수준, 흥미, 욕구 등을 발견하여 적절한 성장과 발달을 도울 수 있기 때문입니다.

관찰이라는 것은 학습자의 정보 수집에서부터 교육적 처치까지 일련의 교육 전문가적인 행동이라 할 수 있으며, 관찰을 통해 영유아를 정확히 이해함으로써 영유아의 요구와 흥미, 발달상태, 능력 등을 고려하여 교육활동을 위한 적절한 교수계획을 수립할 수 있게 됩니다.

인간발달의 결정적인 시기라 할 수 있는 영유아기는 인생의 그 어느 시기보다 급속하게 발달을 이루며 개인차가 많은 시기이고, 따라서 관찰은 언어능력이 미숙하고 자기표현이 어려운 영유아를 이해하는 가장 좋은 방법이 될 수 있을 것입니다.

의도적이고 체계적인 교육적 활동인 관찰을 통해 아동의 흥미와 관심을 발견할 수 있고, 아동에게 적합한 경험과 활동을 계획할 수 있으며, 안전한 환경과 건강 유지뿐 아니라 교육목표 달성 여부도 평가할 수 있습니다.

이러한 맥락에서 유아교사 양성과정에서 관찰 과목의 비중은 크며, 특히 2017년 1월 1일 이후 입학자부터 보육교사의 자격기준이 강화되어 '아동관찰 및 행동연구' 교과목은 보육교사 2급 자격 취득의 필수 교과목으로 지정됨으로써 모든 실습 교과목의 사전 이수과목으로 현장과 연계되어 다루어질 필요성이 있으며, 체계적인 관찰 및 평가 능력이 예비유아교사가 갖추어야 할 주요 능력임이 부각되었습니다.

그러나 현실적으로 유아교육현장에서 교사들이 가장 어려워하는 것 중의 하나가 유아의 행동을 관찰, 기록하고 평가하는 일이라 할 수 있습니다. 유아교육현장에서 교사들은 학기 초부터 교과활동이나 프로그램을 진행하기에 급급하여, 영유아의 성장·발달에 커다란 영향을 미치는 영유아의 발달에 관한 관찰과 평가를 소홀히 하는 경우도 종종 있습니다.

이에 예비교사 과정에서부터 체계적인 학습과 훈련을 통해서 관찰기술을 습득함으로써 유아교육현장에 나가 영유아 관찰방법을 학교에서 배운 대로 적용할 수 있도록 하는 교재 집필의 필요성을 느끼게 되었습니다.

영유아를 관찰할 수 있는 다양한 관찰 방법을 제시하고, 실제 하루 일과를 진행하는 교육현장에서 관찰이 가능하도록 하는 데 초점을 두어 보다 쉽게 다가갈 수 있도록 노력하였으며, 다양한 관찰 유형을 소개하고 바로 실습을 통해 익히게 함으로써 이론의 적용이 바로 이루어지고 현장과 연계할 수 있도록 하여 교사의 영유아에 대한 바른 이해와 전문적 자질 함양에 도움이 되고자 하였습니다.

또한 유아의 행동을 관찰하고 평가하는 것에 좀 더 자신감을 갖고, 객관적으로 아동을 이해하는 것에 대한 중요성을 깨닫고, 이를 바탕으로 하여 영유아가 전인적 성장 발달을 이룰 수 있도록 교육과정을 구성하는 등 이 책을 통해 배운 내용을 바탕으로 현장에서 훌륭한 유아교사로서의 역할을 잘 수행할 수 있기를 기대합니다.

제2판에서는 기존 3~5세 누리과정이 개정누리과정으로, 3차 표준보육과정이 2020년도에 4차 표준보육과정으로 시행됨에 따라 관련 내용들을 모두 변경·보완했음을 밝혀둡니다.

본서가 나오기까지 그동안 여러 가지로 지원과 협조를 아끼지 않은 많은 주변 분들과 동문사 이중수 대표님과 관계자에게 감사드립니다.

2021년 8월

저자 일동

머리말 _ 5

PART I 관찰 및 행동연구의 기초

CONTENTS 차례

PART Ⅱ 관찰 및 행동연구의 유형

PART Ⅲ 유아교육기관 현장에서의 관찰의 실제

APPENDIX 평가제 통합지표에의 적용

PART I

관찰 및 행동연구의 기초

CHAPTER 01

관찰법의 이해

1 관찰의 정의와 특성

관찰(觀察)의 사전적인 정의는 말 그대로 사물을 주의 깊게 살펴본다는 뜻으로, 자연스러운 상황에서 발생하는 대상의 행동과 그 과정에 대하여 상세한 자료를 수집하는 과정이라 할 수 있다.

관찰의 역사는 오래되었다. 우리는 일상생활에서도 관찰을 잘함으로써 많은 정보를 얻기도 한다. 의식적이든 무의식적이든 항상 관찰을 함으로써, 일의 계획이나 상황 판단을 통한 의사결정 등에 자연스럽게 관찰을 사용하기도 한다.

영유아교육에서 관찰법은 가장 오래된 연구방법으로 평가되기도 한다. 유아교육사전(1996)에는 관찰법을 연구자가 자신의 감각기관을 사용하여 자료를 수집하는 방법이라 정의하고 있다. 즉, 아동을 가장 광범위하게 직접 관찰하여 필요한 정보와 증거를 수집하는 방법으로서, 모든 연구의 가장 기초적인 방법으로 적용된다. 뿐만 아니라 최근 소개되는 여러 연구방법에서도 가장 타당성을 인정받고 있는 방법 중 하나이다.

질적 연구자들도 개별 아동을 관찰하여 서술적인 자료들을 수집하고 분류·양화하고, 해석하고, 그 경향성과 가정들을 탐색하려고 하며, 포트폴리오 평가는 유아의 학습을 관찰·기록하여 증거 자료들을 수집한다 (황해익 외, 2008).

관찰법은 시각·청각 등 관찰자의 감각을 통해서 직접적으로 대상자의 현재 행동이나 언어를 과학적으로 관찰하고 기록하여 분석하는 방법으로, 행동이 발생하는 과정이나 상호작용 유형 등 과정을 강조하는 연구에서 특히 유용하다고 할 수 있다.

관찰법은 현재성과 직접성을 주요 특성으로 갖고 있다. 그밖에 다음과 같은 점을 특성으로 들 수 있다.

첫째, 관찰 대상의 행동이 발생함과 동시에 기록될 수 있어 비교적 자세하고 풍부하고 생생한 많은 정보를 얻을 수 있다.

둘째, 관찰은 대체로 도구를 사용하지 않는 방법이며, 도구 사용의 경우도 측정받는 대상에게는 영향을 미치지 않는다.

셋째, 관찰의 성패여부는 관찰 대상의 조건에 좌우되지 않고, 관찰자 자신의 관찰 능력에 의해서 좌우된다. 다시 말해 피관찰자의 협력을 덜 필요로 한다는 것이다.

넷째, 비언어적인 행동에 대한 자료수집에 있어 더욱 유용한 방법으로 대상자를 있는 그대로를 관찰할 수 있다.

다섯째, 관찰 대상의 능력이나 교육 정도에 제한을 받지 않는다. 특히 언어표현 능력이 제한된 영유아에게 적합하다.

여섯째, 대부분의 아동들이 관찰자의 존재를 크게 의식하지 않으므로 자연스러운 행동을 관찰하는 것이 용이하다.

유아를 대상으로 한 관찰법이 효과를 갖기 위해서는 무엇보다 관찰이 우발적으로 이루어지지 않고 사전에 면밀히 계획되어야 하며, 특히 관찰의 기록은 즉시 이루어지도록 계획되어야 한다는 것이다. 주기적이고 체계적인 관찰을 통해서 관찰 결과를 기록하고 분석할 때 관찰의 효과를 극대화할 수 있다.

영유아교육현장에서는 여러 가지 방법으로 하루 일과 내내 영유아를 관찰하고 자료를 수집하게 된다. 관찰자는 감각기관을 통해서 관찰 대상인 아동의 행동을 보고 들은 대로 기록하여 분석하게 된다. 일반적으로 유아를 대상으로 관찰할 때는 유아가 말하거나 행동하는 것을 면밀하게 관찰하여 기록하면 된다. 그러나 관찰법은 겉으로 표출되는 행동만 보게 된다는 큰 제한점이 있어 대상의 내면 속성을 알기에는 어려울 수 있다. 그러므로 교사가 관찰법에 의해 영유아의 자료를 수집하려면 각각 관찰법에서 요구하는 방법과 절차에 의해 체계적으로 관찰할 수 있어야 한다.

2 관찰의 필요성과 목적

1) 관찰의 필요성

관찰법은 영유아의 행동을 이해하여 효율적인 교사의 역할을 수행하기 위해 영유아의 자료를 수집하여 연구·평가하는 필수적 방법이다. 관찰을 통해 교사는 대상 영유아 개개인의 흥미와 특성 그리고 욕구와 변화 등의 발달에 대한 정보를 획득하고, 이를 고려한 다양한 활동을 제공할 수 있기 때문이다. 그러므로 교사는 영유아의 발달 수준을 파악한 체계적인 관찰을 원숙하게 실시할 수 있는 능력이 필요하다.

영유아 관찰의 유용성은 다음과 같이 정리할 수 있다

첫째, 관찰 대상의 발달을 잘 이해할 수 있게 한다.

관찰 대상이 영유아일 경우 그들의 발달특성 때문에 특히 관찰법이 선호될 수밖에 없다. 우선 영유아는 언어구사 능력이 제한되어 있어 언어로 자신의 감정과 생각을 제대로 전달하기가 어렵기 때문에, 유아의 행동, 성장, 학습에 대한 정보를 얻기 위해서는 유아가 말하는 것뿐만 아니라 몸짓으로 행동하는 것에 대한 정보도 기록해야 한다. 즉, 유아들은 눈빛, 목소리, 몸짓, 행동방식, 웃음 등 다양한 방법으로 의사소통하므로 이를 잘 기록하는 것은 유아를 있는 그대로 보도록 도와주게 되어 발달을 잘 이해할 수 있게 된다. 또한 영유아는 발달 특성상 주의집중 시간이 짧다는 특성이 있으며, 낯선 상황에서는 자신의 능력을 최대한 발휘하지 못할 가능성이 많다는 점도 관찰법이 유용하다.

따라서 관찰을 통해 유아의 발달이 영역별로 이루어지고 있는 정도를 알 수 있을 뿐 아니라 특정 유아의 독특한 개성과 문제점 등도 진단할 수 있다. 이에 최근 들어 기존에 사용되어 오던 전통적인 평가 방식의 한계점을 극복하고, 유아의 평소 수행과 행동을 있는 그대로 관찰하고 평가하려는 새로운 평가 방식(예: 포트폴리오)이 관심의 대상이 되고 있다.

둘째, 교육과정을 계획하는 데 기초를 마련해 준다.

교사는 영유아를 보고 그 행동을 기록함으로써 아이들이 어떻게 행동하며 느끼는지를 발견할 수 있다. 영유아의 능력과 흥미를 관찰하고 발견함으로써 교사는 개별 유아뿐만 아니라 학급 유아들을 위한 교육계획을 수립할 수 있다(Hendrick, 1990).

영유아를 대상으로 한 관찰기록들은 대상자에 대한 풍부하고 전체적인 자료들을 제공해 주며, 이를 통해 교사는 자신의 수업을 평가해 볼 수 있어 영유아의 발달에 적합한 실제 활동들을 제공할 수 있다. 즉, 관찰에서 얻은 자료를 통해 교사는 교육환경을 구성하고, 교수방법을 선택하고 평가하는 등의 교육활동에 기초를 마련할 수 있다.

셋째, 학부모에게 자료를 제공할 수 있다.

관찰에서 얻어진 자녀의 자료를 부모와의 면담을 통해 공유할 수 있으며, 유아교육기관은 가정과 긴밀하게 유대를 통하여 안정된 생활과 건강한 성장을 지원할 수 있는 협조관계를 유지할 수 있게 된다.

즉, 부모로 하여금 자녀의 유아교육기관에서의 생활과 발달 전반에 관해 이해할 수 있도록 해줌으로써 부모-자녀관계의 질을 높일 수 있도록 지원할 수 있다.

넷째, 관찰자 자신을 이해하는 데도 도움이 된다.

관찰을 통해 발달하게 되는 관찰기술은 인간행동을 정확하게 파악할 수 있게 해줌으로써 관찰자인 교사 자신의 행동이나 사고도 주의 깊게 살필 수 있는 능력을 지니게 한다.

2) 관찰의 목적

영유아 관찰은 일상생활에서 자연스럽게 나타나는 아동의 행동을 평가함으로써 특정 행동에 대한 객관적인 자료를 확보하는 방법이다. 또한 자연환경에서 아동의 사회성 행동을 평가하는 중요하고 가치 있는 평가 방법이기도 하다. 나아가 관찰은 프로그램 계획, 총괄 평가에도 의미 있는 정보를 제공할 수 있다(Nilsen, 2001 재구성).

관찰은 관찰 목표에 따라 다음과 같은 영유아의 자료 획득을 목적으로 한다.

- 아동의 흥미 발견: 흥미 영역의 발견을 토대로 적합한 교육적 경험을 제공 · 지원할 수 있다.
- 측정과정: 관찰 지식을 바탕으로 이후의 발달과 변화를 기대하고 예측할 수 있다.
- 학습경험의 확장: 가르치기 적절한 순간을 포착할 수 있게 한다.
- 타당성 확보: 아동의 현재 시점에 있는지를 보여 준다
- 교육과정 계획: 주요 경험과 활동을 계획하도록 정보를 제공해 준다.
- 교수에 대한 자기반성: 교사로서의 전문성 계발의 기초가 된다.
- 학습양식과 교수 전략: 아동의 인성, 학습 스타일을 알려 주며, 교수 전략에 대한 실마리를 제공해 준다.
- 도움제공: 도움이 필요한 상황을 알려 준다.
- 지도: 잠재적인 문제를 안내하거나 지도하게 한다.
- 안전: 잠재적인 위험 상황을 보고 상해를 예방하는 등 안전을 제공해 준다.
- 신체건강: 아픔이나 질병의 신호를 인식하게 한다.
- 아동과의 의사소통: 언어적 상호작용을 함으로써 아동이 생각하는 과정을 탐구할 수 있다.
- 가족과의 의사소통: 아동의 일상에 대한 가족과의 대화를 통해 내 아이가 주의 · 세심한 보살핌을 받고 있음을 말해 준다.

교사는 획득된 자료의 해석을 통해 아동 개개인에게 맞는 목표를 설정하고, 생활지도는 물론 학부모 상담 등에 활용할 수 있을 뿐만 아니라 교육과정 계획의 기초 자료로 활용하여 질적으로 향상된 교육활동으로 전이할 수 있다. 다시 말하여 영유아교사들은 여러 가지 관찰 방법을 통

해서 얻어진 자료들을 통해 유아의 성장발달에 대한 정보를 얻어 발달에 적합한 활동을 계획할 수 있으며, 자신들의 교수-학습방법에 대한 효과를 평가하고 수정할 수 있다. 뿐만 아니라 프로그램과 환경을 평가함으로써 유아교육의 질적 향상에 기여할 수 있으며, 영유아의 문제 행동의 원인에 대한 필요한 정보를 학부모에게 제공해 줄 수 있다. 이 과정에서 교사의 전문성은 향상될 것이며, 유아의 발달을 지원해 줄 수 있게 되는 것이다.

3 관찰의 분류

1) 자연적 관찰 vs 통제적 관찰

관찰 장면이나 상황의 통제유무에 따라 자연적 관찰(naturalistic observation)과 통제적 관찰(controlled observation)로 나눌 수 있다.

자연적 관찰은 있는 그대로의 자연스러운 상황에서 관찰이 이루어지며, 관찰 장면에서 일어나는 다양한 상황에 아무런 제한없이 관찰하는 형태이다. 즉, 자연적 관찰은 가정, 유치원, 놀이터, 공원, 병원 등의 장면 상황에서 아동의 자발적인 행동을 관찰하는 것이다. 관찰자는 유아가 하는 모든 행동을 관찰하고 기록할 수는 없으므로 관찰하기 전에 먼저 무엇을 기록할지를 미리 정하는 것이 필요하다. 예를 들어, 유아들 간의 상호작용을 측정하고자 한다면 자유놀이 시간에 '누구와 노는지', '누구에게 말을 거는지'를 기록할 수 있다.

- 장점: 자연스런 상황에서 관찰자가 예상하지 못한 점을 발견할 수 있다.

• 단점: 주관적인 관점에서 관찰할 수 있어 신뢰도 검증에 어려움이 있다. 특정한 행동이나 사건의 발생 빈도를 기록하기 위해서는 오랜 시간 기다려야 한다.

통제적 관찰은 관찰할 행동이나 시간을 미리 계획해 놓고 특정한 영역의 행동에 대해서만 관찰하는 형태이다. 즉, 자연적 상황에서 관찰하기 어려운 유아의 행동을 측정하고자 할 때 유용한 방법으로, 행동을 유발할 수 있는 통제된 상황을 만들어 그 속에서 유아의 행동을 관찰하는 것이다. 관찰을 효율적으로 하기 위해서는 사전에 관찰항목을 만들어 놓은 체크리스트(checklist)법, 관찰기간을 조절한 시간표집(time sampling)법 등을 적용할 수도 있다. 한편 자연스러운 관찰을 위해 일방투시경(one way mirror)을 사용한다.

• 장점: 의도한 행동이나 상황에 대한 정확한 관찰이 가능하다.
• 단점: 개인이나 소집단에만 유리하며 통제의 한계, 개입된 변인 등으로 인해 판단이나 해석에 주의를 기울여야 한다.

2) 참여관찰 vs 비참여관찰

관찰 장면에서 관찰자의 참여 유무에 따라 참여관찰과 비참여관찰로 나눌 수 있다.

참여관찰은 관찰자가 관찰하려는 상황, 즉 아동의 집단이나 개인의 일상 속으로 들어가 실제 구성원이 되어 관찰을 수행하는 것을 말한다. 일상생활을 하면서 자료수집을 함께 할 수 있다는 점에서 효율적이라 할 수 있다.

• 장점: 관찰 현장 내부에서 다량의 정보 수집이 가능하다.
관찰 대상의 부자연스러운 행동을 줄일 수 있다.

심층적이고 포괄적인 연구 및 특수행동에 대한 자료수집도 가능하다.

- 단점: 관찰 장면에 참여로 인하여 객관성 유지가 어렵다.
  시간이 많이 걸릴 수 있다.

비참여관찰은 관찰자가 관찰 상황에는 있으나 아동의 일상생활에는 참여하지 않고 외부자의 입장에서 객관적인 관찰을 하는 방법을 말한다.

- 장점: 조직적이고 계획적인 관찰을 할 수 있다.
  관찰자의 오류를 줄여 객관성을 유지할 수 있다.
- 단점: 관찰의 기회가 적고, 심층자료를 얻기 어렵다.
  행동이나 말이 잘 보이거나 들리지 않는 등으로 정보가 제한

비참여관찰 시 관찰자의 바른 태도

- 관찰로 인하여 교실에서 진행되고 있는 활동을 방해하지 않는다.
- 개인적 공간에서 충분히 멀리 떨어져 있어야 한다(그러나 소리는 들리는 장소).
- 유아의 활동을 방해하지 않는 위치의 작은 의자에 앉는다.
- 평범하지만 편안한 옷을 입고 유아의 주의를 끌만한 장신구를 피한다.
- 유아를 불편하게 만드는 너무 두드러진 응시를 하지 않는다.
- 보고 들을 수 있는 거리에 있고, 놀이 영역이나 개인 공간에 들어가지 않는다.
- 만약 유아가 무엇을 하고 있는지 물어보면 간단하고 정직하게 대답을 한다.
- 일단 답을 했으면 더 이상의 대화가 진행되지 않도록 자리를 피한다.
- 관찰하는 동안 유아들이 다가와 도움을 청하거나 교사가 한말에 대해 다시 묻거나 할 수 있는데, 위급한 상황이 아니면 선생님에게 여쭈어 보라 하고 유아의 관심을 돌리도록 한다.
- 유아들의 예상치 못한 행동이나 반응에 웃거나 어떤 식으로든 반응하지 않도록 주의한다.

– Martin(1999), 보충 사용

될 수 있다.

3) 주관적 관찰 vs 객관적 관찰

주관적 관찰은 관찰의 기록에 있어 개인적인 느낌이나 판단, 의견 등이 포함된 관찰을 말한다. 객관적 관찰은 사실과 사건을 담은 기록으로 개인적인 해석이 배제되어 있는 경우를 가리킨다. 관찰에 영향을 주는 요소는 관찰자의 개인 특성이나 신념, 관찰 당시 상황, 관찰 대상의 특성 여러 가지 요소를 들 수 있다. 관찰자의 편견, 기대, 선호 등으로 판단이 왜곡될 수

주관적 vs 객관적 관찰의 사례

주관적 관찰의 예시

○○이는 역할놀이 영역에서 책상 위에 놓인 공룡을 가지고 혼자 놀고 있다. ○○이는 친구가 없는 것 같다. 한참 동안 놀던 ○○이는 재미가 없어져서 다른 바구니에 있는 공룡을 가지러 간다. 선생님에게 관심을 끌려하는 듯 제일 큰 공룡을 가리키며 대장이라고 한다. 선생님이 ○○이의 말을 들어주는 유일한 사람이기 때문이다.

객관적 관찰 예시

(○○이는 역할놀이 영역에서 15분째 놀고 있다.)
○○이는 지금까지 가지고 놀던 공룡 두 마리를 책상의 오른쪽 가장자리에 놓고, 곧장 역할놀이 영역 오른쪽 구석에 있는 장난감 바구니로 간다. 오른쪽 무릎을 꿇고 두 손으로 바구니 안을 휘젓더니 플라스틱 공룡 하나를 왼손으로 꺼낸다. 오른손으로 바닥을 짚으면서 몸을 일으켜 선다. 공룡의 머리를 잡고 책상으로 급히 걸어가서 책상에 있는 두 마리 공룡 옆에 세운다. 큰소리로 "여기 가만히 있어야 해" 하고 외치고 선생님에게 달려간다. ○○이는 오른손 두 번째 손가락으로 공룡들을 가리키며 "선생님, 저기 보세요. 티라노사우르스가 대장이에요. 왜냐하면 제일 크니까요. 스테고사우르스가 다음 대장이에요. 왜냐하면..."

있기 때문에 무엇보다 객관성을 유지하도록 하는 것이 중요하다. 같은 유아가 같은 시간에 같은 행동을 한 것을 관찰하고 기록한(김희진 외, 2000) 다음의 관찰 사례를 서로 비교하면 그 차이를 알 수 있을 것이다.

주관적인 기록을 피하기 위한 전략

1. 관찰 대상이 실제로 말하고 행동한 것만 적는다.
   - 결론을 내리지 말고 그렇게 만든 행동을 적는다(○○이가 행복해 보였다 → 크게 웃으며 박수를 쳤다. 노래를 흥얼거리며 블록을 쌓았다 등).

2. 관찰 대상의 말을 사실 그대로 직접 화법으로 기록한다.
   - 간접화법보다는 " "를 사용하여 유아가 한 말을 그대로 기록하면 유아에 대한 다양한 정보들을 얻을 수 있게 된다.

3. 관찰 대상의 행동을 구체적으로 기술한다.
   - 일반적이고 모호한 표현보다는 구체적이고 분명한 단어를 선택한다(○○이가 블록 영역에서 놀고 있다. → 누구와 무엇을 만들고 놀고 있는지 구체적으로 기록한다).

4. 행동의 질을 설명한다.
   - 주관적인 해석이나 판단이 아닌 다른 사람의 행동과 구분되는지를 정확히 알 수 있도록 설명하여야 한다. 유아가 바람을 불어 사물이 날리는 모습을 보고 깔깔거리고 웃는 모습을 보고 '○○는 명랑하다'라고 하는 것은 행동의 질을 설명한 것이라기보다는 관찰자의 해석이 들어간 주관적인 관찰이 되는 것이다. 행동의 질 설명과 주관적인 관찰기록을 구별하는 것이 무엇보다 중요하다(김희진 외, 2000).

'웃는다'는 기뻐서, 기가 막혀서, 우쭐하는 마음으로 등 상황에 따라 웃음이라는 행동의 질이 달라질 수 있다. 따라서 앞의 상황 설명을 위해서는 빙긋이 웃는다, 빙그레 웃는다, 깔깔(껄껄) 웃는다, 방긋이 미소를 짓는다, 상냥하게 미소를 짓는다, 낄낄 웃는다, 능글맞게 웃는다, 너털 웃음을 웃는다, 폭소를 터트렸다 등 다양한 표현을 사용하는 것이 요구되며, 적절한 용어 사용을 통해 행동의 질을 설명할 수 있어야 한다.

4 체계적인 관찰 방법

1) 관찰 계획과 실행

체계적으로 아동관찰을 실행하기 위해 사전에 고려해야 할 사항을 살펴보면 다음과 같다.

(1) 관찰 대상

개별적으로나 소집단 내에서 또는 대집단 내에서 개개 영유아의 관찰 계획을 세우는 것이 필요하며, 학기 초에 연간 관찰 계획을 세울 필요가 있다. 영유아뿐만 아니라 교사나 기관, 학급의 환경, 교수행동 및 교사·유아 간 상호작용 등도 관찰 대상이 될 수 있다.

(2) 관찰 주제

막연한 관찰보다는 주제를 미리 정하여 영유아의 행동을 단계적으로 관찰할 필요가 있다. 교실에서 발생한 일들을 모두 기록하려면 평소에 바라볼 때와 달리 엄청난 정보의 양에 당황하게 되므로 미리 관찰의 목적을 잘 설정하고 관찰 행동 목록을 표집한다.

(3) 관찰 방법과 도구

관찰하려는 행동에 적합한 관찰 방법이나 도구인지를 살펴 선택한다.

(4) 관찰 장소

자연스런 상황에서 이루어지는 자연 관찰과 별도로 마련된 장소에서 이루어지는 구조화된 관찰로 나눌 수 있다. 유아교육기관에서는 주로 자연 관찰이 많이 이루어지는데, 교실이나 활동실, 실내외 놀이터, 가정 등 다양한 장소에서 이루어진다. 관찰자를 의식하지 않고 평상시 행동을 그대로 보여 줄 수 있도록 하여야 한다.

(5) 관찰 시기와 기간

하루 일과 중 어느 때가 주제 행동을 관찰하는 데 적합한지와 한 번 또는 반복 관찰 여부를 결정하여야 하며, 관찰 기간을 어느 정도 설정할 것인지도 생각해야 한다.

(6) 관찰기록

- 가능한 관찰과 동시에 기록하는 것이 바람직하며, 관찰용지를 사전에 준비한다.
- 관찰용지에는 대상 아동의 이름, 나이, 성별, 관찰 일시, 관찰자 및 상황이나 장면 등을 미리 기록하여 둔다.
- 일정한 형식에 의해 일관성 있게 기록하는 것이 중요하다.
- 참고로 관찰기록의 형식은 세 가지가 있다.
  ① 서술 형식(narrative type)으로 행동 및 사건을 그대로 이야기하듯이 기록하는 방법으로 일정한 양식에 구애받지 않은 점이 특징이다.

② 행동목록 형식(checklist type)은 사전에 준비된 특정 영역의 행동에 관한 행동목록표(checklist)를 활용하여 그 행동이 출현할 때마다 표기하는 방식이다.

③ 행동평정척도(rating scale)는 준비된 척도에 어떤 특정 행동에 대한 판단을 거쳐 표기하는 방식이다.

- 관찰기록 시 주의할 점은 객관성을 유지하며, 추론이나 해석은 피하도록 한다.
- 기록에 있어 기기를 활용하기도 한다.

녹음기나 비디오카메라, 관찰연구용 자동기록 및 분석기계 등을 이용하면 행동이나 언어를 누락 없이 기록할 수 있고, 수시로 재관찰할 수 있으며, 신속한 행동의 경우는 속도 조절 등을 통해 분석을 용이하게 하거나 재분석이 가능하다.

2) 체계적 관찰을 위한 고려사항

(1) 관찰 단계의 구분

관찰 단계는 다음의 4단계로 이루어지는데 이를 잘 구분할 필요가 있으며, 특히 서술적인 관찰 시에 주의를 요하는 내용이다.

첫째, 기록: 관찰한 것을 기록하는 단계로 가능한 자세하고 객관적으로 적는다.

둘째, 추론: 눈앞에 보이는 것을 넘어서 행동의 원인이나 감정 등을 추측하는 단계이다.

셋째, 평가(해석): 어떤 행동이 바람직한지 여부와 긍정적인지 아닌지, 정상적인 발달이 이루어지고 있는지 등을 판단하는 단계이다.

넷째, 교수계획: 교육과정에 설정된 학습내용으로 반영하여 실행할 계획을 세우는 단계이다.

이와 같이 기록, 추론, 평가(해석), 교수계획의 단계를 구분하여야 하며, 이때 추론이나 해석은 객관적이고 충분한 관찰 자료에 근거해야 한다.

잘못된 추론의 사례

상 황: ○○이가 **에게 "△△는 어제 자유놀이 시간에 블록 영역에서 주차장 놀이를 했는데, 오늘도 아마 주차장 놀이를 할 거야"라고 소곤거리면서 이야기 한다.

추론1: ○○이는 남의 이야기하기를 좋아한다.

추론2: ○○이는 △△이가 어제 무엇을 했고, 오늘은 어떤 일을 할지에 대해 잘 알고 있다.

(2) 기록의 중요성 강조

- 관찰한 것을 기록해야 하는 이유: 기억을 위해서, 비교하기 위해서, 이후에 설명하기 위해서, 사소한 일들을 보관하기 위해서, 문해 능력에서의 모델링으로써, 문서화를 위해서 등을 들 수 있다.
- 객관성 유지: 관찰자의 주관이나 편견이 반영되는 이른바 관찰자 편향(observer bias)이 개입될 수 있기 때문에 오랜 경험과 훈련으로 정확하게 관찰하고 기록하는 능력이 있어야 한다.
- 적절한 용어의 선택: 다양한 단어를 알고 적절하게 선별하여 사용할 줄 알아야 한다. 따라서 좋은 관찰을 위해 관찰자는 충분한 어휘력을 갖추는 것이 바람직하다.

(3) 관찰자(교사)의 역할

몬테소리는 교사의 역할로 관찰자의 역할을 강조하였다. 이러한 의미에서 훌륭한 교사란 예민한 관찰자라 할 수 있다. 가르치는데 있어 중요한 것은 영유아들을 관찰하고 귀 기울이는 능력이다. 이런 과정을 통해 교사는 영유아의 발달 수준, 흥미, 욕구 등을 발견할 수 있다. 훌륭한 교사는 수집한 정보를 토대로 교육과정과 학습 환경을 구성하는데 활용하여 영유아의 성장과 발달을 도모할 수 있어야 한다. 따라서 교사는 영유아 개개인 및 학급 유아들의 말하고 행동하는 것을 주의 깊게 보고 귀 기울이며 정확하게 기록하는 효과적인 방식들을 학습할 필요가 있다(황해익 외, 2008).

예비교사들은 영유아발달 관련 교과목에서 익힌 이론적 지식들과 직접적으로 개별 유아들을 관찰하면서 알게 된 경험적 지식들을 확실하게 연결하도록 노력해야 한다. 또한 이러한 발달과정이 어떻게 진행되는지 알기 위해 하루 이틀이 아니라 몇 주에 걸쳐 직접 관찰, 기록하는 경험을 쌓는 두는 것이 필요하다.

현장에 있는 교사의 경우도 영유아들을 관찰하기 위한 계획을 세워 실천하여야 한다. 교육과정의 실행을 위해 연간교육계획안을 짜듯이 관찰계획안을 작성함으로써 적절한 교육과정과 교수 전략을 개발하고, 영유아들의 상호작용의 유형을 파악해 둔다. 영유아의 성장과 학습에 대한 학부모들과의 면담을 위해, 후속적인 평가와 특별한 도움이 필요한 유아들을 선별하기 위해, 유아들의 능력과 발달 수준을 알 필요가 있으며, 이러한 것들은 지속적이고 체계적인 관찰을 통해 이루어질 수 있다.

3) 관찰 훈련하기

관찰 연습 1

다음에 제시한 단어들은 유아들에게 흔히 관찰되는 행동들이다. 5가지 이상 적어봅시다.

1. 본다
2. 말한다
3. 쓴다
4. 달린다
5. 웃는다
6. 운다

관찰 연습 2

작업 1

1. 두 사람이 한 팀이 된다.
2. 두 사람 중 한 사람이 5분 동안 여러 가지 행동을 한다(예: 그림을 그린다, 스마트폰을 사용한다, 글씨를 쓴다 등).
3. 나머지 한 사람은 관찰하고 자세하게 기록한다.
4. 서로 역할을 바꾸어 관찰한다.
5. 관찰이 끝나면 서로 자신의 행동을 잘 묘사했는지 평가해본다.

작업 2

1. 다른 팀과 합쳐서 4명이 한 팀을 이룬다.
2. 먼저 한 사람이 작업 1에서의 자신의 관찰기록을 읽는다.
3. 그 사람과 팀을 이루지 않았던 두 사람은 읽어 주는 대로 행동을 따라하고, 기록의 대상이었던 사람은 두 사람이 따라하는 행동이 자신이 했던 행동과 동일한지 관찰한다.
4. 네 사람 모두 돌아가면서 자신들의 기록을 읽고 행동을 따라하게 한다.
5. 자신들의 행동과 똑같은지를 평가해보고 같지 않았다면 그 이유를 토론해본다.
6. 행동을 따라했을 때 어려운 점을 이야기해 본다.

5 관찰의 오류와 해결

영유아를 관찰하는 동안 오류를 최소한으로 줄일 수 있어야 한다. 오류를 범하는 요인과 방안을 살펴보면 다음과 같다.

1) 관찰 대상 관련 오류

관찰자의 존재가 관찰 대상에게 영향을 미치는데서 발생하는 오류를 말한다.

관찰을 시행하기에 앞서 충분한 시간을 두고 익숙하게 함으로써 익숙한 행동이 자연스러워졌을 때 하는 방법과 관찰 상황에서 부모와 교사 등 영유아와 친숙한 사람들에 의해 관찰을 수행하게 하는 방법을 사용할 수도 있다. 관찰자가 관찰 대상 유아의 눈에 띄지 않는 방법을 사용할 수도 있는데, 대표적인 방법이 일방경이 설치된 관찰실에서 관찰을 하는 것이다. 또한 CCTV 카메라를 활용하는 방법도 있는데, 이 경우는 관찰 중에 CCTV 모니터를 통해 기록을 하거나, 녹화된 장면을 통해 나중에 평정하기도 한다.

2) 관찰자 자신의 오류

(1) 관찰자의 기대와 특성

관찰 결과에 대해 관찰자가 개인적인 기대를 가지고 있을 때 편견이 생길 수 있어 행동을 사실적으로 기록하기보다는 일어나기를 기대하는 방향으로 기록할 가능성이 있다.

(2) 관찰자 개인의 특성

관찰자가 지나치게 관대하거나 엄격하면 관찰에 영향을 미칠 수 있다. 관찰자의 신체적 건강, 즉 질병이나 피로와 같은 관찰자의 일시적인 건강 변화는 관찰의 민감성, 정확성을 저해한다. 관찰자가 지니는 민감성도 영향을 미칠 수 있는데, 영유아의 행동이나 움직임 또는 표정을 포착하여 기술할 수 있도록 훈련을 통해서 개선될 수 있어야 할 것이다.

(3) 과잉 일반화

개인적인 경험에 기인하는 오류로서 어느 정도 익숙한 경험은 어떤 현상을 당연한 것으로 간주하는 경향이 있는데, 이로 인해 그 행동의 중요성이나 특성을 상세하게 변별하는 것을 어렵게 만들 수 있다는 것이다. 실제로 공격적인 행동을 하는 장면을 보면 다른 행동으로까지 일반화시켜 공격적인 아이라고 판단하기도 한다.

(4) 후광효과

사전지식이나 정보에 의해 관찰 대상의 행동을 과대 또는 과소평가하게 만드는 경향으로, 유아에 대한 부정적인 정보를 가지고 있는 경우 좋지 않은 방향으로, 좋은 정보를 가지고 있는 경우 더 과장되고 좋은 방향으로 관찰, 해석하는 경향을 말한다. 예를 들어, 예쁘고 용모가 단정한 아이는 착하고 말을 잘 듣는다고 생각할 수 있는데, 이처럼 긍정적인 측면에서 영향을 주는 것을 '후광효과(halo effect)'라 하며, 부정적인 관점을 '편견(prejudice)'이라고 한다.

영유아의 특정한 행동으로 인해 전반적인 관찰과 평가에 영향을 끼치지 않도록 유의해야 할 것이다.

(5) 관찰자의 지각적 특성

- 돌출자극 집중 경향: 관찰 대상의 언어, 음성, 표정, 신체 움직임, 생리적 반응 등에 집중하는 것을 말한다.
- 초두효과 및 최신효과: 관찰자는 정보의 첫 부분에 주목하거나(초두효과), 마지막 부분에 주목하여(최신효과), 중간 부분의 정보를 상실할 가능성이 있는 것을 말한다.
- 중심화 및 관대 또는 엄격화 경향: 지나치게 긍정적이거나 부정적인 평가는 피하고, 중간 수준을 유지하려는 경향이 있으면서도 때론 지나치게 관대하거나(관대화 경향) 엄격하게 평가하는 경향(엄격화 경향)도 있다.
- 비교 경향: 이전에 발생한 행동이나 자극의 속성과 상대적으로 비교하여 기록하려는 경향을 말한다.

3) 기록 및 해석의 오류

같은 기록이라도 개인적인 편견 등 여러 가지 이유로 기록과 해석상에 생략오류, 첨가오류, 전환오류, 주관적 해석오류 등의 오류가 있을 수 있다(황해익 외, 2008).

- 생략오류(omission error)는 영유아의 행동을 이해하는데 필요하거나 도움이 되는 정보를 빠뜨릴 때 발생하는데, 관찰 시 마음이 심란하거나 이미 발생한 행동들을 가볍게 빠뜨리거나 불충분한 관찰일지 기록에 기인하므로, 관찰기록은 가능한 관찰 직후에 빠르게 이루어져야 한다.
- 첨가오류(addition error)는 생략오류와 대조적으로 실제적으론 발생하지 않았는데 상호작용이 일어난 것처럼 행동이나 언어를 기록하는 것으로, 불충분한 주의집중, 가상의 기억에 의존하기 등을 들 수 있다.

- 전환오류(transmission error)는 일어난 행동의 순서를 부적절한 순서로 계열화시키는 것으로, 사건의 순서가 중요할 때는 심각한 실수를 불러올 수 있다. 만약 오전 9:20분에 발생한 행동은 9:35분경에 일어나는 행동에 영향을 줄 수 있기 때문이다. 그러므로 발생한 행동의 시작과 끝을 기록하거나, 관찰 행동에 대한 관찰 시작 시간과 마침 시간을 기록하는 것이 필요하다. 이때 시간을 기록하는 것은 전환오류를 줄일 수 있는 한편 유아의 주의집중 시간이나 특정 활동에 보내는 시간의 정도에 대한 정보를 제공해줄 수 있다.
- 주관적 해석오류는 타인의 행동을 해석하는 데 있어 주관적인 느낌 등에 기초하여 해석하는 경향을 말한다. 의도적으로 주관성의 개입을 배제하도록 노력하고, 반복적인 관찰 훈련을 통해 객관적인 관찰이 되도록 하여야 한다.

6 관찰 시의 책무사항

관찰에 있어 관찰자의 임무는 영유아의 개별 인권을 존중하고, 권리를 보호해주는 일이 가장 중요하다고 할 수 있다.

1) 비밀 보장 유지

영유아들은 의사결정력은 물론 심신의 문제 발생 시에 성인보다 심각한 영향을 받을 수 있다. 따라서 사생활이 침해당하지 않을 권리를 보호해야 하는 것이 매우 중요하며, 특히 관찰 결과를 타인과 공유하는 일에 신중해야 하고, 부득이하게 자료를 공개해야 하는 경우 이름은 물론 식별할 수 있는 표시도 제거해야 한다.

2) 연구 윤리 준수

미국아동연구회(Society of Research in Child Development)에서 제시한 연구윤리원칙을 살펴보면 다음과 같다(강문희 외, 2006).

원칙 1. 연구자는 아동에게 신체적으로나 심리적으로 피해를 줄 수 있는 연구과정을 절대로 적용하여서는 안 된다(no-harmful procedures).

원칙 2. 연구자는 아동에게 연구의 절차와 내용에 대해 아동이 이해할 수 있도록 정보를 알려주어야 하며, 연구 참여에 대한 동의를 받아야 한다(inquired consent).

원칙 3. 연구자는 아동의 부모나 보호자 또는 교사나 학교장의 동의를 받아서 연구를 수행해야 한다(parental consent).

원칙 4. 연구자는 부모나 보호자 이외에도 교사 등 아동과 상호관계를 맺고 있는 인사에게도 연구의 전반적인 특성에 관한 정보를 제공하고 연구 참여에 대한 동의를 받아야 한다(additional consent).

원칙 5. 연구 참여자에 대한 보상은 정해진 범위 내에서 공정하게 이루어져야 한다(incentives).

원칙 6. 연구자가 연구의 절차와 내용에 대해 아동에게 정보를 제공하는 것이 원칙이기는 하지만, 연구의 성격상 정보를 주는 것이 연구결과에 긍정 또는 부정적인 영향을 줄 것으로 예측되는 경우 연구내용의 일부를 속이거나 정보제공을 유보하는 등의 필요한 조치를 취할 수 있다(deception).

원칙 7. 학교나 기관에서 아동에 관한 기록에 접근할 때에는 담당자의 허락을 받아야 하며, 아동의 신상에 대한 익명성을 지켜야 할 뿐만 아니라 연구목적 이외에는 허가 없이 정보를 사용해서는 안 된다

(anonymity).

원칙 8. 연구의 시작에서부터 종료에 이르기까지 연구자, 부모 및 아동의 책임한계에 대한 분명한 상호동의가 있어야 하며, 동의된 모든 상황과 약속은 반드시 지켜져야 한다(mutual responsibility).

원칙 9. 연구자는 연구 도중 아동의 복지를 위협하는 정보에 접하게 되었을 때 보호자 및 전문가와 의견을 나눔으로써 아동에게 도움을 줄 수 있는 적절한 조치를 취할 책임이 있다(jeopardy).

원칙 10. 연구가 진행되면서 미리 예견하지 못했던 바람직하지 않은 결과가 아동에게 미칠 것이 예측되는 경우, 연구자는 즉시 이러한 결과를 수정할 적절한 조치를 취해야 하며, 추후 연구에서는 연구과정을 재설계해야 한다(unforeseen consequences).

원칙 11. 연구자는 연구 참여자에 관한 모든 정보의 비밀을 보장해주어야 한다(confidentiality).

원칙 12. 자료수집 종류 직후에 연구자는 연구 참여자가 연구의 일반적인 결과에 대한 이해를 가질 수 있도록 보고할 의무가 있다(informing participants).

원칙 13. 부모나 아동에게 연구결과를 알려줄 때는 아동에 대한 평가적 진술이나 제언 및 의견을 제시하는 데 매우 신중을 기해야 한다(reporting results).

원칙 14. 연구의 결과를 발표할 때 연구자는 그 결과가 어떠한 사회적, 정치적, 인간적 의미를 가지게 될 것인지를 의식해야 한다(implications of findings).

3) 연구 참여 동의서

관찰 연구를 비롯한 모든 연구에서는 연구 시작 전에 연구의 목적과 방법 및 위험성 및 이익, 참여자의 의무가 포함된 연구 참여 동의서를 받아야 한다.

한편 연구 참여 동의서에 포함사항으로 권장되는 내용은 다음과 같다.

동의서에 포함되어야 할 내용

- 연구 참여자가 연구에 참여한다는 동의 내용
- 연구 목적의 명확한 명시
- 연구 절차에 대한 기술
- 예측 가능한 위험이나 불편사항 및 그 대응책에 관한 기술
- 연구 참여자나 다른 사람에게 줄 수 있는 이득에 관한 기술
- 해당할 경우 적절한 대응책이나 처치에 대한 기술
- 개인정보가 비밀로 보장되는 정도에 대한 기술
- 보상이 주어질 때 그를 얻기 위한 조건의 기술과 연구를 중단했을 때 여파에 대한 기술
- 연락 가능한 연락처(주로 연구자, 지도교수. 연구윤리위원회(IRB)의 전화번호)
- 연구 참여는 자발적이며, 참여 거부는 연구 참여자에게 어떠한 불이익이나 피해가 없이 연구 참여를 그만둘 수 있음에 대한 기술
- 동의서는 11point 이상으로 출력해야 한다.
- 동의서는 전문적인 용어 없이 초등학교 6학년 수준에서 중학교 2학년 수준이어야 한다.
- 동의서는 1인칭으로 기술되지 않아야 한다(예: '나는 이 연구에 대해 이해한다').

– Cozby, 2004; 조복희, 2010 재인용

다음은 유아교육기관에서 사용되는 동의서 양식이다(황해익, 2008).

표 1-1 관찰 동의서

학부모 동의서

유아의 제반적인 발달에 대한 정보를 얻기 위해 관찰자, 관찰 상황, 기록에 대한 동의를 구합니다. 아래의 허락 서명이 없이는 귀 자녀에 대한 관찰과 연구를 하지 않을 것입니다.

귀 자녀를 관찰하고 연구하는 데 동의하신다면 아래의 항목에 표기하고 서명하여 주시기 바랍니다.

대외적으로 유아의 실제 이름을 공개하지 않으며, 정보 기록은 객관적으로 쓰여질 것이며, 아울러 전문적으로 다루어지며 비밀 유지를 보장하겠습니다.

_______ 년 ___월 __일

○○○ 유치원_어린이집 교사 ○○○ 올림

◇ 유아 이름: ________________

◇ 허락하시는 방법: 아래에 표시해 주십시오.

관찰 · 기록 ( ) 사진 촬영 ( ) 녹음( ) 녹화( )

◇ 수집된 자료에 대해 부모님이 요청하실 경우 복사본이 제공됩니다.

집주소 ____

__________ 년 __________월 ________일

보호자 ______________________(인/서명)

○○○ 유치원(어린이집) 귀하

CHAPTER 02

행동연구방법

1 행동연구방법 유형

1) 양적 접근(quantitative approximation)

실증주의에 바탕을 둔 연역적 방법으로 통계적 방법을 동원하여 주로 수치, 측정, 실험, 수량적 관계와 진술에 초점을 둔다. 즉, 아동의 행동에 대한 수치화·계량화된 자료를 바탕으로 변수 간의 상관관계를 분석하여 일반화된 법칙을 발견하고자 하는 연구방법이다. 양적 접근의 연구는 추상적인 개념을 실증적이고 객관적인 관찰이 가능하도록 하는 개념의 조작적 정의 과정을 통하여 가설의 수립과 검증을 통해 아동의 행동을 야기하는 인과관계의 법칙 발견을 강조한다.

양적 접근에 의한 아동 행동연구는 연구자가 선택한 변수 이외에는 가능한 한 배제됨으로써 체계적이고 객관적인 결과를 도출할 수 있어 일반화할 수 있는 장점이 있는 반면에, 미리 설계된 연구체계를 벗어난 상황에 대한 정보를 제시하기 어려운 단점이 있다.

2) 질적 접근(qualitative approximation)

양적 접근의 한계를 비판하면서 등장한 대안적 접근으로, 후기 실증주의에 기반을 둔 현상학적·해석학적 전통을 따르고 있다. 즉, 현상학에 바탕을 둔 귀납적 방법으로 의미와 개념구성의 과정과 가치, 맥락, 해석에 초점을 두고, 결과를 이야기체로 보고하는 연구이다. 자료수집방법으로는 관찰, 심층면접, 개인기록의 분석, 참여관찰 등이 있으며, 주로 어떤 주제, 관계 및 패턴 발견이 목적이다. 자료의 의미 해석에 있어서도 연구자의 해석에 주로 의존하고 숫자가 아닌 언어로 기술한다. 따라서 일반화를 목적으로 하는 양적 접근 방법과 달리 질적 접근 연구는 개인 특유의 경험 세계가 있는 그대로 의미 있게 그리고 가치 있게 연구되고 이해되어야 한다고 본다(황해익, 2012).

연구자 또는 연구 대상을 대체하는 경우 일관성을 유지하기 어렵고, 자료의 수집에 시간이 많이 소요되고 표준화된 절차가 없어서 주관적이라는 인상을 주기 쉽고, 연구 결과를 일반화하기 어렵다는 등의 단점이 있으나, 아동의 행동에 대하여 풍부하고 자세한 발견이 가능하고 문제에 대한 새로운 시각(통찰력)을 제공하며, 조사설계나 자료수집에 융통성이 있는 장점이 있다.

통합연구방법(mixed method)은 실용주의(pragmatism)에 기반을 두고 자료 수집에서부터 분석까지 양적 접근 방법과 질적 접근 방법을 절충한 방법이다. 즉, 하나의 연구에서 동일 현상을 연구하기 위해 질적 자료와 양적 자료를 동시 혹은 순차적으로 수집하여 자료를 분석하는 방법이다.

통합연구의 설계 유형은 크게 세 가지가 있다. 첫째, 다각화(triangulation) 설계에서 양적·질적 자료를 동시에 수집하고 두 가지 접근 방법의 분석 결과를 비교한다. 둘째 설명적(explanatory) 설계에서는 양적 자료를 수집하여 분석한 후 양적 결과를 보완하기 위하여 질적 자료를 활용한다. 셋째, 탐색적(exploratory) 설계에서는 어떤 현상을 탐색하기 위해 먼저 질적 자료를 수집한 다음 질적 자료에서 발견된 관계를 양적 자료를 통해 설명한다(교육평가용어사전, 2004).

3) 종단적 접근(longitudinal approach)

시간의 흐름에 따라 조사대상이나 상황의 변화를 측정하는 것으로서, 일정한 시간 간격을 두고 동일한 내용을 반복적으로 측정하여 자료를 수집하고 분석하는 시간적 분석법이다. 짧게는 1주일, 길게는 몇 년 동안, 장기간 반복적으로 조사가 이루어져야 하므로 복잡하고 비용이 많이 들고 이사, 사망, 질병 등의 이유로 연구 대상자의 중도 탈락률이 높다는 단점이 있다. 동일한 아동이나 집단을 대상으로 하여 시간의 흐름을 따라 계속 추적하면서 반복 측정함으로써 시간 경과에 따른 발달과 변화를 연구하는 방법으로, 아동의 동태적 변화를 연구하는데 필요한 유형의 접근 방법이다. 예를 들면, 유아의 수 개념이 3세에서 6세 사이에 어떻게 변화하는지 알아보고자 할 때 종단적 접근 방법으로 연구한다면, 3세의 유아를 선정하여 그 아이가 6세가 될 때까지 일정 기간마다 간헐적으로 조사함으로써 수 개념이 연령에 따라 어떻게 변해 가는지를 연구한다. 종단적 접근에서 대상 아동이 한 번 이상의 검사를 받기 때문에 다음 번 검사에서 점수가 높게 나올 수가 있는데, 검사 상황에 더욱 익숙해지거나 이전 검사에서 비슷한 문제를 어떻게 풀었는지를 기억하는 것과 같은 연습효과를 반영하는 것일 수도 있다. 조사방법으로 동일한 조사대상에 대해서 동일한 내용을 장기간 반복적으로 조사하는 패널조사가 있고, 특정 주제에 대해서 장기간의 변화 경향을 조사하는 시계열조사가 있다.

4) 횡단적 접근(cross-sectional approach)

일정 시점에서 서로 다른 특성을 지닌 광범위한 표본집단을 대상으로 한 번의 조사로 끝나는 표본조사가 대표적인 방법으로 공간적 분석법이라 할 수 있다. 이 방법은 일정 시점을 기준으로 이루어지므로 정태적인 성격의 접근 방법이다. 자료의 수집은 표본조사의 형태로 이루어지며, 조사대상의 특성에 따라 여러 집단으로 분류하여 분석해야 하므로, 표본의 크기가 일정 정도 이상으로 커야만 조사결과가 의미를 지닐 수 있다. 예를 들면, 아동의 수 개념이 3세에서 6세 사이에 어떻게 변하는지 알아보기 위해 3, 4, 5, 6세 아동들을 여러 명씩 동시에 관찰 측정하는 방법을 들 수 있다. 이처럼 연령이 다른 집단을 대상으로 같은 시기에 한꺼번에 조사하여 연령에 따른 행동 특성을 비교하는 것으로, 서로 다른 연령층에 나타나는 발달적 변화에 대한 정보를 제공한다. 횡단적 접근은 자료의 수집이 단 한 번에 이루어져 간단하고 비용이 상대적으로 적게 든다는 장점이 있으나, 어떤 현상의 진행과정이나 변화를 측정할 수 없으며, 연구 결과에서 나타나는 차이가 연령에 따른 차이인지 또는 각 연령집단의 아동이 서로 다르기 때문에 나타나는 차이인지 알 수 없으며, 각 집단의 평균을 비교하게 되므로 개인별 발달상을 파악하기 어려운 단점을 지닌다.

5) 종단적 설계와 횡단적 설계

횡단적 접근방법과 종단적 접근방법의 단점을 보완하기 위하여 두 방법을 절충한 방법으로, 종단적-연속적 설계방법과 횡단적-연속적 설계방법이 있다.

종단적-연속적 설계방법은 동일한 연구 기간 동안 연령이 다른 집단을 연구하여 얻은 자료를 기초로 서로 비교하는 방법이다. 예를 들면, 3세에서 7세까지의 아동발달을 연구하기 위하여 3, 4, 5세의 아동을 표집하여 2년간, 즉 3세아가 5세, 4세아가 6세, 5세아가 7세가 될 때까지 종단적으로 연구를 진행하는 것이다. 이 방법은 각기 다른 연령의 집단을 연령이 증가함에 따라 반복 측정하는 것으로, 종단적 접근에서 요구되는 시간적인 문제와 횡단적 접근에서 발생하는 동질성 문제를 어느 정도 해결할 수 있다. 뿐만 아니라 이러한 접근방법은 종단적 접근방법보다는 비교적 짧은 기간 안에 횡단적 접근방법보다는 비교적 긴 기간의 연속적 발달에 관한 정보를 수집할 수 있는 방법이라고 할 수 있다.

횡단적−연속적 설계방법은 동일한 피험자들을 반복해서 관찰·검사하는 것이 아니라 매번 다른 피험자들을 연구대상으로 일정 기간 동안 횡단적으로 자료를 수집하는 방법이다. 예를 들어, 3세에서 7세까지 아동발달을 연구할 때 1년차에는 3, 4, 5세 아동을 표집하여 발달에 관한 자료를 횡단적으로 수집하고, 2년차에는 1년차와 다른 새로운 4, 5, 6세 집단을 표집하여 자료를 수집하며, 3년차에는 또 다른 5, 6, 7세 집단을 표집하여 각각의 자료를 수집한다. 매번 다른 피험자들을 대상으로 자료를 수집함으로써 장기간의 연구로 인하여 제기되는 연구대상의 중도 탈락을 염려할 필요가 없다는 장점이 있지만, 시간의 흐름에 따른 개인 내의 변화에 대하여 측정할 수 없다는 단점이 있다.

2 아동검사법

1) 검사의 개념

검사(test)는 능력·지식·태도 기타의 심적 특성의 유무나 정도를 밝히기 위하여 일정한 조건에서 문제나 작업을 주고, 일정한 표준에 맞추어 판정하는 측정 방법이다. 검사의 결과는 개인 간의 차이나 집단 간의 차이를 밝히고, 집단 내에서 개인의 상대적 위치를 밝혀 준다. 검사 행위는 검사전문가 이외에 교사나 각 영역의 전문가에 의해서 행해지는데, 충분한 검토 끝에 행해지는 검사는 신뢰성과 타당성이 높고, 그 결과를 객관적인 것으로 신용할 수 있다. 그러나 뛰어난 검사 및 테스트도 실시방법이나 해석법이 바르지 않으면 잘못된 결론을 얻을 우려가 있으며, 한 가지 검사결과로 피검사자의 심적 특성 전반에 대해 결론을 내리는 무모함은 피해야 한다.

검사법으로는 표준화검사(standardized test)와 비표준화검사(informal test)가 있다. 표준화검사는 피검사자의 모집단(母集團)에서 추출된 표본(sample)에 대하여 표준(norm: 측정 결과의 평균과 표준편차 및 이에 입각한 독점단계, 예를 들어 편차값 등)이 설정되어 있으며, 신뢰성이나 타당성이 검토되어 있다. 비표준화검사는 비공식검사라고도 하며, 표준화 절차는 밟지 않는다.

표 2-1 검사의 분류

분류기준	구분	
실시방법	• 개인마다 실시하는 개별(개인)검사 • 집단적으로 실시하는 집단(개체)검사	
문제 제시방법	• 구두로 문제를 주는 구두시험이나 면접검사 • 인쇄된 문자나 도형 등에 의한 페이퍼 테스트 및 기구나 기계를 사용하는 기구검사	
실시 시간	• 단시간에 많은 문제를 내는 속도검사(speed test) • 충분한 시간을 주고 어느 정도 어려운 문제를 풀 수 있는가를 다루는 역량검사(power test)	
채점방법	• 채점자의 주관을 중시하는 주관적 검사 • 기계적 · 객관적으로 채점할 수 있도록 고안한 객관적 검사	
검사 목적	• 전반적 수준을 종합적으로 측정하는 데 있는 개관검사(概觀檢査) • 하위검사마다 상이한 측면을 측정하는 분석검사 • 원인진단이 목적인 분석검사인 진단검사	
측정하는 심적 기능	• 지능검사 • 적성검사	• 학력검사 • 성격검사

검사는 측정(measurement), 평가(evaluation), 사정(assessment), 진단(diagnosis) 등과 같은 용어와 혼용되는 경우가 많은데(김영환 외, 2005), 측정은 일정한 규칙에 따라 특정 사물이나 그 속성에 대해 수치를 수여하는 과정을 의미하고, 평가는 사물과 그 속성에 대한 가치판단을 포함한 것으로, 가치판단의 기준이나 준거에 의해 판단하는 과정을 말한다. 한편 사정은 개인이 지닌 특성의 질적, 양적인 수준을 풍부한 자료에 기초하여 객관적으로 추정하고, 감정하고, 평가하는 과정이며(Aiken, 1989), 진단은 개인이 지닌 심리적 특성을 특정 기준에 근거하여 발달적 이상이나 심리적 장애를 판단하는 과정을 말한다.

2) 검사의 특성

검사란 검사자가 의도했던 특성을 추론하기 위해 일련의 질문에 대한 피검사자의 반응을 수량화하는 체계적인 절차(Kerlinger, 1986)이며, 행동의 표본을 표준화된 방식으로 측정하는 기법(Anastasi, 1988)이다. 그러므로 검사에 있어서 수량화와 표준화의 과정이 매우 중요하다고 할 것이다. 검사의 특성을 정리하면 다음과 같다(안선희 외, 2017).

첫째, 검사는 체계적이고 표준화되고 일관성 있는 절차에 따라 실시된다. 그러므로 검사는 검사 대상자에게 같은 문항으로 실시방법, 실시시간, 채점방법 등에 있어서 동일하고 일관된 방식으로 이루어져야 한다. 표준화된 절차에 따라 검사를 실시해야 검사 대상자의 개인적, 상황적 변인이 검사 점수에 미치는 영향을 최소화될 수 있다.

둘째, 검사는 검사자가 측정하고자 하는 특성을 반영한 문항으로 구성된다. 즉, 검사자가 선정한 검사의 문항은 검사자가 측정하거나 추론하려는 행동 특성을 적절히 반영하여야 하며, 측정된 결과는 실제의 행동 특성을 추론하고 예측할 수 있다.

셋째, 검사결과는 아동의 추상적인 심리적 특성을 수량화하여 제시함으로써 아동의 행동 및 발달에 대한 객관적인 자료를 제공해 줄 수 있으며, 통계분석의 실시를 용이하게 도와준다(이은해, 1985).

넷째, 검사는 경제적이고 효율적인 정보를 제공해 준다. 검사는 표준화된 절차에 따라 이루어지기 때문에 검사를 통해 얻은 정보는 관찰이나 면접을 통해 얻는 정보에 비해 보다 경제적으로 유용한 자료를 확보하도록 도와준다.

3 아동검사 유형

기존의 아동대상 검사 유형은 발달검사, 지능검사, 성격검사, 사회성숙도검사, 시지각검사, 행동평가척도, 신체발달검사 등이 있으며, 각각은 하위 영역과 검사 방법에 따라 다양한 형태로 제시되고 있다. 여기에서는 아동을 대상으로 가장 일반적으로 시행되고 있는 발달검사와 지능검사를 중점적으로 살펴본다.

1) 발달검사

발달검사는 영유아기의 행동발달 전체의 발달경향을 밝히기 위한 검사이다. 영유아기는 행동발달의 모든 영역이 분화되지 않은 상태여서 서로 밀접하게 관련되어 있으므로 지능검사와 같은 지적(知的) 기능이라고 하는 하나의 기능을 독립적으로 뽑아내어 검사하는 것은 곤란하다. 또한 이 시기는 비교적 행동 능력이 한정되어 있으므로 행동발달의 주요 능력을 단시간에 검사할 수 있다. 크게 발달 진단검사(diagnosis test), 준비도

검사(readiness test) 등으로 구분할 수 있다.

(1) 발달 선별검사(screening test)

장애를 가질 가능성이 있어서 보다 구체적인 검사를 받을 필요가 있는 아동을 찾아내기 위해 사용하는 빠르고 간편한 검사이다. 발달 선별검사는 빠른 시간 내에 종합적인 진단을 필요로 하는 아동을 조기에 판별해 내기 위해 실시되는 검사이다(McLean, Bailey & Wolery, 1996). 다양한 분야의 전문가들이 쉽게 사용할 수 있도록 대체로 간단한 체크리스트나 부모 면담에 기초하여 이루어지며 직접검사의 형태로 이루어지기도 한다.

발달 선별검사는 주로 아기에 대해서 가장 잘 알고 있는 양육자가 평상시에 아기가 잘 하는 행동과 잘 하지 못하는 행동을 이야기한 후 평가한다. 영유아의 경우 검사 당시의 컨디션, 낯선 검사 환경으로 안정적인 검사가 어려운 경우가 많아 주 양육자의 보고에 의해서 진행되는 것이 일반적이다. 간혹 주 양육자가 주어진 설문지에 적절히 답변하기 어려운 경우에는 검사자가 질문을 해서 확인하기도 한다. 또한 발달이 매우 급속하게 이루어지는 시기이므로 특정 시점에 일회적으로 실시된 선별검사에 기초하여 아동의 발달을 평가하기보다는 반복적으로 실시되어야 한다. 대표적인 발달 선별검사로는 대한소아과학회(2002)가 개발한 한국형 영유아 발달검사, 한국형 Denver Ⅱ, 한국판 DIAL-3, 한국형 K-ASQ, ESI-R 등이 있다.

(2) 발달 진단검사(diagnostic test, prognostic test)

피험자의 장점과 강점을 파악하고 치료 개입 여부를 판단하기 위해 사용되는 검사이다. 발달 선별검사 결과에 의해 선별된 아동의 발달적 장애 상태나 유형을 정확히 판단하기 위하여 포괄적이고 심도 있는 검사문항을 활용하고, 검사 실시 및 해석자의 자격이 제한된다. 발달 진단검사의 결과는 아동의 발달상의 문제나 특이점을 구체적으로 밝히는 데 활용된다.

장애 아동의 진단을 위한 발달 진단검사의 경우 검사의 실시절차 및 검사문항의 선정기준이 매우 중요하다. 검사문항의 선정에서는 전문가의 참여를 보장하고 문항 선정기준을 문항난이도, 신뢰도, 타당도에 근거하여 신중하게 판단하여야 한다. 발달 진단검사의 결과는 원점수와 더불어 발달연령점수, 표준점수, 퍼센타일(percentile)점수, 발달지수 등으로 제시된다. 대표적인 진단검사로는 베일리 영유아발달검사(Bayley scales of infant development)가 있다.

(3) 준비도검사(readiness testing)

영유아가 유치원이나 초등학교교육을 받기 위해 필요한 능력이나 지식을 갖추고 있는지를 파악하기 위한 목적으로 사용된다. 준비도검사는 피검자의 성공 여부를 예측할 뿐만 아니라 피검자의 강점과 약점에 대한 진단을 가능하게 하여 교수계획에 도움이 되는 정보를 제공한다. 준비도검사 결과는 단독으로보다는 피검자의 준비도에 대한 보다 종합적인 평가 정보와 함께 사용될 필요가 있다.

2) 지능검사(intelligence test)

지능검사는 훈련이나 학습 등의 영향을 받지 않고 성숙에 따라 일반적 경험에 의해 형성되는 소질적인 지적 능력을 측정하기 위하여 만들어진 검사이다. 지능검사의 방법은 여러 가지의 유형으로 분류될 수 있으나 일반적으로 문제의 형식에 따라 언어성검사와 비언어성검사로 나누고 있다. 언어성검사에서는 문제를 단어나 문장으로 구성시켜 주로 언어의 이해력 · 구사력 · 추리 능력 · 논리적 능력 등을 측정하고, 비언어성 검사에서는 문제를 글(언어)이 아닌 도형 · 회화(그림) · 기호 · 숫자 등으로 구성시켜 주로 수리적 능력, 공간파악 능력, 추리적 능력, 기억력 등을 측정하는 경우가 많다. 그러나 검사를 실시할 때에는 이 두 가지 방법을 혼용하는 경우가 일반적이다. 대표적인 아동지능검사도구로는 KABC-II, K-WISC, K-WPPSI 등이 있다.

(1) KABC-II(카우프만 아동용 지능검사 2)

카우프만(1983) 등이 개발한 개별지능검사로서, KABC-II(Kaufman Assessment Battery for Children II)는 정보처리 이론을 바탕으로 개발된 검사로 문제해결 능력과 학습 정도를 서로 비교할 수 있도록 개발된 지능검사 도구이다. 개인의 지능을 정신과정을 나타내는 유동지능(fluid intelligence)과 성취력을 나타내는 결정지능(crystallized intelligence)으로 구분하고 이러한 능력을 측정하고자 하였다. 사고력과 전반적인 인지 능력을 모두 측정할 수 있는 측정도구로서 개개인의 강점과 약점을 파악할 수 있도록 되어 있으며, 학습장애의 핵심적인 양상인 기본적인 사고 처리과정의 장애를 파악하는 데 유용하다. 이 검사는 18개의 하위검사들로 이루어져 있으며, 3세부터 18세까지의 아동을 대상으로 실시할 수 있다. 최근의 이론에 의해 기초하여 개발되었다는 점과 검사의 내용이나 대상의 표집에서 문화적 편파성이 최소화되어 있어 특수아나 소수민족 등에 효과적으로 적용할 수 있는 특징이 있다.

비언어성 척도를 포함하고 있어 하위검사에서 검사자가 몸짓으로 문항을 제시하고 피검사자는 언어가 아닌 동작으로 반응할 수도 있도록 함으로써 청각이 손실되었거나, 언어장애로 인해 제한된 언어 능력을 가진 다문화가정의 아동들을 보다 타당하게 평가할 수 있다(문순백, 2014).

(2) 웩슬러 지능검사

웩슬러 지능검사는 1939년 미국에서 처음 제작된 이후 학교 및 임상 장면에서 가장 널리 사용되고 있는 개인용 지능검사이다. Wechsler(1939)는 지능의 구성개념에 지적 요소뿐 아니라 성격적 요소, 정서사회성, 운동능력, 감각 능력들을 포함하여 포괄적인 지능검사를 개발하였고, 지능검사가 지능수준뿐 아니라 성격 특성도 반영할 수 있는 역동적인 도구로 사용될 수 있는 기초를 마련하였다. 10개 이상의 소검사들로 구성된 지능검사로 전체 지능 외에 요인분석에 의해 도출된 다양한 하위 영역(언어성 vs. 동작성 척도 또는 언어이해, 지각추리, 작업 기억, 처리속도척도 등)에 대한 지능을 산출하는 방식을 취하고 있다. 검사대상에서도 아동용(WISC; 웩슬러 아동지능검사), 성인용(WAIS; 웩슬러 성인지능검사), 유아용(WPPSI; 웩슬러 유아지능검사)으로 유아기부터 성인기까지 전 생애를 망라하여 측정할 수 있도록 개발된 이래 재표준화 과정을 거치며, 현재 WISC는 5판(2014년도 출판), WAIS는 4판(2008년도 출판) 그리고 WPPSI도 4판(2012년도 출판)까지 미국에서 개발되어 사용되고 있다(이경옥 외, 2016).

- K-WISC-IV(한국판 웩슬러 아동용 지능검사): 한국판 웩슬러 아동용 지능검사 4판(K-WISC-IV; 곽금주, 오상우, 김청택, 2011)은 6세 0개월에서 16세 11개월까지의 아동을 대상으로 인지적 능력을 평가하기 위해 개별적으로 실시하는 지능검사도구이다. 아동이 이해하기 쉽도록 지시문이 수정되고 가르치는 문항, 예시 및 연습 문항이 포함되었다. 또한 더 쉽고 더 어려운 문항들이 추가되어 극단적인 범위의 인지 능력에 있는 아동의 수행을 보다 정확한 측정을 가능하게 하였다. 하위검사로는 주요 검사 공통성, 어휘, 이해, 토막짜기, 행렬추리, 공통 그림 찾기, 순차연결, 숫자, 동형 찾기, 기호쓰기 10개의 핵심검사와 상식, 단어추리, 빠진 곳 찾기, 산수, 선택 5개의 보충 소검사로 총 15

개로 이루어져 있다.

- K-WPPSI-IV(한국판 웩슬러 유아지능검사 4): 만 4세에서 6세 유아의 지능을 측정하기 위해 처음 개발되었다. 이후 지능 이론의 발전에 맞추어 지속적인 개정과정이 이루어졌으며, 현재 2012년에 개발된 WPPSI-IV가 사용되고 있다. K-WPPSI-IV는 WPPSI-IV의 지능구조를 따르면서 한국의 사회문화적 배경과 한국 유아의 수행수준이 반영되어 규준이 개발되었다(이경옥 외, 2016).

3) 아동검사 수행의 주의사항

아동검사에서 신뢰성 있는 검사결과를 산출하기 위해서는 검사수행 시 요구되는 주의사항에 관심을 기울여야 한다. 검사상황이 아동의 반응에 커다란 영향을 미칠 수 있기 때문에 각별한 주의가 요구된다. 검사결과를 해석할 때에도 각별한 주의가 요구되며, 검사결과에 지나치게 의존하지 말아야 한다. 아동검사에서 검사환경, 검사시행방법, 검사자의 특징 및 검사자의 태도, 검사자와 검사대상자 간의 관계, 검사대상자의 신체적·심리적 상태 등이 검사결과에 중요한 영향을 미친다. 따라서 검사결과에 미치는 이러한 영향을 줄일 수 있어야 검사 목적에 이를 수 있다.

검사자는 검사매뉴얼에 제시된 실시절차에 따르는 것이 가장 중요하다. 검사 실시 전 검사에 적절한 환경을 준비하여 표준화된 검사절차에 따라 검사를 실시하여야 한다. 검사자의 태도나 검사 실시방법에 따라 검사 시간이나 검사 반응의 내용에 차이가 나타날 수 있으므로, 반드시 매뉴얼에 제시된 표준화된 절차를 따라 진행하여야 한다.

아동검사를 올바르게 시행하기 위해서는 다음과 같은 사항들이 고려되어야 한다(곽금주, 2002; 이은해, 1985; 임창재, 2000).

(1) 검사환경

아동검사에서 우선 고려할 사항은 환경으로 이는 물리적 환경과 심리적 환경으로 나누어 설명할 수 있다. 검사가 실시되는 물리적 환경은 검사대상자의 심리적 환경에도 영향을 미치기 때문에, 검사의 물리적 환경과 심리적 환경 모두가 검사 전반에 걸쳐 고려되어야 한다.

물리적으로 아동에게 편안한 느낌을 주면서도 검사대상자의 시선이나 주의를 끌지 않는 환경으로 벽면이나 바닥에 지나치게 자극적인 색상이나 장식은 피하는 것이 바람직하다. 물리적 환경 구성은 아동에게 적합한 책상과 의자, 적절한 조명, 소음이 없는 조용한 공간이어야 한다. 검사자의 위치는 검사대상 아동의 맞은편 혹은 오른쪽 90°에 자리하는 것이 바람직하다. 또한 아동에게 불필요한 호기심이 자극되지 않도록 검사자료는 검사자의 옆이나 책상 아래에 두도록 한다.

검사가 실시되는 동안에도 아동이 심리적으로 안정감을 갖고 검사에 임할 수 있도록 편안하고 온화한 분위기를 유지하여야 한다. 또한 불필요한 불안감이나 심리적 압박감을 갖지 않도록 아동이 이해할 수 있는 범위 내에서 검사의 목적, 진행과정, 활용방법 등에 대해 설명해 주어야 한다. 검사가 시작되기 전 아동에게 화장실에 갈 필요가 있는지 또는 다른 요구사항이 있는지 등을 점검한 후, 아동의 심리적으로 안정된 분위기에서 검사에 응할 수 있게 해야 한다.

(2) 신뢰감의 형성

검사 과정과 결과에 결정적인 영향을 미치는 것은 검사자와 검사대상 아동 간의 신뢰감(rapport)의 형성이다. 검사자는 검사 시행 이전에 일상적인 질문과 대화로 대상 아동의 긴장을 풀어 준 후에 천천히 검사 문항을 도입하는 것이 좋다. 또한 아동이 이해할 수 있도록 검사의 중요성과 검사를 받음으로써 생길 수 있는 긍정적인 결과에 대해 알려 주어 검사진행에 대한 협조를 구해야 한다. 일단 검사가 실시되면 아동이 검사과정에 흥미를 갖고 참여할 수 있도록 아동의 반응에 대한 격려와 칭찬을 해주어야 한다. 아동이 응답하기 어려워하는 문항에 대해서는 아동이 응답에 대한 중압감을 느끼지 않고 지나친 좌절이나 불안감을 느끼지 않도록 지원할 수 있어야 한다. 아동이 검사에 대한 응답을 거부하거나 검사과정에 비협조적일 경우에는 아동이 검사를 받기 싫어하는 이유를 알아보고 아동의 감정을 수용해 주어야 한다. 일반적으로 검사 도중에는 가능하다면 쉬지 않고 한 번에 계획된 검사를 끝내는 것이 좋지만, 아동의 발달적 특성상 불가피하게 검사를 멈추어야 할 경우가 종종 발생한다. 이 경우에는 잠시 휴식을 취한 후 계속하는 것이 원칙이나 아동검사의 경우, 원활한 검사 수행이 불가능한 경우에는 몇 회로 나누어서 검사를 실시해도 좋다. 그러나 아동이 검사를 지속하는 것을 거부할 경우 검사를 중단하거나 다른 기회에 검사를 재실시하여야 한다.

(3) 검사준비와 검사

검사자는 검사를 실시하기 전에 검사도구가 요구한 지시 내용과 소요시간 등의 중요한 검사절차를 재검토하여 검사 실시 도중에 실수가 없도록 철저히 준비하여야 한다. 검사도구에 대한 훈련부족이나 검사준비의 부족은 대상 아동과의 신뢰적 관계 형성에 장애가 되며 타당한 검사결과를 얻을 수 없기 때문이다.

검사자는 검사대상 아동이 지시사항을 잘 이해할 수 있도록 검사문항 및 지시사항을 아동에게 명확하게 전달하여야 하며, 아동이 지시사항을 적절히 이해했는지를 예시문항 등을 통해 점검한다. 또한 검사 실시지침에 따라 모든 문항을 빠트리지 않고 실시하고 검사문항에 대한 아동의 반응을 주어진 검사 결과지에 적절하게 기록하여야 한다. 일단 검사가 끝나면 빠진 사항이 없는지 확인한 후 검사를 종료한다.

(4) 검사결과의 관리

검사자는 검사종료 후 검사결과를 재검토하고 검사문항에 아동의 응답 이외에 검사 시행과정 중에 발생한 아동의 특이점을 기록해 둔다. 아동의 사생활 보호를 위해 검사결과가 노출되지 않게 검사 기록지나 검사결과를 철저히 관리하여야 한다.

PART Ⅱ

관찰 및 행동연구의 유형

교사가 영유아의 다양한 능력과 행동의 특성을 정확하게 평가하는 것은 쉽지 않은 일이다. 언어구사 능력의 제한으로 의사소통에 문제가 있고, 주의집중력이 약하여 어떤 과제에 대한 지속성이 결여되기 쉽기 때문이다. 그러므로 영유아의 자연스런 활동이나 행동 가운데 드러나는 상황적 특성과 활동의 특성을 과학적인 방법으로 자세히 관찰하여 분석 · 기록함으로써 영유아의 행동을 보다 더 잘 이해할 수 있다. 또한 결과를 통해 발달단계에 적합한 인지적, 사회 · 정서적, 신체적 발달 및 행동에 대한 평가자료를 획득하여 영유아의 발달을 지원할 수 있다.

영유아의 행동연구를 위한 관찰법은 그 기록 방식에 따라 크게 서술식 기록법과 표기식 기록법으로 분류한다. 서술식 기록방법에는 표본식기록, 일화기록, 서술식 사건표집 등이 있고, 표기식 기록방법에는 빈도 사건표집법, 시간표집법, 행동목록법(체크리스트법), 평정척도법이 있다.

2부에서는 유아의 관찰법 중에서 일반적으로 활용되는 표본식기록, 일화기록, 사건표집법, 시간표집법, 평정척도, 행동목록법(체크리스트법) 등의 일반적 특성과 장점 및 단점 그리고 관찰 지침 및 양식의 연습 및 사례 적용의 사례를 통해 살펴본다.

CHAPTER 03

표본식기록

관찰 사항을 서술식으로 기록하는 방법의 하나인 표본식기록(specimen description)은 표본식 서술이라고도 부른다. 관찰 대상 아동이나 장면, 시간을 미리 선정한 후 그 상황에서 일어나는 영유아의 행동과 상황을 집중적으로 기록하는 방법이다. 기록할 때 관찰자는 관찰 대상에 대한 특정한 관심 부분만을 선택적으로 기록하는 것이 아니라 모든 행동과 상황을 순서대로 기록하는 것이 중요하다. 즉, 일정한 시간 혹은 미리 정해진 활동이 끝날 때까지 영유아가 말하고 행동한 모든 것을 자세하고 객관적이며 일어난 순서대로 적는 것이다.

1 일반적 특성

지속적이고 완전한 관찰기록법으로 행동에 대한 일화를 자세하게 표현하는 기법을 표본식기록법이라 한다. 표본식기록은 미리 정한 일정 기준에 따라 관련된 대상 아동의 행동이나 사건 내용과 환경적 배경을 이야기식으로 상세하게 기술하여 직접 관찰에 참여하지 않은 사람도 기록된 내용만을 보고도 당시의 상황을 재현할 수 있을 정도로 기록되어야 한다.

2 장점 및 단점

대상 아동의 모든 행동과 사건 및 배경을 자세하게 서술하는 표본식 기록에는 다음과 같은 장점과 단점이 있다.

1) 장점

- 모든 장면을 아주 자세하게 기록해 놓음으로써 영유아에 대한 많은 정보를 얻을 수 있으며, 이 정보를 토대로 모든 교육과정계획에 큰 도움이 된다.
- 표본식기록은 특별한 관찰 기술이나 특별한 관찰 도구가 필요하지 않고, 대상 아동의 행동이나 상황을 있는 그대로 기록하기에 관찰기록지와 필기도구만 있으면 된다.
- 표본식기록은 관찰된 행동이나 사건을 통해 사건의 전후 관계나 맥락을 알 수 있다.

2) 단점

- 기록을 하고 평가를 하는데 다른 관찰법보다 많은 시간이 소요된다.
- 수집된 자료를 축소하고 분석하는데 많은 시간이 소요된다.
- 관찰자의 주관적인 해석이나 추론으로 흐를 수 있다.

- 한 번에 적은 숫자의 아동 밖에 관찰하지 못한다. 한 번에 여러 명을 관찰하면 아동들의 중요한 행동이나 말을 놓칠 염려가 있다.

3 관찰 지침 · 관찰 양식 · 관찰 사례

1) 표본식기록의 관찰 지침

표본식기록에서 관찰자는 관찰 대상, 관찰 장면, 관찰 시간을 미리 선정한 후에 그 상황에서 일어나는 대상 아동의 모든 행동이나 발화 등을 기록하여야 한다. 관찰기록 내용은 특정 관심 부분만을 선택해서 기록하는 것이 아니라, 대상 아동의 모든 행동이나 발화를 전체적이고 순서대로 기록해야 한다. 즉, 관찰자는 일정한 기간 혹은 미리 정해진 활동이 끝날 때까지 대상 아동이 말하고 행동한 모든 것을 일어난 순서대로 자세하고 객관적으로 적는다.

이처럼 세부적인 기록을 위해서 관찰자는 다양한 부호체계를 사용할 수 있으며, 비디오로 촬영하여 이를 다시 재검토하면서 기록할 수도 있다. 다음은 표본식기록을 할 때의 유의사항이다(이정환 · 박은혜, 1995).

- 관찰 날짜, 관찰 시간, 관찰 아동의 이름과 생년월일 성별, 관찰 장면, 관찰자의 이름을 관찰지에 미리 적는다.
- 관찰 아동의 행동이 관찰된 장소 및 관찰 장면을 표시한다.
- 1회의 관찰은 10분 내외가 적당하며 30분을 초과하지 않도록 한다.
- 관찰 대상 아동의 행동을 긍정적으로 기술한다.
- 관찰 대상 아동의 말과 행동을 보고 들은 대로 일상적 용어를 사용하여 기록한다.

- 사건은 발생한 순서대로 적는다.
- 사건이 일어나고 있는 현장에서 기록하는 것이므로 현재형으로 기록하며, 직접화법을 이용하여 아동의 대화를 그대로 기록한다.
- 관찰 아동의 행동지속 시간이나 관찰 장면이 바뀔 때마다 시간을 표시한다.
- 관찰 대상 영유아와 상호작용을 하고 있는 사람들(다른 영유아, 교사, 보조교사, 학부모)의 말과 행동도 기록한다.
- 관찰 양식의 마지막에 발달 영역별로 간단하게 요약 기록한다.

2) 관찰 양식

표본식기록의 관찰 양식에는 관찰 대상 영유아의 이름과 성별, 생년월일, 관찰 날짜, 관찰자 이름, 관찰 장면 등을 기록해야 하며, 요약란에 행동에서 나타난 특징, 즉 발달 단계(인지, 언어, 사회, 정서, 신체 등) 또는 개정누리과정 영역별 등을 요약 제시하고 관찰자의 추론 근거와 교수계획을 요약란에 제시한다. 표본식기록은 표 3-1과 같은 관찰 양식을 사용할 수 있다.

표 3-1 표본식기록 관찰 양식

<table>
<tr><td colspan="3">표본식기록 관찰 양식
관찰 아동: 생년월일: 관찰일 현재연령: 년 월
관 찰 자: 성별: 관찰 시간: ~
관찰 장면: 실내놀이 중 ○○, ○○영역 관찰일자:</td></tr>
<tr><th>시간</th><th>기록</th><th>주석</th></tr>
<tr><td></td><td></td><td></td></tr>
<tr><th colspan="3">요 약</th></tr>
<tr><td colspan="3">발달적 요약(신체, 언어, 사회, 정서, 인지):
개정누리과정 영역별 요약(신체운동 · 건강, 의사소통, 사회관계, 예술경험, 자연탐구):
추론근거:
교수계획:</td></tr>
</table>

3) 표본식기록의 평가 기준

표본식기록의 평가 기준은 다음과 같다.

- 관찰 날짜 및 시간, 장면, 연령 등 주요 정보들이 기록되어 있는가?
- 행동이나 상황 발생 시간이 일어난 순서대로 집중적으로 기록되었는가?
- 관찰 상황에서 영유아가 사용한 언어를 직접적으로 기록했는가?
- 주요 발달 영역과 개정누리과정 영역이 기록되어 있는가?
- 관찰 대상 영유아와 상호작용하는 다른 영유아나 교사의 언어 및 행동도 기록되어 있는가?

- 관찰기록이 객관적이고 사실적이며 추론과 해석이 배제되어 있는가?
- 관찰된 아동의 행동 특성이 자세히 설명되어 있는가?

4) 표본식기록의 관찰 사례

표 3-2 표본식기록의 관찰 사례①

관찰 아동: ○○○ 관 찰 자: 민 ○○ (교사) 관찰 장면: 실내놀이 중 수조작놀이	생년월일: 2017. ○○. ○○. 성별: 남	관찰일 현재연령: 4년 10월 관찰 시간: 오전 9:30 ~ 9:40 관찰일자: 2021 ○○. ○○

시간	기록
9:31	실내놀이 중 ○○가 수조작놀이 활동공간에 간다.
9:33	수조작놀이 책상의 의자를 뺀 뒤 앉은 후, 수조작놀이에 배치되어 있는 '바다 속 물고기를 잡아라' 교구로 놀이를 하고 있다. ○○가 바다 속 물고기를 잡아라 교구를 펼쳐 그 위에 장난감 물고기들을 놓고 낚싯대를 잡았다. 잡은 낚싯대를 가지고 위 아래로 움직이며 ○○가 펼쳐 놓은 장난감 물고기들을 잡는다. ○○는 선생님의 눈을 바라보며 "선생님. 우리 이거 같이 하자요. 게임하는 거에요."라고 말한다. ○○의 말을 들은 선생님은 "그래. 선생님이랑 ○○랑 게임해서 물고기를 누가 더 많이 잡는지 볼까?"라고 말한다. 그 말을 들은 ○○는 "그럼 준비 시작하면 하는 거에요. 시작!"이라고 말하며 낚싯대를 잡고 손을 위로 올린다. ○○는 다른 손으로 장난감 물고기에 붙어있는 자석을 낚싯대에 가져다 대며 물고기를 들어 올린다.
9:38	바다 속 물고기 잡기 게임을 마친 후, 선생님이 ○○에게 "○○가 잡은 물고기가 몇 마리인지 한 번 세어볼까?"라고 말하자, ○○는 자신이 잡은 장난감 물고기들을 두 손에 들고 바닥에 내려놓았다. 그리고 ○○는 "하나, 둘, 셋 (생략)... 일곱 개요"라고 말하며 선생님의 눈을 보고 웃는다. 선생님이 "그럼 선생님이 잡은 물고기는 몇 마리인지 같이 세어볼까?"라고 말하자 선생님이 잡은 물고기를 손가락으로 가르키며 "하나, 둘, 셋 (생략)... 다섯이요"라고 말한다.
9:39	선생님이 "우와 ○○가 잡은 물고기가 선생님이 잡은 물고기보다 많구나. ○○가 이겼네"라고 말하자 ○○는 제자리에서 뛰면서 "선생님, 우리 한 번 더 게임해요"라고 말한다.

요 약
발달적 요약 • 수를 셀 수 있다(인지발달 - 수학적 사고). • 게임의 규칙을 알고 진행할 수 있다(인지발달). • 교사와 함께 놀이를 한다(사회성발달). • 손가락을 이용해 물건을 잡는다(소근육발달). **추론 근거** • ○○가 교사와의 놀이에서 적극적으로 참여하고 교사와 계속 놀이를 하고 싶어 하는 것으로 보아 교사와의 놀이에 흥미를 느낀 것 같다.

요 약
• ◯◯가 교사에게 말을 할 때, '~하자요' 같은 말을 사용하는 것으로 보아 언어 구조가 미숙한 것으로 보인다. • 교구를 펼쳐 게임을 했다는 것으로 보아 게임의 규칙을 알고 진행할 수 있다는 것을 알 수 있다. •유아의 흥미에 따라 놀이를 지속하며 일상생활 속에서 관심을 가지고 물체를 세어 수량을 안다. **교수계획** ◯◯가 '~하자요'의 말을 하지 않고 올바른 언어구조를 사용할 수 있도록 교사가 그 자리에서 직접 '~할까요?'라는 올바른 언어구조로 말할 수 있도록 지도한다.

표 3-3 표본식기록의 관찰 사례②

관찰 아동: ◯◯◯	생년월일: 2016. ◯◯. ◯◯.	관찰일 현재연령: 5년 4월
관 찰 자: 박◯◯ (교사)	성별: 남	관찰 시간: 오전 9:50 ~ 10:00
관찰 장면: 아침 등원 후 활동(이야기나누기)		관찰일자: 2021. ◯◯. ◯◯.

시간	기록
9:51	◯◯이가 여러 겹 접힌 하얀 종이를 손으로 만지면서 보고 있다.
9:52	여러 겹 겹쳐있는 하얀 종이를 교사에게 들고 가 "선생님 저 자두 스티커 있어요"라고 말하며 하얀 종이에 붙은 캐릭터 자두 스티커를 보여 준다.
9:53	매트에 앉아 있던 ◇◇이가 일어나 ◯◯이쪽으로 다가온다. ◯◯이가 "너한테는 안 보여 주고 선생님한테만 보여 줄거야"라고 말하며 교사가 앉아 있는 방향으로 몸을 비틀어 앉는다. ◇◇이가 "나도 너 안 보여줘"라고 말하며 하얀 종이를 오른쪽 주머니에서 꺼내 ◯◯이 눈앞에 갖다 댄다. ◯◯이가 "선생님 제가 자두 스티커 하나 줄게요. 골라 봐요"라고 교사에게 말한다. 교사가 "음 어떤 스티커가 제일 이뻐? 선생님 주고 싶은 걸로 골라 줄래요?"라고 말하니 ◯◯이가 "이거 드릴래요"라고 말하며 하얀 종이에서 가로 세로 2cm 스티커를 떼어 교사에게 건넨다. 교사가 "고마워~"라고 말하자 ◯◯이가 미소를 짓는다.
9:58	9시 58분경 여자친구 3명이 함께 들어와 아기가 기어가는 자세를 하면서 "야옹"이라고 말하면서 교실 바닥을 기어 다닌다.
9:59	교실 바닥을 기어 다니는 여자친구들 옆으로 ◇◇이와 ◯◯이가 다가간다. ◇◇이가 "우리는 △△을 잡는 사냥꾼이 왔다!"라고 말하자 ◯◯이가 "그렇다!"라고 말하며 교실 바닥을 기어 다니는 여자 친구의 뒤를 따라 뛰어간다

요 약
발달적 요약: 인지, 언어, 사회, 정서, 신체 • 신체(대근육발달) 매트에 앉아 있는 ◇◇가 일어서서 ◯◯쪽으로 다가 온다. 교실 바닥을 기어 다니는 여자 친구들 • 신체(소근육발달) 스티커를 떼어 교사에게 준다. • 사회 '선생님 제가 자두스티커 줄게요 골라 봐요'라고 말한다. 친구들과 함께 놀이한다.

요 약
추론 근거 • '선생님한테만 보여줄거야'라고 말하는 것을 보아 선생님을 의지하고 좋아하는 것 같다. • '나도 너 안 보여줘'라고 말하는 것을 보니 ◇◇는 ○○에게 심술이 난 것 같다. **교수계획** • 선생님 이외에도 친구나 다른 사람과 함께 나누는 즐거움에 대해서도 알 수 있도록 나눔-인성교육에 대해 이야기 나누면 좋을 것 같다. • 상황에 적절한 단어를 사용하여 듣기와 말하기에 관심을 가질 수 있도록 어법에 맞는 문장으로 모델링을 보이면 좋을 것 같다.

표 3-4 표본식기록의 관찰 사례③

관찰 아동: □□□	연령: 만 4세	관찰 시간: 오전 9:20 ~ 9:30
관 찰 자: ◇◇◇	성별: 여	관찰일자: 2021. ○○. ○○.
관찰 장면: 실내놀이 중 미술놀이		

시간	기록
9:21	실내놀이 중 □□이는 실내놀이 계획표를 보며 무엇을 할지 고민하더니 미술 놀이와 역할놀이에 동그라미로 표시한다. 그리고는 미술 놀이에서 놀이를 시작한다.
9:22	실내놀이 계획표를 자신이 앉을 미술 놀이 책상 위에 올려놓은 후, 색종이와 가위, 풀, 사인펜을 가지고 와 자리에 앉는다. □□이는 선생님의 눈을 바라보더니, "선생님, 저 오늘 목걸이 만들 거예요!"라고 말한다. 선생님은 □□이의 말을 듣고, "그래, □□이는 어떤 목걸이를 만들거야?"라고 말한다. 그러자 □□이가 빨간 색종이에 하트를 그리더니 선생님에게 보여 주며 "가운데 하트모양 있는 거요!"라고 말한다. 그 후 색종이에 그렸던 하트 모양대로 자르고 노란 색종이 한 장을 얇고 길게 자르기 시작한다. □□이가 서슴지 않고 빠르게 자르는 것을 보며 선생님은 "□□아, 천천히, 조심조심 자르자"라고 말한다.
9:24	□□이는 길게 자른 색종이를 풀로 이어 붙인다. 선생님과 □□이가 미술 영역에 있는 것을 보고 △△이가 오더니 "선생님, 사랑합니다!"라고 선생님에게 인사한 후, "□□아, 지금 뭐 만들어?"라고 묻는다. □□이가 "이거? 목걸이"라고 말하자, △△이는 "그럼 나도 만들래!"라고 말하며 색종이와 가위, 풀을 가져온다. △△이가 자리에 앉자 □□이가 "이 사인펜 필요하면 써"라고 말하며, △△이가 앉아 있는 곳과 자신의 앉은 곳 사이에 사인펜을 둔다. △△이는 □□이를 보며 미소를 짓고는 "응, 잘 쓸게"라고 말한다. □□이는 길게 이어 붙인 색종이를 선생님이 있는 쪽으로 내밀더니 "선생님, 다 이어 붙였어요!"라고 뿌듯해하며 선생님에게 보여 준다. 선생님은 □□이가 만든 것을 보며 "정말 길게 잘 만들었다. 색종이는 몇 개 이어 붙인 거야?"라고 칭찬한 후 묻자, □□이는 "잠깐만요! 하나, 둘, 셋, 넷... 다섯 개요!"라고 말한다.

9:27	선생님은 □□이를 보며, "여기 가운데 하트도 붙였구나."라고 말한다. □□이가 풀을 들고 색종이의 양쪽 끝에 풀칠해서 붙인다. 목걸이를 완성한 □□이는 "이거 만든 거 엄마한테 자랑할래요"하면서 자기 가방 속에 넣는다. 그 옆에 앉아 있던 △△이도 목걸이를 다 만들더니 "나도 그럼 가져가서 자랑할래"라며 자기 가방 속에 넣는다. 선생님은 그 모습을 보며 "엄마가 정말 좋아하시겠네."라고 말한다. □□이가 △△이를 보며 "우리 이제 역할놀이 가서 놀자"라고 하자 △△이는 "좋아"라고 말한다. 둘은 책상 위에 쓰레기를 버리고 가위랑 풀을 정리한다. 그 후 □□이가 "이제 선생님도 역할놀이 가서 같이 놀아요"라고 말한다.

요 약

발달적 요약

- 사인펜, 가위로 그리거나 오릴 수 있다(소근육발달).
- 친구에게 물건을 빌려준다(사회성 발달).
- 수를 셀 수 있다(인지발달).
- 친구에게 같이 다른 영역에서 놀자고 제안한다(사회성발달).
- 뿌듯해하는 모습을 보인다(정서발달).

추론 근거

- 가위를 사용할 때 조심하는 기색 없이 빠르게 자르는 모습을 보아 성격이 급하거나 조심성이 부족한 것 같다.
- △△이에게 먼저 선뜻 사인펜을 빌려주는 모습으로 보아, 배려심이 깊은 아이인 것 같다.
- 친구에게 같이 놀자며 제안하는 모습으로 보아, 평소에도 친구들과 즐겁게 함께 잘 어울려 놀이하는 것 같다.
- 자신이 만들 것을 부모님께 보여드리고 싶다는 모습으로 보아, 가족과 즐겁게 대화를 나누는 것을 좋아하는 것 같다.

교수계획

미술놀이에 필요한 재료와 도구를 안전하고 다양하게 사용할 수 있도록 안내해야 겠다.

CHAPTER 04

일화기록

일화기록(anecdotal records)은 표본식기록과 마찬가지로 서술식 관찰 방법이지만, 한 가지 행동이나 상황에 초점을 맞추어 기록하는 점이 다르다. 개인의 특성을 이해하기 위하여 그 개인이 나타낸 구체적인 행동 사례나 어떤 사건에 관련된 관찰기록을 상세히 기록하는 방법이다. 즉, 신문기사 쓰듯이 무슨 상황이 언제, 어디서, 누가, 무엇을, 어떻게, 왜의 6하 원칙에 의해 특정 상황에서 관찰 대상 아동이 무슨 말을 하고 행동했는지를 관찰된 사건을 요약하여 간결한 이야기를 상세하게 적는 관찰 방법이다. 일화기록법으로 관찰할 때 주의할 점은 다음과 같다.

- 관찰하고자 하는 연령 집단의 발달적 특성을 정확하게 이해하고 있어야 한다.
- 유아의 일상생활에서 일어나는 중요한 일들을 잘 알고 있어야 한다.
- 관찰 직후 종이에 간단하게 메모한 후 수업이 끝난 후 자세히 기록한다.
- 발달상 중요 포인트를 적어 놓는다.

1 일반적 특성

일화기록은 관찰된 사건에 대하여 사실적이고 객관적으로 기록하는 관찰 방법 가운데 가장 쉽고 간단한 기록 방법이며 간결하다. 모든 일화가 기록의 대상이 아니라 대상 아동의 예기치 않은 행동을 기록하는 것이다. 그러므로 관찰자는 대상 아동의 특정한 행동이나 영역에 초점을 두고 그 행동이 발생할 때 관찰하여 기록해야 한다.

2 장점 및 단점

영유아의 모든 행동을 자세하게 서술하는 일화기록법은 다음과 같은 장점과 단점이 있다.

1) 장점

- 교사는 일화기록을 통하여 영유아들이 어떻게 말하고 행동하는지에 집중적으로 초점을 맞춤으로써 좀 더 명확하고 분명하게 그때의 상황을 기록으로 남길 수 있다.
- 일화기록을 위해 필요한 것은 메모지와 연필뿐이므로 사건이 일어난 후 아무 때나 교사가 편리할 때 적을 수 있다.
- 일화기록은 아주 간결한 형태로 기록되므로 표본식기록에 비하여 시간을 많이 필요로 하지 않는다.

- 여러 번에 걸쳐 모아진 일화기록들은 다른 관찰기록들과 비교할 수 있으며, 교사가 아동의 독특한 발달 패턴, 행동 변화, 흥미, 아동의 능력, 필요로 하는 것 등을 정확하게 이해할 수 있다.

2) 단점

- 정확하고 객관적인 관찰기록이 아닐 경우에는 오히려 대상 아동에 대한 잘못된 인상을 심어줄 우려가 있다.
- 시간이 지나서 기록하게 되는 경우에는 관찰자의 편견이 들어가거나 그때의 상황을 잊어버리기도 한다.
- 다른 관찰방법에 비해 관찰 기록이 집중적으로 이루어짐에 따라 관찰자에게 피로감이나 부담감을 줄 수 있다.
- 대상 아동의 행동 중 한 가지 사건만 기록하기 때문에 해석에서 오류를 범할 가능성이 있다.
- 관찰 상황에 대한 묘사가 적어 전후 상황을 파악하기 어렵다.
- 시간 간격과 행동단위가 작은 경우에는 연속성이 결여, 자연성의 결여 그리고 충분한 상황적 설명의 결여로 인하여 그 자료의 가치가 제한을 받게 된다.

3 관찰 지침 · 관찰 양식 · 관찰 사례

1) 일화기록법의 관찰 지침

일화기록법으로 아동의 행동을 기록할 때는 관찰 행동을 크게 3가지

수준으로 나누어 기록한다. 첫째, 행동의 전반적인 측면이나 주요 행동을, 둘째, 주요 행동의 하위 행동을, 셋째, 행동의 진행 상황을 구체적으로 기술한다.

다음에 제시하는 일화기록 시의 고려할 점과 지침사항을 염두에 두고 충분한 연습이 필요하다.

(1) 일화기록 시 고려되어야 하는 점

일화기록 시 관찰자가 고려해야 할 점은 다음과 같다(황해익 외, 2013).

첫째, 관찰한 행동이나 사건에 대해 객관적 또는 사실적으로 기술한다. 객관적으로 기술하기 위해서 관찰자는 대상 아동이 사용한 말을 그대로 인용부호(" ") 속에 삽입하여 기록하거나 녹음기를 이용하거나, 아동의 작업 표본이나 사진 등의 기타 참고자료를 첨부하여 기록의 사실성을 높일 수 있다.

둘째, 객관적 사실과 이에 관한 관찰자의 해석이나 처리 방안을 명확하게 구분하여 기록한다. 또한 관찰자의 해석은 대개 한 번의 일화기록으로는 어려우므로, 적어도 일정 기간 동안 수집된 몇 번의 일화기록을 기초하여 해석하는 것이 바람직하다.

셋째, 여러 시기에 일어난 서로 다른 일화들을 각각 기록한다. 또한 일화기록은 계속적인 기록이 보존되어야 진단적 가치를 띠게 되므로, 동일한 관찰 대상에 대한 장기간의 누적된 기록이 보존되도록 한다.

넷째, 여러 사건의 상황일 때의 일화기록법은 대체로 한 번에 한 가지 사건만 취급하도록 한다. 그리고 어떤 사건에 한 명 이상의 여러 아동이 참여할 때는 주요 인물의 경우 관련 아동의 기록에도 같은 일화를 그대로 포함시키면 유용하다.

(2) 일화기록의 관찰 지침

일화기록의 관찰 지침은 다음과 같다(황해익 외, 2013).

- 발달상의 중요한 사건을 기록하길 원할 때 일화기록을 사용할 수 있다.
- 관찰 시 핵심 단어 중심으로 기록한 후 가능한 한 빨리 간결하게 기록하거나 녹음한다.
- 관찰 시간, 장면, 진행 중인 활동 등 상황적인 자료를 기록에 포함한다.
- 관찰 대상 아동의 주요 행동을 중심으로 기록한다. 즉, 한 가지 행동에만 초점을 맞추어 기록한다.
- 관찰 대상 아동이 한 말이 그대로 인용부호 안에 기록한다.
- 관찰 대상 아동의 말과 행동뿐만 아니라 그와 상호작용하는 다른 아동이나 교사의 말과 행동도 기록한다.
- 발달 상 혹은 누리과정 영역별 중요 포인트를 기록한다.
- 기록은 객관적이고 사실적이며 추론과 해석을 배제한다.
- 각 아동의 발달과 관련된 다양한 일화들을 모으기 위해서는 정기적으로 포트폴리오를 체크한다.

2) 관찰 양식

실제 일화기록을 할 때 표 4-1, 표 4-2와 같은 관찰 양식을 사용할 수 있다.

표 4-1 일화기록의 관찰 양식①

일화기록 관찰 양식		
관찰 아동::	생년월일:	관찰일 현재연령: 년 개월
관 찰 자:	성별:	관찰 시간: ~
관찰 장면:		관찰일:
기록		
※ 발달영역 :		
요 약		

표 4-2 일화기록의 관찰 양식②

일화기록 관찰 양식		
관찰 아동:	생년월일:	관찰일 현재연령: 년 개월
관 찰 자:	성별:	관찰 시간: ~
관찰 장면:		관찰일:
기록		
개정누리과정(발달영역)		
해석		
교수계획		

3) 일화기록의 평가 기준

일화기록법에 의해 관찰된 자료를 다음의 기준에 따라 분석하고 확인한다.

- 관찰 날짜 및 관찰 대상 아동의 나이 등 관찰 대상 아동의 주요 정보들이 기록되어 있는가?
- 한 사건만이 간결하게 집중적으로 기록되어 있는가?
- 기록할 때 대상 아동이 사용한 언어가 직접적으로 표현되어 있는가?
- 주요 발달 영역이 기록되어 있는가?
- 관찰 대상 아동과 상호작용하는 다른 아동과 교사의 언어 및 행동도 기록되어 있는가?
- 관찰기록이 객관적이고 사실적이며 해석 및 교수계획이 기록되어 있는가?

4) 일화기록의 관찰 사례

표 4-3 일화기록을 적용한 관찰 사례①

<table>
<tr><td>관찰 아동: ○○○</td><td>생년월일: 2017. ○○. ○○.</td><td>관찰일 현재연령: 4년 3개월</td></tr>
<tr><td>관 찰 자: ○○○</td><td>성별: 여아</td><td>관찰 시간: 12:30 ~ 12:50</td></tr>
<tr><td colspan="2">관찰 장면: 실내놀이 중 미술놀이</td><td>관찰일: 2021. ○○. ○○.</td></tr>
<tr><th colspan="3">기록</th></tr>
<tr><td colspan="3">실내놀이 중 미술놀이 활동공간에서 ○○이가 색연필로 드레스를 입은 여자를 그린다. 그리고는 교구장위에 있는 가위를 가져와 여자를 따라 종이를 오린다.
○○이는 여자를 다 오린 후 학생 선생님에게 "선생님 이것 봐요. 선생님이예요. 예쁘죠?"라고 말한다.
선생님은 ○○이를 보며 "그러게~ ○○이가 선생님을 정말 예쁘게 그려주었네~. 선생님은 ○○이가 선생님을 예쁘게 그려줘서 기분이 너무 좋아"라고 말한다. ○○이는 선생님을 바라보며 미소를 짓는다.
옆에 있던 □□이는 ○○이를 바라보다 "○○아, 내 그림 오려주라"라고 말한다. ○○이는 고개를 끄덕이며 "그래"라고 말하며 □□이에게 손을 내민다.
○○이는 □□이의 그림을 오리다가 그림이 좁은 부분을 오린다. ○○이는 □□이를 보며 "□□아. 미안 여기 팔 잘렸어. 테이프로 붙여줄게"라고 말한다. 이에 □□이는 "그래"라며 테이프를 가지러간다.</td></tr>
<tr><td colspan="3">개정누리과정(발달영역) - 만 4세 기준
- 신체운동 · 건강 〉 신체활동 즐기기 〉 신체 움직임을 조절한다.
- 의사소통 〉 듣기와 말하기 〉 자신의 경험, 느낌, 생각을 말한다.</td></tr>
<tr><td colspan="3">해석
○○이는 미술놀이에서 자신이 생각한 것을 표현하고 그 표현활동을 즐긴다. ○○이의 가위질을 통해 눈과 손을 협응하여 소근육을 잘 조절함을 알 수 있다. 자신의 신체를 긍정적으로 인식해(자신의 가위질을 긍정적으로 인식하고) 친구에게 도움을 준다. 자신의 그림에 대한 생각을 말로 표현할 수 있으며, 자신의 감정 또한 말로 표현할 수 있다. 자신이 할 수 있는 일에 도전하여 친구를 도와주며, 친구의 그림이 잘렸을 때 친구의 감정을 알고 사과를 할 수 있다. 이는 친구의 그림을 소중히 여기는 것도 알 수 있다.</td></tr>
<tr><td colspan="3">교수계획
또래의 부탁을 들어주는 등 사회관계에 있어 자발적인 모습으로 보아 협동놀이를 통해 또래관계를 원만하게 돕도록 지도하고, 정교한 가위질을 조금 어려워하는 것으로 보아 간단해 보이는 가위질보다는 섬세한 가위질을 위해 소근육발달에 도움이 되는 활동을 준비해 주는 것이 좋을 것 같다.</td></tr>
</table>

표 4-4 일화기록을 적용한 관찰 사례②

관찰 아동: ○○○	생년월일: 2015. ○○. ○○.	관찰일 현재연령: 만 5세
관 찰 자: ○○○ (교사)	성별: 남	관찰 시간: 13:00~13:15
관찰 장면: 실내놀이 중 수 · 조작놀이		관찰일자: 2021. ○○. ○○.

시간	기록
13:00~ 13:15	실내놀이 중 수 · 조작놀이 시 ○○가 수 · 조작놀이에 있는 5번 바구니를 꺼내서 ◇◇이랑 △△와 함께 각자 원하는 것을 만든다. ○○는 삼각형과 사각형의 블록과 여러 가지 색(빨강, 파랑, 초록 등)의 블록을 이용해서 1층짜리 집을 만든다. ◇◇가 ○○에게 같이 블록을 붙여서 놀자고 한다. 하지만 ○○는 자신의 집을 만드느라 ◇◇의 말에 대답하지 않는다. ◇◇가 "흥, 나 화났어"라고 했지만 ○○는 묵묵히 자신의 집을 만든다. 각자 만든 장남감으로 놀다가 ○○가 ◇◇에게 블록을 갖고 싶다고 한다. ◇◇는 ○○에게 블록을 주지 않는다. ◇◇가 ○○에게 "변신집이다~"라고 말하며 자신이 만든 것을 보여 준다. ○○는 "그래? 나는 여기 열 수도 있는데~"라고 말하며 "우리 엄마는 나 생일 때만 장난감 사주는데"라고 말을 덧붙인다. ○○가 ◇◇에게 자신이 만든 집의 문을 열고 닫는 방법을 알려준다. ○○가 ◇◇에게 말 모양의 장난감을 달라고 한다. ◇◇는 싫다고 한다. △△가 "우리 이제 놀자~"라고 해서 ◇◇, △△, ○○는 장난감을 가지고 서로 치면서 논다. ◇◇가 "다 같이 놀자"라고 해서 ○○가 자신이 만든 블록 집을 다 부수고 그 블록들을 ◇◇에게 주며 "그래"라고 한다. △△, ◇◇, ○○는 같이 커다란 집 한 채를 만든다. ○○는 즐거운 미소를 지으며 논다. 선생님께서 "□□~ 정리하자"라고 말하며 피아노를 치자, ○○는 가지고 놀던 블록을 재빠르게 부수고 바구니에 다 넣고 바구니를 교구장 안에 집어넣는다.

요약
개정누리과정(발달영역) - 만 5세 기준 신체운동 · 건강 〉 신체활동 즐기기 〉 신체 움직임을 조절한다. 의사소통 〉 듣기와 말하기 〉 자신의 느낌, 생각, 경험을 말한다. 사회관계 〉 더불어 생활하기 〉 친구와 서로 도우며 사이좋게 지낸다. 예술경험 〉 예술 감상하기 〉 예술 감상하기 〉 서로 다른 예술의 표현을 존중한다. 자연탐구 〉 생활 속에서 탐구하기 〉 물체의 위치와 방향, 모양을 알고 구별한다. **해석** ○○는 블록을 이용해서 자신이 생각한 집을 만드는 활동을 즐긴다. 1층짜리 문이 달린 넓은 집을 만드는 것을 보고 대 · 소근육을 잘 조절함을 알 수 있다. 또한 원하는 장난감이 있으면 친구에게 자신의 생각과 의견을 말로 표현할 수 있다. 친구들과 함께 블록놀이를 하는 것에 재미를 느끼고 친구의 부탁을 들어주어 자신의 블록을 친구들에게 나눠 주며 함께 논다. 이를 통해 친구들과 함께 놀기 위해 양보하는 것임을 알 수 있다. 정리 시간이 되었을 때 즉시 정리하는 모습을 보고 정리 규칙을 제대로 습득했음을 알 수 있다.

요약
교수계획 ○○가 친구의 말을 귀 기울여 듣고 대답할 수 있도록 상호작용을 필요로 하는 활동을 하고, ○○가 친구에게 장난감을 달라고 말을 할 때 명령조로 달라고 말하는 게 아닌 부탁의 말을 사용할 수 있도록 지도해 주는 것이 좋을 것 같다.

표 4-5 일화기록을 적용한 관찰 사례③

관찰 아동: ○○○		관찰일 현재연령: 만 3세
관 찰 자: ○○○	성별: 여	관찰 시간 10:30 ~ 10:40
관찰 장면: 실내놀이시간 중 미술놀이		관찰일자: 2021. ○○. ○○.

시간	기록
실내놀이시간 중 미술놀이에서 ○○가 집을 그리고 있다. 집에 있는 창문을 색칠하며 나에게 "저 창문 무지개 색으로 칠했어요~ 예쁘죠?"라고 말한다. 나는 ○○를 보면서 "와 정말 알록달록하네~."라고 말한다. 그러자 ○○가 미소를 지으며 "선생님, 저 제주도 가봤어요~"라고 말한다. 나는 "제주도를 가보았구나~ 제주도 재미있었니?"라고 말한다. ○○가 집을 그린 종이를 나에게 보여주며 "네, 완전 재미있었어요~ 제주도에서 이런 집에서 가족들이랑 있었어요"라고 말한다. 나는 "멋진 집에서 가족들이랑 제주도를 보냈구나~ 정말 재미있었겠다"라고 말한다. 그러자 ○○가 "집에 네모난 문이 두 개 있었는데 나갈 수 있는 문이랑 창문이 있었어요"라고 말한다. 내가 "집에 창문이랑 문이 있었구나~"라고 말하자 ○○가 웃으며 "네~"라고 말하곤 다시 그림을 색칠한다. 색칠을 다 한 ○○가 종이에 단추를 붙이고 있는 □□를 보면서 "야, 너 이거 어디서 났어?"라고 묻는다. □□는 말없이 단추가 들어있는 작은 바구니를 가리킨다. ○○는 "아, 저기있었구나"라고 말하곤 단추 다섯 개를 집어 들고 만지면서 "딱딱하네"라고 말한다. 그리고선 단추 세 개를 집에 붙인다. 완성된 그림을 나에게 보여 주며 "선생님, 저 네모난 문이 두 개 있고, 동그라미가 세 개 있어요~"라고 말한다. "그렇네~"라고 말한다.	
개정누리과정(발달 영역) 신체운동 · 건강 〉 신체활동 즐기기 〉 신체 움직임을 조절한다. 의사소통 〉 듣기와 말하기 〉 자신의 느낌, 생각, 경험을 말한다. 사회관계 〉 더불어 생활하기 〉 가족의 의미를 알고 화목하게 지낸다. 예술경험 〉 창의적으로 표현하기 〉 다양한 미술재료와 도구로 자신의 생각과 느낌을 표현한다. 자연탐구 〉 생활 속에서 탐구하기 〉 물체를 세어 수량을 알아본다, 자연탐구 〉 생활 속에서 탐구하기 〉 물체의 위치와 방향, 모양을 알고 구별한다.	
해석 ○○는 미술활동으로 자신이 생각한 것을 표현하고 그 표현활동을 즐긴다. ○○는 연필이나 색연필 같은 미술 도구를 사용함으로써 소근육을 잘 조절함을 알 수 있고, 교사와 자신의 일상생활에서 있었던 경험을 이야기 나누면서 자신의 생각과 느낌을 말로 표현할 수 있다. 또한 친구에게 도움을 요청할 수 있으므로 교사 및 같은 공간에서 생활하는 친구들과 화목하게 지낸다는 것을 알 수 있다. 미술 재료인 단추에 관심을 보이고 자신의 그림을 꾸미기 위해 사용하고, 네모난 문이 두 개있고 동그라미가 세 개 있다는 것을 인지하여 모양과 수를 말할 수 있다는 것을 알 수 있다.	
교수계획 □□에게 도움을 요청할 수 있는 것으로 보아 의사소통을 하는 데 있어서 원만하지만 좀 더 원활하게 의사소통을 할 수 있도록 친구에게 도움을 요청하고 '고마워'라고 말할 수 있도록 지도하고, 단추가 어디에 있는지 알 수 있도록 단추 바구니에 '단추'라고 프린트하고 코팅하여 붙여놓는 것이 좋을 것 같다.	

CHAPTER 05

사건표집법

사건표집법(event sampling method)은 관찰 대상에게서 하나의 특정한 행동이나 사건이 발생할 때에만 관찰하는 방법으로, 측정 단위가 시간간격이 아니라 연구하고자 하는 행동이라는 점에서 다른 표집법과 구별된다. 사건표집에서 주의할 점은 관찰하고자 하는 행동이나 사건의 성격에 대해서 관찰자가 충분히 알고 있어야 하며, 미리 정해진 행동의 범주에 대한 정의를 분명히 이해하고 있어야 하는 점이다. 사건표집법은 서술식 사건표집법과 빈도 사건표집법 두 가지 유형이 있다. 서술식 사건표집법은 어떤 행동이나 사건의 원인, 전후 상황에 대한 정보를 얻고자 하는 경우에 사용하는 형태이고, 빈도 사건표집법은 행동이나 사건이 얼마나 자주 일어나는지 그 빈도를 알고자 할 때 사용하는 형태이다.

1 일반적 특성

사건표집은 단순히 어떤 행동의 발생 유·무만을 관찰하기보다는 행동이나 사건이 발생하기를 기다렸다가 관심을 가진 행동이나 사건이 일어나면 일정한 형식에 따라 행동의 순서를 자세하게 기술하는 방법이다. 관찰되는 행동이 얼마나 자주 일어나는지, 그런 행동이 얼마나 지속되는지, 그런 행동의 동기는 무엇인지 그리고 표집 행동의 원인이나 행동의 심각성에 대한 정보를 얻을 수 있다. 필요에 따라 사건 이전의 상황도 기록할 수 있다.

관찰자가 기록 시 선택하는 행동이나 사건의 범위는 특별히 제한이 없으며, 관찰 시간 정도는 관찰의 초점이 되고 있는 행동 특성에 달려 있다. 관찰 행동은 더 단순하게 기록하도록 부호화할 수 있다.

아동 간에 싸운 경우를 예를 들어보면 다음과 같은 정보가 기록수집될 수 있을 것이다.

- 싸움이 지속된 시간
- 싸움이 시작되었을 때 상황이나 행동
- 싸움 중에 나타난 행동의 유형: 비참여, 촉진, 공격, 보복의 네 가지 행동 범주 중의 하나로 표기한다.
- 싸움 중에 유아가 실제로 한 말과 행동
- 싸움의 결과가 제3자의 중재로 끝났는지, 스스로 해결했는지를 표기한다.
- 그 후에 일어난 일 등을 분석되어 기록되어야 한다.

2 장점 및 단점

사건표집법은 다음과 같은 장점과 단점이 있다.

1) 장점

- 자연적 상황에서 행동을 관찰할 수 있으므로 사건이 일어난 전후 맥락을 알 수 있다.
- 시간표집법으로는 관찰하기 어려운 행동, 즉 빈번하게 발생하지 않는 행동인 아동의 공격적 행동이나 도덕적 행동특성도 관찰할 수 있다.
- 특정 사건이 발생할 때만 관찰하므로 시간이 절약된다.

2) 단점

- 관찰된 자료를 곧바로 분량화시키기 어렵다.
- 관찰 시간을 예측하기 어렵다.

3 관찰 지침

- 관찰하고자 하는 행동이나 사건을 명확하게 정하고, 정해진 행동이나 사건을 조작적으로 정의해 둔다.
- 관찰하려는 행동 특성을 분명하게 규정하고 언제, 어디서 그러한 행동을 관찰할 것인지를 정한다.
- 어떤 종류의 정보를 기록할 것인지를 미리 결정해 놓는다.
- 관찰 양식지는 가능한 관찰자가 사용하기에 쉽고 편리하도록 만들어 둔다.
- 행동 특성을 자세하게 기록해야 할 경우는 관찰결과를 기록하기 위하여 여러 가지 영상기록매체를 활용하기도 한다.

4 관찰 유형 · 관찰 양식 · 관찰 사례

1) 빈도 사건표집법

관찰하고자 하는 행동이나 사건의 성격에 대해서 관찰자가 충분히 알고, 미리 정해진 행동의 범주에 대한 정의를 분명히 이해하여 행동이나 상황 기준을 정해 놓고 일정한 도표를 만들어 그 행동이나 사건이 일어날 때마다 빈도를 기록하는 관찰법이다. 관찰 대상 아동의 바람직하지 못한 행동을 변화시키기 위한 목적으로 부정적이거나 기대되는 행동의 발생여부나 지속성, 심각성 등을 알아보기 위하여 빈도 사건표집법을 이용한다.

빈도 사건표집법에서의 범주 체계

- 그림 모으기: 자기만의 독특한 영상적 분류를 통해 선호하는 물건끼리 분류하는 것이다.
- 동일성에 의한 분류: 동일한 대상으로 동일한 물건끼리 분류한다.
- 유사성에 의한 분류: 유사한 대상들을 한 가지 속성에 따라 정확하게 분류하는 것이다.
- 분류 – 재분류: 한두 가지 방식 이상으로 사물들을 분류 – 재분류할 수 있다.
  예) 연필을 모양에 따라 분류할 수 있고, 길이에 따라 분류할 수 있다.

(1) 빈도 사건표집법의 관찰기록 지침

- 교사가 대상 아동의 행동을 인식한 경우만 사건으로 본다. 따라서 교사가 모르고 지나간 아동의 행동은 포함시키지 않는다.
- 하나의 행동은 행동이 발생해서 그 행동이 끝날 때까지 관찰하고 기록한다.
- 대상 아동의 행동이 시작해서 끝날 때까지 대상 유아가 사용한 모든 유형을 표시한다.
- 한 가지 유형을 여러 번 사용할 때는 사용할 때마다 표시한다.

(2) 빈도 사건표집법의 장점 및 단점

빈도 사건표집법은 사용이 편리하고 단순하기 때문에 시간이 적게 소요되고, 수량화가 용이하여 신속한 의사결정에 도움을 주는 장점이 있다. 반면에 행동의 원인까지 알아내기에는 어렵다는 단점이 있다.

(3) 빈도 사건표집법의 관찰 양식과 사례

표 5-1은 '놀이 중 나타나는 유아의 부적응 행동' 빈도를, 표 5-2는 유아의 공격적 행동 빈도 사건표집의 관찰 사례이다. 각각의 사례에는 관찰 범주(관찰 영역)를 정하여 관찰 지침을 함께 관찰기록지에 넣어 둠으로써 관찰기록의 일관성을 유지하고 있음을 볼 수 있다.

표 5-1 빈도 사건표집법의 예①

아동이름: ○○○			생년월일 : 2018년 ○○월 ○○일 (여)		
관 찰 자: ○○○			관 찰 일 : 2021년 ○○월 ○○일		
관찰 행동: 놀이 중에 나타나는 부적응 행동 관찰 지침 ① 유아가 위의 활동 영역에서 분류 활동을 보였을 때 행동하는 란에 /로 표시한다. ② 영역을 더 줄이거나 늘이거나 관찰하고 싶은 영역을 선택하여 선택적으로 관찰할 수 있다.					
성공/실수 영역	**또래와의 상호작용**	**놀림**	**도중포기**	**던지기**	**장난감뺏기**
언어놀이			//		
역할놀이	////	///		////	/

※ 위의 '빈도 사건표집법의 예①'에 나타난 조사자료에 대하여 요약 및 교수계획을 각각 작성하여 보자.

요약   **교수계획**

표 5-2 빈도 사건표집법의 예②

관찰학급: 만 2세	관찰일 : 21○○. ○○. ○○. ~21○○. ○○. ○○.
관찰 대상: ○○○	관찰자 : ○○○

관찰 행동: 유아의 공격적 행동

공격적 행동 유형의 정의

행동유형	정의 또는 예
놀잇감 뺏기	또래가 가지고 노는 놀잇감을 허락 없이 빼앗는 행동
소리 지르기	상황에 맞지 않고 놀이와 관련이 없는 고음의 소리를 지르는 행동
물건 던지기	놀잇감이나 교구를 던지는 행동
자기 때리기	자신의 손으로 자신의 뺨, 머리 등을 때리거나 신체를 벽에 부딪는 행동
친구 때리기	놀이 도중 이유 없이 또래의 신체를 때리거나, 밀거나, 꼬집는 행동

관찰 지침

① 교사가 유아의 행동을 인식한 경우만 사건으로 본다(교사가 모르고 지나간 행동은 포함시키지 않는다)
② 하나의 공격 행동은 행동이 일어나서 끝날 때까지로 보고 관찰한다.
③ 공격 행동이 시작하여 마칠 때까지 유아가 사용한 모든 유형을 표시한다.
④ 한 가지 유형을 여러 번 사용할 때는 사용할 때마다 표시한다.
⑤ 행동을 보였을 때 해당란에 /로 표시한다.

관찰일 / 행동유형	10.11.(월)	10.12.(화)	10.13.(수)	합계	평균
놀잇감 뺏기	////	/////	//////	15	5
소리 지르기	//	///	///	8	2.7
물건 던지기	/////	///	////	12	4
자기 때리기	//	/	///	6	2
친구 때리기	///////	//////	//////	19	6.3

요약

교수계획

표 5-3 빈도 사건표집법의 예③

관찰 아동: OOO	생년월일: 2015. OO. OO (남)
관찰자: OOO	관찰일자: 2021. OO. OO.

관찰 행동 하루 일과 중 나타나는 문제 행동
관찰 지침
1. 유아가 하루 일과 중에서 분류 활동을 보였을 때 행동하는 란에 /로 표시한다.

성공/실수 영역	또래와의 상호작용	자리 이탈	집중력 결여	혼잣말 하기	자신감 결여
언어놀이		/	//	//	
역할놀이	///			/	
바깥놀이	////				
수·조작놀이	/		//	//	//
음률놀이		/	///		/
이야기 나누기		///	////	///	

요약
- 역할 영역 놀이나 바깥 영역 놀이에서는 또래와의 상호작용이 빈번하게 일어났지만, 언어 영역 놀이와 이야기 나누기 수업, 음악 수업에서는 또래와의 상호작용이 일어나지 않았다.
- 스스로 놀이가 이루어지는 활동에서는 자신감이 결여된 모습을 보임.

교수계획
- 호기심을 가지고 집중할 수 있도록 이야기 나누기 수업이나 언어놀이에서는 실물자료 등 다양한 활동자료를 시청각 자료를 많이 사용할 수 있도록 해 준다. 또래와의 상호작용이 활발해질 수 있도록 수업에서나 자유선택활동 영역에서 친구와 함께 할 수 있는 협동놀이를 준비해준다.

2) ABC 서술식 사건표집법

ABC 서술식 사건표집법은 자연스러운 상황에서 일어나는 행동의 원인과 결과를 알기 위하여 Bell과 Low(1977)가 고안한 관찰법이다. 이 관찰법은 아동의 문제 있는 행동의 원인을 분석하고 문제 행동을 자세히 설명하는 데 유용하다.

- A(Antecedent Event): 행동 / 사건 발생 전(예: 공격성을 보이기 전에 어떤 일이 일어났는가?)

- B(Behavior): 행동 / 사건(예: 공격성을 어떻게 보였는가?)
- C(Consequence): 행동 / 사건 발생 후(예: 공격을 받은 아이와 공격한 유아의 반응은 어떠했는가?)

(1) ABC 서술식 사건표집법의 장점

- 자연적 상황에서 참여 대상이나 사건이 일어난 전과 후의 상황이 기록되므로 관찰된 행동의 배경을 알 수 있다.
- 관찰 행동의 범위는 제한이 없으며, 자주 발생하지 않는 행동을 연구할 수 있다.
- 참여 대상 유아를 개별적으로 관찰할 수 있으므로 개별화된 교수 전략을 짤 수 있다.
- 유아 개인의 질적인 정보를 제공해 준다.

(2) ABC 서술식 사건표집법의 단점

- 기록 형식에 따라 차이가 있으나 수량화를 할 수 없거나 어렵다.
- 수량화할 수 없는 자료에 대해서는 신뢰도를 측정하기 어렵기 때문에 자료의 신뢰도면에서 의문이 제기된다.
- 사건의 전체적인 흐름을 알 수 있으나, 사건이 일어난 전·후 자연스런 연속성이 깨지기 쉽다.
- 유아의 관찰 시간을 예측하기 어렵다.

(3) ABC 서술식 사건표집법의 관찰 양식과 사례

표 5-4 양식

관찰 아동:		생년월일 : (남, 여)	
관 찰 자:		관 찰 일 :	
관찰 행동:		관찰 시간 : ~	
시간	**사건 전**	**사건**	**사건 후**
요약:			
교수계획			

표 5-5 ABC 서술식 사건표집법을 적용한 관찰 사례①

유아이름: ○○○		생년월일 : 2017. ○○. ○○. (남)	
관 찰 자: ○○○		관 찰 일 : 2021. ○○. ○○.	
관찰 행동: 등산을 하면서 발생한 공격적인 행동		관찰 시간 : 10:00 ~ 10:45	
시간	**사건 전**	**사건**	**사건 후**
10:00	등산을 하기 위해 준비운동을 하며 ○○는 물통을 만지작거린다.	옆에 있던 ◇◇가 "물통 멋있다. 나도 보여줘"라고 말하며 물통을 만지려고 한다. 그러자 ○○는 "싫어"라고 말하며 ◇◇의 손을 뿌리친다. ◇◇는 "치사해!"라고 말한다.	◇◇와 ○○는 선생님에게 "◇◇와 ○○ 조용히 하세요" 라고 지적을 받은 뒤 다시 선생님을 따라 준비운동을 한다.
10:10	준비운동을 다 하고 줄을 맞춰서 등산을 한다. ○○는 등산을 하면서 도토리를 주워 옷 주머니에 넣는다.	◇◇가 "빨리 올라가"라고 말한다. 그러자 ○○가 "이거만 줍고 올라 갈거야"라고 말한다. 그러자 ◇◇는 "선생님이 자연물을 줍지 말라고 했어"라고 말한다.	○○는 그런 ◇◇를 바라보며 도토리를 계속 주우며 옷 주머니에 넣는다. ◇◇도 그런 ○○를 조용히 바라본다.
10:15	○○가 도토리를 줍는 것을 보고 ◇◇도 ○○를 따라 도토리를 줍는다.	○○가 ◇◇를 보며 "따라하지마. 여기 도토리 다 내꺼야"라고 말한다. ◇◇는 "거짓말 치지마. 내가 먼저 주웠어"라고 말하며 ○○를 민다. 그러자 ○○가 화가 나서 ◇◇를 때린다.	◇◇는 서럽게 운다. 선생님은 모두에게 "자연물 내려 놓으세요"라고 말한다. 그러자 ○○도 따라 운다.

시간	사건 전	사건	사건 후
10:30	○○는 선생님의 지시에 따라 뒤로 가서 줄을 선다.	△△ 뒤에 있던 ○○를 보며 △△가 "왜 이리로 왔어?"라고 말한다. 그러자 ○○가 "너는 아무것도 모르면서"라고 말하며 도토리를 계속 주우며 옷 주머니에 넣는다. △△는 "선생님이 자연물 만지지 말라고 하셨어"라고 말한다. 그러자 ○○는 소리를 지르면서 "◇◇도 만졌어. 신경 쓰지마"라고 말하며 △△에게 때리는 시늉을 한다.	△△는 그런 ○○를 보며 화가 나서 "너 한 번만 더 그러면 선생님에게 말할거야"라고 말한다. ○○는 그런 △△를 무시하며 계속 도토리를 줍는다.
10:35	△△가 선생님이 계신 곳으로 가 서성거린다.	그러자 ○○는 다급하게 △△를 잡는다. 넘어진 △△는 손과 바지를 턴다. 그리고 ○○를 밀치며 "너 때문에 넘어졌잖아"라고 말한다.	○○는 △△에게 "미안해. 선생님에게 말하지마"라고 말한다. △△는 ○○를 보며 "말 할거야"라고 말한다.
10:45	○○가 △△에게 "미안"이라고 말한다.	△△가 양 손으로 귀를 막자 ○○가 △△에게 도토리를 던진다. 그러자 △△는 선생님에게 다가가 "선생님 ○○가 도토리를 던졌어요"라고 말한다.	선생님은 ○○와 △△를 데리고 이야기를 한다. 서로 "미안해"라고 말하며 화해를 한 뒤 주의를 주며 줄을 서서 다시 등산을 한다.

발달적 요약

- 언어발달: 자신의 생각을 이야기하며 상대방에게 표현할 수 있다.
- 신체발달: 대 · 소근육을 이용하여 안전하게 등산할 수 있다.
- 인지발달: 눈과 손의 협응을 이용하여 도토리를 주울 수 있다.
- 사회성발달: 자신이 잘못한 것에 대해 친구에게 사과할 수 있다.

해석

- 물통을 보여 달라고 하자 '싫어'라고 이야기하는 것을 자신의 생각에 맞게 표현하는 것으로 보아 언어발달이 이루어졌다고 판단됨.
- 대 · 소근육을 이용하여 안전하게 등산하는 것으로 보아 신체발달이 이루어졌다고 판단됨.
- 바닥에 떨어진 도토리를 눈과 손의 협응을 통해 줍는 것으로 보아 인지발달이 이루어졌다고 판단됨.
- 자신이 △△를 넘어뜨린 것에 대해 사과하는 것으로 보아 사회성발달이 이루어졌다고 판단됨.

교수계획

- ○○가 교사와 약속한 것을 지킬 수 있도록 생활태도습관을 바르게 지도한다.
- ○○가 교사가 진행하는 수업에 집중할 수 있도록 생활태도습관을 바르게 지도한다.
- ○○가 친구를 때리거나 친구에게 물건을 던지지 않도록 동화를 통해 사회성이 발달할 수 있는 수업을 준비한다.
- ○○와 친구들이 흥미 있어하는 도토리를 오감으로 탐색할 수 있도록 탐구 영역에 도토리를 배치한다.

표 5-6 ABC 서술식 사건표집법을 적용한 관찰 사례②

아동이름: ○○○		생년월일: 만 3세 (여)	
관찰자: ○○○		관찰일: 2021. ○○.○○. (목)	
관찰 행동: 실내놀이 시 나타난 부적응 행동		관찰 시간: 9:00~9:20	
시간	**사건 전**	**사건**	**사건 후**
9:00	실내놀이 시간이 되자, ○○는 수·조작놀이 앞에서 서성거리다 수·조작놀이 활동 공간에 들어간다.	○○가 수·조작놀이 자리에 앉으려고 하자 옆에 있던 △△가 "거기 내 친구 □□이 자리야. 나 오늘 □□랑 같이 놀기로 했어"라고 말한다. 그러자 ○○는 "나도 친구잖아. 나 여기 앉을래"라고 말하며 △△의 목을 자신의 팔로 감싸 안는다. 그러자 "불편해 하지마"라고 말한다. ○○는 계속 팔로 △△의 목을 감싼다. 그러자 △△는 울음을 터뜨린다.	선생님은 △△와 ○○를 불러 이야기를 한다. ○○가 △△에게 "미안해"라고 말하자 △△는 "괜찮아"라고 말하며 △△는 수·조작놀이공간으로 돌아가고, ○○는 쌓기놀이 로 간다.
9:10	쌓기놀이로 간 ○○는 교구장에 있는 블록들을 만지작거리다 레고 블록 상자를 꺼낸다.	레고 블록을 세 개 정도 서로 끼우다가 끼워져 있는 한 개의 블록을 손으로 잡아 당긴다. 잡아 당긴 블록이 다른 블록과 분리되지 않는다. 그러자 ○○는 눈을 찌푸리고 "으으응" 소리를 내며 블록을 바닥에 두 번 정도 내리치다가 소리를 지른다.	그러자 교실 앞에 있던 선생님이 ○○에게 "○○ 교실 앞으로 나오세요"라고 말한다. 이 말을 들은 ○○는 선생님 눈을 바라 보며 고개를 좌우로 흔든다. 그러자 선생님은 아무 말도 하지 않고 5초동안 ○○의 눈을 바라본다. 그러자 쌓기놀이에 있던 ○○가 자리에서 일어나 교실 앞으로 걸어 간다.

발달적 요약
- 자신의 생각과 느낌을 언어로 표현할 수 있다(언어발달).
- 상대방에게 사과하고 화해할 수 있다(사회성 발달).
- 눈과 손을 협응해 블록을 끼워 맞출 수 있다(인지발달).
- 손가락을 이용해 블록을 잡고 끼울 수 있다(신체발달).

추론근거
- ○○가 블록이 빠지지 않자 블록을 바닥에 내리치며 소리치는 것으로 보아 ○○는 자신의 상황이 마음대로 되지 않으면 부정적인 행동을 보이는 것 같다.
- ○○가 △△에게 "나도 친구잖아. 나 여기 앉을래"라고 말하는 것으로 보아 ○○는 △△를 좋아하고 함께 놀고 싶은 것 같다.

교수계획
- ○○가 자신의 마음을 상대방에게 어떻게 하면 바람직하게 표현할 수 있을지 서로 다른 감정, 생각, 행동을 존중하고 갈등을 긍정적인 방법으로 해결할 수 있도록 지원한다.
- 교사는 ○○에게 실내놀이 시 지켜야 하는 규칙을 유아들과 함께 정해본다.

CHAPTER 06

시간표집법

시간표집법(timing sampling)은 관찰의 단점인 기록 문제를 해결하고, 한꺼번에 많은 수의 영유아를 관찰할 수 있으며 결과를 수량화할 수 있는 관찰법이다. 관찰하려는 행동을 일정 시간 동안 짧은 단위로 나누어 여러 차례 관찰함으로써 발생 빈도를 알아보는 것으로 행동의 양적 측면을 평가하는 관찰법이다. 즉, 관찰 전에 관찰하고자 하는 행동 리스트를 미리 작성하여 정해진 시간 동안, 정해진 시간 간격에 맞추어 미리 선정된 행동의 발생 여부를 관찰하는 것이다. 시간표집법에서 관찰의 시간 간격은 5~10분 이내로, 1분 관찰 후 30초 기록하는 방식으로 설정하는 것이 일반적이다.

1 일반적 특성

시간표집법은 아동에게 자주 일어나는 행동을 시간을 표집해서 관찰하는 관찰법이다. 그러므로 영유아의 생각이나 감정 등이 정해진 짧은 시간 안에 얼마나 자주 행동으로 나타나는지의 행동 출현 빈도를 수집하는 방법이다. 그러나 발생하지 않는 행동에 대해서는 적절하지 않은 관찰법이다. 아동의 행동을 시간표집법에 의해 관찰하고자 할 때는 실내놀이 시간에 이루어지는 것이 적절하다. 다만 실내놀이 시 교사 주도 활동이 있다면 이를 별도로 표시해야 한다. 관찰한 자료의 해석은 몇 주간 반복 관찰한 결과를 통해 해석되어야 한다.

2 장점 및 단점

1) 장점

- 서술적 관찰 방법에 비해 시간과 노력이 덜 들고 효율적으로 관찰할 수 있다.
- 신뢰도와 객관성, 대표성이 높고 자료수집에 효율적이다.
- 단시간 내에 많은 정보를 얻을 수 있다.
- 기술할 필요가 없어 기록이 용이하며 수량화가 용이하다.
- 관찰하려는 행동이나 시간에 초점을 맞춤으로써 관찰 상황을 통제하기 쉬우며, 행동이나 사건의 발생빈도를 파악할 수 있다.
- 행동수정 프로그램을 작성하거나 평정척도와 같은 측정도구를 만드는 데 기초 자료를 제공한다.
- 관찰 대상 유아들의 생활을 방해하지 않고서도 기록과 채점이 가능하다.

2) 단점

- 자주 일어나는 행동만이 관찰의 대상이 되어 그렇지 못한 경우에는 적용이 어렵다.
- 자료를 일정한 형식에 기록하지 않으면 행동, 그 질에 관한 정보를 얻을 수 없다.
- 측정 행동에만 초점을 두기 때문에 인간 행동 간의 상호관계는 밝히기 어렵다.
- 미리 정해놓은 범주만 사용함으로써 관찰의 내용을 편견으로 이끌 가능성이 있다.
- 인과관계를 밝혀주지 못한다.
- 질적인 분석을 할 수 없고 자료가 단편적이다.
- 용어나 범주에 대한 충분한 이해가 필요하다.
- 아동 내면의 감정이나 생각을 관찰하기에는 부적당하다.

3 관찰 지침

다음은 시간표집법을 위한 일반적인 절차이다(황해익 외, 2013).

① 관찰하려는 행동에 대한 조작적 정의를 내린다. 시간표집에서는 관찰하고자 하는 행동이나 사건을 설명하는 데 쓰이는 용어가 분명하게 정의되어야 한다. 관찰자나 관찰 결과를 읽는 사람에게 각 용어가 어떤 의미로 사용되었는지를 분명히 이해하고 있어야만 정확한 의사 전달이 가능하기 때문이다. 그리고 관찰자는 각 관찰 범주

의 정의를 충분히 이해하고 대표적인 예를 기억해야 한다. 만일 '특정 아동의 공격성'을 시간표집으로 관찰한다면 공격성에 대한 정의를 내려야 한다. 그리고 공격성의 구체적 행동, 즉 '때리기, 꼬집기, 차기, 물기, 할퀴기, 욕하기' 등으로 범주화할 수 있고, 다르게는 '놀잇감 뺏기, 소리 지르기, 물건 던지기, 자기 때리기, 친구 때리기'로 조작 정의를 내릴 수 있다.

② 시간표집에서는 관찰 시간 간격(time interval)을 결정한다. 이때 시간 간격의 결정은 관찰하려는 행동의 발생 빈도와 특성에 따라 다르게 설정할 수 있다. 시간의 길이는 5초에서 20분까지 다양하지만, 아동을 대상으로 한 시간표집 관찰에서는 대체로 5분 이하의 간격을 이용한다. 만일 모래놀이장에서 또래에 대한 신체적 공격 행동을 관찰하고자 하였을 때, 신체적 공격 행동은 짧은 시간에 빠르게 자주 일어나므로 공격 행동의 관찰 시간 간격은 짧게 잡는 것이 좋다. 10초 관찰 5초 기록 혹은 15초 관찰 5초 기록 등으로 정할 수 있다.

③ 다음에는 관찰 횟수와 총 시간 수를 결정해야 한다. 일정한 시간 간격으로 몇 회 관찰할 것인지를 결정하는 것도 행동의 발생 빈도와 특성에 따라 다를 수 있다. 관찰 시간과 관찰 횟수는 대표적인 행동표집을 얻는데 필요하다고 생각되는 총 시간 수에 따라 달라진다. 일반적으로 행동의 변화가 크거나 아직 연구되지 않은 행동에 대해서는 보다 많은 관찰 횟수가 필요할 것이고, 이미 많이 밝혀진 분야라고 판단된다면 적은 횟수를 결정할 수 있다.

④ 다음으로 관찰자는 관찰 행동을 어떠한 부호나 빈도 표시방법으로 기록할 것인지 결정해야 한다. 시간표집법은 서술식 기록이 아니므로 사전에 제작된 특별한 관찰기록용지가 필요하다. 관찰기록용지는 관찰 행동의 발생 여부, 출현빈도, 행동의 지속성 등을 신속하

게 부호화하여 표시할 수 있도록 고안되어야 한다. 부호화의 방법에는 1과 0으로 표시하기, 세기표(/) 하기, 체크표(∨) 하기 등 다양하다.

⑤ 참여 대상 영유아의 행동을 유(有)나 무(無)로 부호화한다.

4 관찰 양식 · 관찰 사례

시간표집 관찰법은 서술적 기록이 아니므로 관찰 전에 제작된 관찰기록용지를 사용한다. 관찰기록용지는 관찰 행동의 발생 여부, 출현 빈도, 행동의 지속성 등을 부호화하여 신속하게 표시할 수 있도록 고안되어야 한다. 일반적으로 가로줄은 행동 범주를 표시하고 세로줄은 관찰 간격을 의미한다.

우리말로 행동 범주체계를 표시할 때 첫 글자를 따거나 축약어를 사용하여 관찰자가 빨리 기억할 수 있도록 해야 한다. 예를 들면, 단독 놀이는 '단', 연합 놀이는 '연', 협동놀이는 '협' 등으로 표시할 수 있다. 부호화의 방법에는 1, 0으로 표시하기, 세기표(/)하기, 체크표(∨)하기 등 다양하다.

1) 관찰 양식

시간표집법에 의한 관찰 양식은 관찰자가 관찰의 목적, 관찰하는 행동의 특성, 관찰 대상, 관찰 시간 등을 고려하여 개발하여 사용한다. 관찰을 기록할 때는 행동의 출현 유 · 무 표시하기, 행동이 나타나는 빈도수 표시하기(/), 행동의 지속 시간을 추가하여 표시하기 등 세 가지 방법을 사용한다. 행동의 지속 시간까지 추가하게 되면 보다 자세한 정보를 얻을 수 있지만, 영유아학급에서는 일반적으로 앞의 두 가지 방법이 사용된다.

표 6-1 시간표집법의 관찰 양식①

관찰 아동:	생년월일 :	(남, 여)		
관 찰 자:	관 찰 일 :			
관찰 행동: 분류행동	관찰 시간 :			
관찰 장면:	관찰장소 :			
시간간격 / 관찰 행동	30초	30초	30초	30초
놀면서 교사를 바라본다.				
교사에게 손을 뻗는다.				
교사에게 다가간다.				
교사를 부른다.				
교사에게 도움을 청한다.				
교사를 바라보며 운다.				
요약				

표 6-2 흥미 영역에 참여하는 아동의 시간표집법 관찰 양식②

관찰 아동1 이름	성별	생년월일 :	(만 세)
관찰 아동2 이름	성별	생년월일 :	(만 세)
관찰 아동3 이름	성별	생년월일 :	(만 세)
관찰 아동4 이름	성별	생년월일 :	(만 세)
관찰일시 :		관 찰 자 :	
관찰 장면:		관찰장소 :	

요일 / 이름	월			화			수			목			금		
	9:00	9:30	10:00	9:00	9:30	10:00	9:00	9:30	10:00	9:00	9:30	10:00	9:00	9:30	10:00
관찰 아동1															
관찰 아동2															
관찰 아동3															
관찰 아동4															

역: 역할놀이 미: 미술놀이 쌓: 쌓기놀이 언: 언어놀이 과: 과학놀이
조: 조작놀이 음: 음악놀이 화: 화장실 지: 지켜보기 X: 부재

표 6-3 흥미 영역에 참여하는 아동의 시간표집법 관찰 양식③

관찰 아동1 이름	성별	생년월일 :	(만 세)
관찰 아동2 이름	성별	생년월일 :	(만 세)
관찰 아동3 이름	성별	생년월일 :	(만 세)
관찰 아동4 이름	성별	생년월일 :	(만 세)
관찰일시 :		관 찰 자 :	
관찰 장면:		관찰장소 :	

요일 / 이름	관찰 회차	놀이 행동				비놀이 행동		비고
		혼자 놀이	병행 놀이	연합 놀이	협동놀이	비참여행동	방관행동	
관찰 아동1	1							
	2							
	3							
	4							
	5							
	계							
관찰 아동2	1							
	2							
	3							
	4							
	5							
	계							
관찰 아동3	1							
	2							
	3							
	4							
	5							
	계							
관찰 아동4	1							
	2							
	3							
	4							
	5							
	계							

2) 시간표집법의 관찰 사례

표 6-4 시간표집법의 관찰 사례①

관찰 아동: ○○○		생년월일: 2016년생 (여)		나이: 만 4세
관 찰 자: ○○○		관찰일: 2021. ○○. ○○.		
관찰 행동: 분류행동		관찰 시간: 9:20~10:30		
관찰 장면: 실내놀이 시 수조작놀이		관찰장소: ○○유치원 ○○반		
시간 간격 / 관찰 행동	30초	30초	30초	30초
놀면서 교사를 바라본다.	○		○	
교사에게 손을 뻗는다.				
교사에게 다가간다.		○		
교사를 부른다.	○		○	○
교사에게 도움을 청한다.			○	
교사를 바라보며 운다.				

요약
○○가 처음에 블록놀이를 하고 있는 △△한테 "같이 놀래?"라고 말했다. △△는 좋다고 말하고 ○○가 "무엇을 만들 거야?"라고 물어본다. △△가 "집"을 만들라고 하니까 ○○는 다른 것을 만들고 싶다고 했다. 그래서 ○○는 블록만 같이 사용하고 서로 다른 것을 만들자고 하자 △△가 좋다고 말했다. ○○는 블록을 만들면서 자신이 쓰고 싶은 블록이 △△한테 있는 것을 알아차리자 △△한테 지금 사용하고 있는 블록을 쓰고 싶다고 말한다. △△는 자기도 쓰고 있으니 싫다고 말했다. 그러자 ○○가 나를 바라보면서 도움을 요청했다. 나는 "지금은 △△가 먼저 쓰고 있는데 어떻게 했으면 좋겠어?"라고 물어봤다. ○○는 △△한테 다시 한 번 물어봐서 하나만 빌려달라고 말하고 싶다고 했고, 나는 "그럼 △△한테 다시 부탁하자"라고 말했다. ○○는 "나도 쓰고 싶어. 하나만 빌려줄래?"라고 말했고, △△는 "그래, 그럼 이거 줄게"라고 말했다.

표 6-5 시간표집법의 관찰 사례②

관찰 아동: ○○○	생년월일: 2015. ○○. ○○. (남)
관 찰 자: ○○○	관 찰 일: 2021. ○○. ○○.
관찰 행동: 교사에게 의존성이 높은 아이	관찰 시간: 10:10~10:04
관찰 장면: 유아가 미술놀이에서 종이접기하고 있는 장면	관찰장소: ○○유치원 ○○반 안

시간 간격 / 관찰 행동	30초	30초	30초	30초
놀면서 교사를 바라본다.	○			
교사에게 손을 뻗는다.		○		
교사에게 다가간다.		○		○
교사를 부른다.				
교사에게 도움을 청한다.		○		
교사를 바라보며 운다.				

요약
○○가 종이접기를 하고 있다가 교사를 바라본다. 교사를 바라보다가 접고 있던 색종이와 종이접기 책을 들고 교사에게 다가가서 손을 뻗어 교사의 옷자락을 흔든다. 그리고는 교사에게 "여기 어떻게 접어요?"라고 물어보며 도움을 요청한다. 도움을 받은 아이는 다시 자리로 돌아가 종이접기를 하다가 완성된 종이 비행기를 들고 교사에게 다가가 보여 준다.

교수계획
유아가 종이접기에 관심이 있으므로 종이접기를 활용한 수업계획을 세워야겠다. 또한 미술놀이에 유아 수준에 맞는 좀 더 쉬운 종이접기 책을 준비해 놓아야겠다.

CHAPTER 07

행동목록법(체크리스트)

체크리스트는 교사나 관찰자가 단순히 어떤 기술이나 행동 혹은 발달 특성이 나타나는지를 알아보고 싶을 때 사용하는 관찰 방법으로 미리 정해져 있는 항목에 사실 여부에 따라 표시를 한다. 따라서 행동의 출현 빈도나 질적 수준에 대한 정보는 얻을 수 없다는 것이 단점이다. 체크리스트의 지침은 모호하지 않아야 하며, 정확하고 명료하게 기록되어 있어야 하고 관찰자는 각 항목을 잘 이해하고 있어야 한다.

1 일반적 특성

행동목록법은 관찰자의 주관적인 평가를 가능한 한 배제하기 위하여 관찰하려는 행동 단위를 미리 자세하게 분류하고, 이것을 기초로 한 행동이 나타났을 때 표시하는 관찰법이다. 관찰 대상 아동에게 특정한 특성이나 대상, 조건, 사건 또는 행동이 존재하는지 아닌지를 기록하는 것으로 행동이나 사건의 발생 정도와 빈도가 중요한 평가 대상이 아닐 경우 사용된다. 행동목록은 관찰 대상이 되는 특성이 분명하게 진술된 것을 선택하여야 하며, 한 번에 단 한 명의 영유아를 대상으로 관찰이 이루어져야 하며, 각 유아에게 독립된 행동목록이 사용된다.

주로 유아교육현장에서는 실내놀이활동의 평가에 많이 사용된다.

행동목록 작성법

- 예/아니요. 그렇다/그렇지 않다
- 관찰 전에 준비
- 문항은 관찰 가능한 구체적인 행동 / 포괄적이고 대표적인 목록으로 구성

2 장점 및 단점

1) 장점

- 특별한 훈련을 받지 않고도 대상 아동의 행동을 단순한 방법으로 기록할 수 있다.
- 빠르고 효율적인 기록이다.
- 기록이 누적되면 단계적 발달상의 변화 관찰기록이 가능하다.

2) 단점

- 행동의 질적 수준에 대한 정보를 얻을 순 없다.
- 행동목록표 작성을 위한 시간과 노력이 많이 든다.
- 관찰자의 경험에 따라 행동목록표 내용의 편차가 심하다.

3 관찰 지침 · 관찰 양식 · 관찰 사례

첫째, 문항은 관찰 가능한 행동을 기술한 것이어야 한다. 영유아의 기본생활습관 중 배려심에 대하여 관찰할 때, '배려심이 있는가?'의 질문에 그렇다, 아니다 등의 포괄적인 답은 적절한 관찰이라 할 수 없다. 이때 관찰자는 관찰에 앞서 관찰하고자 하는 배려심에 대한 조작적 정의를 내리고, 배려심을 증명 · 확인할 수 있는 구체적 행동들을 설정하여야 한다. 배려심을 '또래에 대한 양보나 도움 행동'이라고 정의를 하였다면 줄서기 양보, 놀잇감 양보, 놀잇감 가져다 주기 등 관찰이 가능한 구체적인 행동으로 기술할 수 있다.

둘째, 문항은 관찰 대상 행동을 모두 포괄하되 문항 간에는 중복되는 문항이 없어야 한다. 순서 양보와 줄서기 양보가 있다면 줄서기 양보는 순서 양보에 포함되기 때문에 중복되는 문항이 된다.

셋째, 행동목록의 각 문항은 하나의 관찰 행동만을 기술해야 한다. 줄서기와 차례 지키기라는 문항이 있다면 문항에서 줄서기는 잘하지만 순서나 차례를 지키지 않을 경우 또는 그 반대의 경우 어느 것을 그렇다 아니다로 답할 것인지 모호해 지게 된다.

넷째, 관찰자가 행동 관찰 결과를 보다 쉽게 기록할 수 있도록 체크리스트의 순서나 위치를 순서적 또는 논리적으로 배치하여야 한다.

다섯째, 행동목록의 지침은 모호하지 않고 명료하게 제시하여야 한다. 자료의 질은 각 항목의 명료성 혹은 관찰자가 얼마나 정확하게 각 항목을 알고 평가하느냐에 좌우되기 때문이다.

여섯째, 행동목록의 문항들을 진술할 때는 긍정문으로 진술하여 관찰 대상 영유아들의 행동에 대해 긍정적으로 진술된 목록을 작성하도록 한다.

1) 관찰 양식

행동목록에 담는 내용은 정적인 정보와 행동 정보 모두가 포함되어 있어야 한다.

대상 아동의 관찰 목적이 '현재의 상태 파악인가?', '발달 변화의 정도의 파악인가?'에 따라 관찰 양식이 다르게 구성될 수 있다. 현재 상태를 평가하기 위해서 특정 시점에서 어떤 특성의 출현 유·무를 표시하는 방식으로 구안할 수 있고, 발달 변화를 살펴보고자 할 때는 일정한 시간 동안 동일한 행동목록을 반복적으로 실시하도록 구안한다.

표 7-1 행동목록법의 관찰 양식①

<table>
<tr><td colspan="2">관찰 아동 　　　　　　성별</td><td colspan="3">생년월일 : 　　　　　　(만 　세)</td></tr>
<tr><td colspan="2">관찰일시 :</td><td colspan="3">관 찰 자 :</td></tr>
<tr><td rowspan="2">관찰일</td><td>1회</td><td colspan="2">2회</td><td>3회</td></tr>
<tr><td></td><td colspan="2"></td><td></td></tr>
<tr><td>영 역</td><td>내용</td><td>1회</td><td>2회</td><td>3회</td></tr>
<tr><td rowspan="10">기본생활습관</td><td>1. 친구와 교사를 만나면 인사를 한다.</td><td></td><td></td><td></td></tr>
<tr><td>2. 자신의 옷과 신발을 스스로 정리 · 정돈한다.</td><td></td><td></td><td></td></tr>
<tr><td>3. 급간식 전에 손을 씻는다.</td><td></td><td></td><td></td></tr>
<tr><td>4. 복도에서 천천히 걷는다.</td><td></td><td></td><td></td></tr>
<tr><td>5. 선생님에게 존댓말을 쓴다.</td><td></td><td></td><td></td></tr>
<tr><td>6. 음식을 골고루 먹는다.</td><td></td><td></td><td></td></tr>
<tr><td>7. 화장실 사용 후 뒤처리를 혼자서 한다.</td><td></td><td></td><td></td></tr>
<tr><td>8. 공동의 물건을 소중히 다루고 아껴 쓴다.</td><td></td><td></td><td></td></tr>
<tr><td>9. 고마워, 괜찮아, 미안해 들의 말을 적절하게 사용한다.</td><td></td><td></td><td></td></tr>
<tr><td>10. 혼자서 옷을 입는다.</td><td></td><td></td><td></td></tr>
</table>

표 7-2 행동목록법의 관찰 양식② -언어놀이 영역 활동(체크리스트)

아동명		반(연령)		평가시기 시간	
생활주제		주제		활동명	
평가내용 및 관점	**쓰기** 읽기와 쓰기에 관심 가지기				
평가상황	실내놀이				
평가유형	체크리스크				

체크리스트			
평가내용	예	아니오	비고
1. 상황에 적절한 언어를 사용하는가?			
2. 문맥에 맞게 이야기하는가?			
3. 경험, 생각, 느낌을 글로 표현할 수 있는가?			

교육과정 영역	
해석	
교수계획	

2) 행동목록법의 관찰 사례

표 7-3 관찰 사례① - 언어놀이 영역 활동(체크리스트)

관찰 아동: ○○○ 성별: 여 생년월일: (만 5세)	
관찰일시: 9월 27일 – 11월 8일	관 찰 자: ○○○

관찰일	1회	2회	3회
	2021년 9월 27일	2021년 10월 18일	2021년 11월 8일

영 역	내용	1회	2회	3회
언어 영역	1. 교사나 친구가 말을 할 때 주의 깊게 듣는다.	V	V	V
	2. '어떻게'로 시작되는 질문을 하기 시작한다.			V
	3. 문법에 맞는 문장으로 이야기한다.			V
	4. 자신의 생각과 느낌을 말한다.	V	V	V
	5. 자신의 이름을 읽고 쓸 수 있다.	V	V	V
	6. 친구의 이름을 읽고 쓸 수 있다.	V		V
	7. 교사의 도움 없이 문장을 쓸 수 있다.		V	
	8. 상황에 맞게 말한다.		V	
	9. 한글 철자의 이름을 안다.		V	
	10. 다른 사람에게 정확하게 말을 전달한다.			V
	11. 말소리 크기를 조절한다.			V
	12. 반대되는 개념을 이해하고 정확히 사용한다.		V	
	13. 다양한 어휘를 이해하고 사용한다.			V
	14. 논리적으로 비판하며 듣는 태도로 가진다.			V
	15. 친구나 교사와 대화를 주고받을 수 있으며 대화하기를 좋아한다.	V	V	V
	16. 교사나 친구의 도움 없이 혼자 책을 읽을 수 있다.		V	V
	17. 육하원칙으로 말한다.			
	18. 사물과 글자를 식별할 수 있다.	V	V	V
평가 및 교수계획	위의 행동목록표에서 ○○는 자신의 생각과 느낌을 말할 수 있으나 문법에 맞게 논리적으로 말하는 것은 추후 학습이 필요함.			
교수계획 수립	글씨를 접할 수 있는 환경을 제공한다(언어놀이에 활동자료 배치). - 주변의 상징, 글자 등의 읽기에 관심을 가지게 한다. - 말이나 이야기에 관심있게 들으며 상황에 적절한 단어를 사용할 수 있도록 한다.			

표 7-4 관찰 사례② - 언어놀이 활동(체크리스트)

관찰유아	○○○	생년월일	만 5세	성 별	여
관 찰 자	○○○	관 찰 일	2021. 11. ○○.		
※아래의 평가지에서 내용 범주에 따른 평가는 ○: 좋음 △: 보통 X: 노력이 필요 의 기준으로 이루어졌음을 알려드립니다.					
Ⅰ. 신체운동 · 건강					

내용 범주	내용	평가
신체활동 즐기기	신체를 인식하고 움직인다.	X
	신체움직임을 조절한다.	○
	기초적인 이동운동, 제자리운동, 도구를 이용한 운동을 한다.	○
	실내외 신체활동에 자발적으로 참여한다.	○
건강하게 생활하기	자신의 몸과 주변을 깨끗이 한다	○
	몸에 좋은 음식에 관심을 가지고 바른 태도로 즐겁게 먹는다.	○
	하루 일과에 적당한 휴식을 취한다.	△
	질병을 예방하는 방법을 알고 실천한다.	○
안전하게 생활하기	일상에서 안전하게 놀이하고 생활한다.	○
	TV, 컴퓨터, 스마트폰 등을 바르게 사용한다.	○
	교통안전 규칙을 지킨다.	△
	안전사고, 화재, 재난, 학대, 유괴 등에 대처하는 방법을 경험한다.	○
교육과정 영역	신체운동 · 건강 〉 신체활동 즐기기 〉 신체를 인식하고 움직인다. 신체운동 · 건강 〉 신체활동 즐기기 〉 신체움직임을 조절한다. 신체운동 · 건강 〉 신체활동 즐기기 〉 기초적인 이동운동, 제자리운동, 도구를 이용한 운동을 한다. 신체운동 · 건강 〉 신체활동 즐기기 〉 실내외 신체활동에 자발적으로 참여한다.	
해석	여러 감각기관을 협응하여 활용할 수는 있으나 감각으로 대상이나 사물의 차이를 구분하는 것에는 어려움을 보인다. 자신의 신체를 긍정적으로 인식하고 신체 각 부분의 특성을 이해하고 움직일 수 있다. 기본적인 운동을 하고 신체를 조절할 수 있으나 움직임의 요소를 활용하여 움직이는 것에 다소 어려움을 보인다. 바깥이나 기구를 이용하는 등 다양한 신체활동에는 자발적으로 참여하기는 하나 다른 사람과 함께 하는 신체활동에 다소 어려움을 느낀다.	
교수계획	- 감각으로 대상이나 사물의 차이를 구분할 수 있도록 오감을 이용한 신체활동을 지원한다. (비밀상자 안에 사물을 넣어두고 감각을 활용하여 맞춰보는 활동) - 공간, 힘, 시간 등의 움직임 요소를 활용하여 움직여보는 활동을 지도한다. (왕벌의 비행을 들으며 느리게 움직였다가 빠르게 움직여 보는 활동) 다른 사람과의 신체활동을 촉진할 수 있는 활동을 제시한다(짝과 함께 할 수 있는 스트레칭하기 등).	

CHAPTER 08

평정척도법

어떤 특성이나 특질 혹은 성격을 미리 정해진 범주에 따라 평가할 때 사용되는 관찰 도구로써 어떤 행동의 출현유무를 표시하는 데 그 치지 않고 행동의 질적인 특성을 알고자 할 때 유용하게 사용된다. 관찰결과에 대한 판단을 요구하는 것이어서 개인의 편견이 개입될 여지가 많은데, 특히 선입견이나 미리 알고 있던 다른 정보들이 판단에 영향을 끼치는 현상을 가리키는 후광효과를 비롯하여 몇 가지의 오류를 범하지 않도록 주의해야 한다.

평정척도 활용의 유의점

- 평점을 매기기 전에 누구에게도 유아에 대한 의견을 물어보지 않는다.
- 미리 모든 항목을 다 읽어본다.
- 유아에 대한 인상에 영향을 받지 않도록 한다.
- 평정척도 양식 마지막에 유아의 발달의 요약을 간단하게 적어놓는다.

1 일반적 특성

어떤 행동의 출현 유무뿐 아니라 행동의 질적인 특성 정도나 행동 출현 빈도의 정도를 평가하고자 할 때 사용한다.

- 기술평정척도: 행동의 한 차원을 연속적인 몇 개의 범주로 나누어 기술하고, 관찰자로 하여금 대상의 행동을 가장 잘 나타내는 진술문을 선택하게 한다.
- 숫자평정척도: 척도치에 숫자를 부여한다.
- 도식평정척도: 관찰자의 판단을 돕기 위해 기술적인 유목에 어떤 선을 첨가시킨 형태이다.
- 표준평정척도: 관찰자에게 평정의 대상을 다른 일반대상과 비교할 수 있도록 구체적인 준거를 제시하는 방법이다.

2 장점 및 단점

1) 장점

- 사용하기 편리하며 수량화로 비교에 용이하다.
- 다양한 범위 행동연구에 적용할 수 있으며, 짧은 시간에 실시가 가능하다.
- 보조도구로서 유용하다.

2) 단점

- 행동 전후사정에 대한 설명이 없다.
- 개인의 편견, 오류의 가능성이 있다.
- 관찰자가 나타내고자 하는 것을 정확하고 객관적인 항목들을 개발하는 것이 어렵다.

3 관찰 지침 · 관찰 양식 · 관찰 사례

1) 평정척도법의 관찰 지침

평정척도는 관찰 결과에 대한 판단을 내리는 과정의 경우 어떤 특성의 수준이나 정도에 대한 판단까지 포함되어야 하므로 더욱 전문적인 관찰 기술이 필요한 것이다. 따라서 관찰자 혹은 평정자의 전문성과 관련해서 평정자 오류를 줄이는 작업이 필요하다. 평정자는 관찰자 자신이 연구도구, 평가도구인 관찰법에서 전문성과 신뢰성을 보장하기 위해 반드시 평정자의 오류를 점검해야 한다. 평정자 오류를 구체적으로 살펴보면 다음과 같다.

- 중심화의 오류(error of central tendency): 관찰자가 지나치게 긍정적이거나 부정적인 판단을 피하려거나 잘 모르는 특성을 판단할 때, 척도의 중앙에 위치한 항목에 표시하는 것이다.
- 인상의 오류(error of halo effect): 후광효과라고도 한다. 이는 관찰 대상자에 대한 좋거나 나쁜 정보들이 현재 관찰하고자 하는 행동 특성의 판단에 영향을 미치게 되는 오류이다.

- 기준의 오류(error of standard): 관찰자마다 기준이 다르기 때문에 생기는 것이다. 관찰자의 기준이 관대한지, 엄격한지에 따라 동일한 행동이 다르게 판단되는 것이다. 엄격한 기준을 가진 사람이 나타내는 오류를 엄격의 오류(error of severity)라 하고, 관대한 기준을 가진 사람이 나타내는 오류를 관용의 오류(error of leniency)라 한다.
- 논리의 오류(logical error): 전혀 다른 두 가지의 행동 특성을 비슷한 것으로 판단해서 평정하는 것을 말한다. 어휘력이 풍부한 것과 문장력이 뛰어난 것은 다른 특성임에도 불구하고, 대상자가 어휘력이 풍부하기 때문에 문장력도 뛰어날 것이라고 판단을 내리는 오류이다.
- 근접의 오류(error of proximity): 시간적으로 혹은 공간적으로 가까이 있는 평정 특성들을 유사하게 판단하는 것이다.
- 대비의 오류(error of contrast): 행동 특성을 사실 그대로 평정하지 않고 관찰자가 지니고 있는 특성이 관찰 대상자에게도 있으면 낮게 평정하고, 관찰자 자신에게 없는 특성이 관찰 대상자에게 나타난다면 이것은 높게 판단하는 것이다.

2) 평정척도법의 관찰 양식

평정척도를 사용하여 관찰 양식을 만들고자 할 때 평정척도의 종류에 따라 양식이 달라질 것이다. 평정척도의 종류에는 Guilford(1954)의 숫자 평정척도, 도식평정척도, 표준평정척도, 누가평정척도, 강제선택평정척도 등 다섯 가지로 나누었고, Kerlingner(1973)는 유목평정척도, 숫자평정척도, 도형평정척도, 체크리스트 평정척도, 강제선택평정척도로 나누었다. 일반적으로 흔히 사용되는 평정척도에는 다음과 같이 기술평정척도, 숫자평정척도, 도식평정척도가 있다.

(1) 기술평정척도

행동의 한 차원을 연속성 있는 몇 개의 범주로 나누어 기술하고, 관찰자로 하여금 대상의 행동을 가장 잘 나타내는 진술문을 택하게 하는 방법이다.

예) 유아가 역할놀이에서의 규칙을 잘 지키는가?

( ) 규칙을 전혀 지키지 않는다.
( ) 규칙을 가끔 지킨다.
( ) 교사의 지시가 있으면 규칙을 지킨다.
( ) 교사의 지시가 없어도 스스로 알아서 규칙에 따라 행동한다.

(2) 숫자평정척도

각 척도치에 숫자를 부여함으로써 평정된 자료를 수량화할 수 있게 해주는 방법으로 긍정적인 척도에 가장 높은 점수를 준다.

예) 유아의 자조성 평정척도

	5: 아주잘함	4: 잘함	3: 보통	2: 못함	1: 아주못함
옷입기	1	2	3	4	5
옷벗기	1	2	3	4	5
화장실가기	1	2	3	4	5

(3) 도식평정척도

평정의 단계를 그림으로 나타낸 것으로 기술적인 유목에 몇 개의 간격으로 나누어진 횡적인 연속선을 사용한다.

예1)

노래를 부른다	항상	종종	가끔	거의없다	전혀없다

예2)

지시: 다음의 각 항목을 읽고 관찰하는 유아의 사회 · 정서발달에 평점을 주도록 한다.

1. 놀이형태	주로 친구들과 논다	항상	종종	가끔	거의없다	전혀없다
2. 친구관계	친하게 지내는 친구가 많다.	항상	종종	가끔	거의없다	전혀없다
3. 자기방어	언제나 자신을 방어한다.	항상	종종	가끔	거의없다	전혀없다

(4) 표준평정척도

다른 대상과 비교를 위한 척도로 일련의 준거나 표준을 제시하는 방법으로 숫자평정척도나 도식평정척도와 함께 사용한다.

예)

상위 50% — 상위 25% — 상위 10% — 상위 5% — 상위 1%

표 8-1 유아자조기술 평정척도 관찰 양식 예시

관찰 아동: 성별	생년월일 : (만 세)		
관찰일시 :	관 찰 자 :		
지 시 각 문항에 맞는 유아의 기술 수준에 V표시를 하시오.			
영역	**교사가 지시한다**	**교사에게 도움을 구한다**	**스스로 한다**
1. 옷 입기(외투, 비옷, 장갑, 모자, 신발 등)			
2. 간식 및 점심 준비 및 정리			
영역	**교사가 지시한다**	**교사에게 도움을 구한다**	**스스로 한다**
3. 배변			
4. 손 씻기			
5. 장난감 정리			
6. 실내놀이 참여			
7. 또래와의 갈등 해결			
8. 타인에게 생각 표현하기			

3) 평정척도 관찰 사례

표 8-2 관찰 사례(체크리스트)

<table>
<tr><td colspan="2">관찰 아동: ○○○ 성별: 남</td><td colspan="2">생년월일: (만 4세)</td></tr>
<tr><td colspan="2">관찰일시: 11/8일 오전 실내놀이~점심 및 실내놀이</td><td colspan="2">관 찰 자: ○○○ (담임교사)</td></tr>
<tr><td colspan="4">지 시 각 문항에 맞는 유아의 기술 수준에 V표시를 하시오.</td></tr>
<tr><th>영역</th><th>교사가 지시한다</th><th>교사에게 도움을 구한다</th><th>스스로 한다</th></tr>
<tr><td>1. 옷 정리</td><td></td><td></td><td>V</td></tr>
<tr><td>2. 간식 및 점심 준비 및 정리</td><td>V</td><td></td><td></td></tr>
<tr><td>3. 물통 열기</td><td></td><td>V</td><td></td></tr>
<tr><td>4. 배변</td><td></td><td></td><td>V</td></tr>
<tr><td>5. 손 씻기</td><td></td><td></td><td>V</td></tr>
<tr><td>6. 양치하기</td><td></td><td></td><td>V</td></tr>
<tr><td>7. 장난감 정리</td><td></td><td>V</td><td></td></tr>
<tr><td>8. 실내놀이 참여</td><td></td><td></td><td>V</td></tr>
<tr><td>9. 또래와의 갈등 해결</td><td></td><td>V</td><td></td></tr>
<tr><td>10 타인에게 생각 표현하기</td><td></td><td></td><td>V</td></tr>
<tr><th>평가</th><td colspan="3">위의 평정척도에서 ○○는 전체적으로 자율적이고 유능하게 행동함
타인에게 자신의 생각을 표현하기만 하고 갈등을 해결하는 것은 교사의 도움이 필요하다.
실내놀이 활동 시 자발성이 있지만 정리하는데 있어서 교사의 도움이 필요한 것으로 보아 만 4세의 능력을 염두에 두고 교실 환경을 조성할 필요가 있음</td></tr>
<tr><th>교수계획</th><td colspan="3">갈등을 해결하기 위한 역할놀이 등을 통해 타인의 감정을 이해할 수 있도록 한다.
정리를 스스로 할 수 있도록 정리시간을 미리 안내하며 실내놀이시간에 사용한 놀잇감들을 정리할 수 있도록 격려한다.</td></tr>
</table>

CHAPTER 09

포트폴리오 평가

1 개념과 목적

포트폴리오는 작업의 결과나 작품 혹은 어떤 수행의 결과를 모아 놓은 자료집이나 서류철을 의미하며, 포트폴리오 평가란 이러한 포트폴리오에 담긴 자료를 기초로 평가하는 것을 의미한다. 영유아가 무엇을 배우고, 질문하고, 사고하고, 분석 · 종합 · 생산하는지 또한 다른 사람과 지적, 정서적, 사회적으로 상호작용하는지를 기록하는 것, 즉 시간의 흐름에 따른 학습자의 발달과 학습을 기록하는 증거를 조직적이고 목적을 가지고 모아 놓은 것이다. 이러한 포트폴리오 평가는 교사나 영유아 모두에게 적용되는 개념이다. 예를 들어, 교사의 교수 능력을 보고자 하면 교사의 수업 상황을 녹음하거나 관찰하여 교사의 포트폴리오를 구성할 수 있고, 영유아의 성장발달을 평가하고자 하면 유아의 수행과 관련된 내용이 포함될 것이다.

2 일반적 특성

첫째, 유동적이고 적응성이 있으며, 둘째, 평가의 대상이 영유아의 발달과 학습에 대한 많은 자료를 제공하며, 셋째, 평가 대상의 능력, 즉 그들이 할 수 있는 것에 초점을 맞춘다는 점을 들 수 있다. 포트폴리오를 이용한 평가를 위해서는 우선 포트폴리오를 만드는 목적이 무엇인지 나아가 목적이 달성되었는지를 분명히 알 수 있는 기준을 만드는 것이 중요하다. 영유아의 발달 수준에 관심이 있다면 각 연령별로 수행 기준이 어느 정도 되는지를 미리 알고 그에 대한 수준을 작성해 둔다. 포트폴리오에 포함시킬 수 있는 항목은 평가 목적에 따라 달라지는데 예를 들면 다음과 같다.

1) 신체 및 표현 영역

- 율동, 바깥놀이 등의 시간에 영유아의 움직임의 체계적인 관찰기록
- 영유아들이 제일 좋아하는 게임, 신체활동 등의 바깥놀이에 대한 자기보고
- 대근육활동에 참여하는 정도에 대한 증거 및 활동의 예
- 노래나 비디오테이프를 보면서 율동이나 손유희 등을 표현하는 것의 기록
- 하원 후 혹은 주말에 하고 있는 운동에 대하여 기록한 것
- 손유희, 점토, 조작놀이, 쓰기 도구 등을 사용시 체계적으로 관찰하는 것
- 가위질한 샘플

- 유아가 그림을 디자인할 때 여러 가지 자료나 도구를 사용한 예나 콜라주
- 긁적거리기, 글자나 숫자를 쓴 것의 예
- 책상 위에서 하는 레고, 퀴즈네어 막대, 패턴블럭 등의 작품의 예
- 그림 그리는 컴퓨터 프로그램의 프린트 물
- 컴퓨터 키보드, 마우스 등을 사용하는 능력에 대한 관찰기록
- 실 끼우기, 바느질한 샘플들
- 자기를 그림 자화상(학기초와 학기말)
- 신발 끈, 단추나 지퍼 잠그기 등을 관찰한 것
- 평소와 다르거나 독특하게 만든 쌓기물이나 프로젝트

2) 탐구 영역

- 유아의 사고 과정을 볼 수 있는 주제 조직망
- 도표나 그림으로 정보를 표현할 수 있는 유아의 능력을 보여 주는 작품의 예
- 퍼즐, 해결된 문제들, 또 어떻게 풀었는가를 보여 주는 예나 체계적인 관찰
- 분류, 패턴, 서열, 상징부호의 사용, 순서 수 개념 등의 기본적인 사고과정을 수행하는 유아들의 능력을 보여 주는 예들
- 기억 전략에 대한 자기 보고나 유도된 반응들
- 사물의 변화 혹은 일이 진행되는 순서에 대한 이해를 나타내는 자기 보고나 유도된 반응
- 프로젝트 접근법으로 얻어진 보고서, 전시한 것, 그림, 모델 등의 결과물
- 자신의 생각이나 의사결정을 지지해 주는 보도 전략들(즉, 수 세기에서 열

손가락의 사용, 혼잣말, 사고과정을 모니터하는 것)

- 유아가 문제를 해결할 때 조언해 준 힌트들의 예
- 유아가 가장 좋아하는 게임이나 퍼즐
- 요리활동을 할 때 요리 재료를 재거나 세기를 할 때의 사진
- 유아들이 교실이나 놀이터에서 기록해 놓은 차트들(물주기, 햇빛의 길이)
- 수 개념을 이해했음을 보여 주는 work sample들(예를 들어, 종이 위에 쓰여진 옆에 그 숫자에 맞는 콩을 올려놓거나 풀로 붙인 것)
- 유아의 수 개념 이해를 진보적인 형태로 나타내 주는 작업 견본, 교사의 기록, 수 개념에 대하여 유아 면접한 결과(예를 들어, 사물의 집합을 세고 그 집합을 다시 합쳐서 새로운 집합을 세는 것. 이 활동은 유아가 더하기 개념을 이해하고 있는지를 보여 준다.)
- 유아의 개념적인 이해, 탐구, 가설 세우기, 문제 해결하기 등을 기록으로 나타내 주는 사진 혹은 체크리스트나 면접에서 얻어진 자료들

3) 언어 영역

- 의사소통 능력을 보여 주는 체계적인 관찰
- 이해력, 개념, 어휘에 대한 증거
- 책을 읽거나 보는데 보내는 시간
- 집이나 유치원(어린이집)에서 읽은 도서의 목록
- 유아가 선호하는 도서의 목록
- 인쇄물의 기능에 대한 유아들의 이해(지도, 글자, 신문, 목록, 책 등)
- 유아들이 써 놓은 글의 샘플
- 아동과 학부모가 읽은 책의 목록
- 유아들이 자기 자신의 일이나 활동에 대하여 쓴 글이나 코멘트
- 동화나 음악을 듣고 그림 그림이나 묘사들

- 유아들이 출판한 것, 자신들이 쓰거나 혹은 받아쓰기를 한 동화를 읽은 것을 녹음한 테이프
- 자신이 썼거나 교실에 있는 성인들에게 써 달라고 했던 이야기를 다시 읽는 것을 녹음한 테이프
- 유아의 저널에서 뽑은 예들
- 유아가 구성한 표시판이나 라벨의 복사본
- 유아가 읽은 책의 목록
- 유아가 썼거나 혹은 받아 써 준 이야기, 시, 노래의 복사본
- 책읽기, 동극, 이야기하기, 주말 발표 등을 사진이나 비디오로 남긴 것

4) 사회 영역

- 또래와 상호작용하는 것에 대한 체계적인 관찰기록
- 친구 관계에 대한 기록
- 소집단 프로젝트를 할 때 협동을 잘 하는지의 여부
- 유아가 주로 선택한 활동
- 또래와 상호작용을 요구하는 다양한 활동에 참여하고 공헌하는 증거
- 유아의 독특함, 성격, 흉내, 성향에 대한 증거
- 사회적 문제를 해결하는 능력
- 다른 사람과의 관계에서 주도권 혹은 주로 추종자의 역할을 하는지의 여부
- 자아 개념에 대한 자기보고
- 다양한 형태의 활동을 하는 동안 나타나는 유아의 동기
- 부모 면담을 통해 얻은 자료

3 포트폴리오 유형

Shores와 Grace는 포트폴리오의 유형을 대상과 목적에 따라 개인, 학습, 인수 포트폴리오로 구분하고 있다.

1) 개인 포트폴리오

- 영유아의 병적, 부모의 전화번호, 교사의 일화기록, 면담기록 등 영유아와 가족의 개인적인 자료
- 영유아 개개인의 및 부모에 대한 신상정보, 의료기록과 같은 영유아 개인의 정보 수집

2) 학습 포트폴리오

학습의 질(자기주도 학습 능력, 방향제시, 시각화)과 학습에 대한 명확한 방향을 파악하고, 학습목표의 설정과 비전을 제시하기 위하여 작성한다.

- 영유아들이 수집하는 것으로 진행 중인 프로젝트에 대한 기록, 예비그림, 최근 작업표본, 유아의 학습일지 등을 포함.
- 교육과정 운영 중에 나타나는 활동과정 및 결과에 대한 다양한 정보의 수집.
- 나의 학습활동과 나의 자격증 및 기타 활동에 대한 자료를 정리해 놓은 나만의 학습 모음집.

3) 인수 포트폴리오

영유아의 주요한 변화나 지속적인 문제들을 알 수 있는 작업표본들을 모아서 후임교사에게 전해지는 포트폴리오이다. 관련 자료는 영유아가 1년 동안 활동을 정리하고 후임교사에게 전달하는 참고할 수 있는 자료들이 해당된다.

4 구성 요소

포트폴리오 구성 요소에는 활동날짜와 작업표본, 활동 결과물 분류표, 자기반영, 논평, 내용목차, 학습일지, 관찰기록이 있다(정혜영, 2001; 황해익 외, 2008).

1) 활동날짜와 작업표본

포트폴리오의 작업 표본은 포트폴리오의 유형과 목적에 따라 결정된다. 시간의 흐름에 따라 변화과정을 확인하는 것이 목적이지만, 수집된 그 자체만으로도 유아의 발달에 중요한 기록이 된다. 작업표본에는 일정기간 동안 유아의 변화과정을 살펴보기 위해서는 정확한 날짜를 기입하는 것이 중요하다.

2) 활동 결과물 분류표

포트폴리오 표본은 다양한 영역에서 다양한 작품들이 포함되어 있으므로 교사가 찾기 쉽게 생활주제로 또는 교육과정 영역별 등으로 분류하여야 작업이 끝난 후 재검토하는 일과 보는 사람이 쉽게 이해할 수 있다.

3) 자기반영

영유아가 자신들의 활동이 처음 생각한 바대로 잘 진행되었는가를 영유아 스스로 목표와 비교하여 반성하거나 느낀 점, 보완할 점 등을 스스로 평가하는 과정이다. 이 과정은 활동의 발전을 위한 포트폴리오 활동의 핵심이라고 할 수 있다.

4) 논평

활동에 대한 자기논평, 또래논평, 교사논평, 부모논평으로 구분할 수 있다. 자기논평은 자기 스스로의 평가, 자기반영의 결과이다. 또래의 논평은 협동적 평가의 산물로써 영유아에게 새로운 목표와 지침이 된다. 교사논평은 부모에게 자녀의 발달과 여러 상황에 대한 이해를 돕고, 부모논평은 영유아에 대해 교사가 인식하지 못했던 여러 부분에 대해 이해를 돕는 자료가 되므로 포트폴리오의 구성 요소에 포함된다.

5) 내용목차

수집할 내용물을 미리 표를 만들어 새로운 활동 내용물을 넣을 때마다 날짜와 영역을 표시하는 요약표를 작성하여 포트폴리오 결과를 보는 사람이 쉽게 활동 정보를 확인할 수 있도록 한다. 내용목차는 포트폴리오의 가장 앞부분에 제시하여 내용목차만 보고도 개별 영유아의 발달이나 선호하는 활동과 좋아하는 영역활동에 대한 개략적인 파악이 가능하다.

6) 학습일지

영유아가 교사와 함께 영유아들의 활동 진행 과정이나 경험한 것을 정기적으로 기록하고, 이 과정을 통해 교사와 영유아 간의 면담 과정이 된다. 학습일지를 작성하면서 교사와 영유아는 소통이 가능하고 여러 가지 문제점에 대해 파악하고, 영유아와 함께 해결책을 모색 그리고 영유아에게 필요한 지도와 조언을 할 수 있다.

7) 관찰기록

교사가 영유아의 활동과 결과물 등에 대해서 일화기록, 표본기록, 사건기록, 평정척도, 체크리스트 등의 다양한 기법들을 사용해서 기록하는 것이다.

5 장점 및 단점

1) 포트폴리오의 장점

- 영유아의 다양한 측면에서 활동자료, 평가지를 통해 개별 유아의 발달과정을 알 수 있다.
- 영유아가 한 활동을 중심으로 평가할 수 있어서 과정 중심 평가라고 할 수 있다.
- 장시간에 걸쳐 이루어지는 것이기 때문에 단기간의 평가로 인해 간과할 수 있는 부분을 보완할 수 있다.
- 영유아가 스스로 자신이 한 활동을 평가해 볼 수 있다.

- 포트폴리오는 일반적으로 단점보다는 장점을 발견하는 데 중점을 둔다.

2) 포트폴리오의 단점

- 채점의 어려움으로 신뢰도가 낮다.
- 전체 과정에 대한 교사의 충분한 훈련이 요구된다.
- 평가, 채점기준, 영유아와의 접촉에서 많은 시간이 소요된다.

6 평가 지침 · 평가 절차

1) 포트폴리오 평가 시 고려해야 할 사항

- 초기 자료부터 완성품까지, 가장 잘(못)한 작품, 가장 전형적인 작품, 독특한 작품 등 다양한 자료를 수집한다.
- 지속적 · 정기적으로 수집 및 평가한다.
- 있는 그대로의 사실을 진솔하게 평가한다.
- 영유아 개개인의 생각과 의문점들을 모은다.
- 보육실 및 활동(대 · 소집단 및 게임)에 대한 영유아의 작품과 관찰의 실례를 수집한다.
- 영유아와 개별적으로 이야기한다.
- 예측 가능한 다양한 발달적 정보를 감안하여 교수활동을 계획 · 진행한다.
- 교사는 포트폴리오 평가의 취지를 충분히 이해해야 한다.
- 영유아에 초점을 맞추고 영유아와 친밀한 관계가 형성되어야 한다.

- 영유아 · 부모 · 교사 · 지역사회 간에 협조적 관계를 만들어야 한다.

출처: 이영석 외(1997)

2) 포트폴리오 평가 절차의 예

표 9–1 예시 1: Knight & Gallar(1994)의 포트폴리오 평가 모형(배호순, 1997)

1단계	2단계	3단계	4단계	5단계
목적 및 목표 선정	포트폴리오 수집모델개발	포트폴리오 자료수집개발	포트폴리오 자료분석	포트폴리오 자료활용

표 9–2 예시2: Worthen 외(1993)의 포트폴리오 평가 모형(조한무, 1998)

1단계	2단계	3단계	4단계	5단계
기대되는 포트폴리오 결정	포트폴리오에 포함할 내용결정	포트폴리오 표본 사정과 작성	평가방법 적용	포트폴리오 활용방법 결정

7 평가 실제

1) 계획 단계

영유아 포트폴리오의 성공적인 실행을 위한 계획 단계에서는 포트폴리오 평가를 위한 규정을 정하고, 평가와 관련된 참여자들의 이해를 확대하기 위해 유아, 교사, 부모와 가족에게 포트폴리오 평가에 대한 연수 및 안내를 한다.

(1) 규정 설정

포트폴리오 평가에서 평가 규정의 설정은 수집된 내용물, 협의회 시기와 활용방법 등을 포함하여 포트폴리오 평가를 실시하기 위한 계획이다. 다음은 포트폴리오 평가를 위한 규정의 예이다(정혜영, 2001; 황해익 외, 2008).

- 포트폴리오 평가는 개별 유아에 대해서 다양한 방법으로 자료를 수집하여 발달적으로 적합한 실제를 제공하기 위함이다.
- 포트폴리오에 수집될 항목은 교육과정 영역별로 필수항목을 연 3회에 걸쳐 수집하고, 개별화된 포트폴리오 항목은 연중 수시로 첨가한다.
- 유아의 작품에 유아, 교사, 부모의 논평을 첨가한다.
- 포트폴리오 협의회는 연 4회를 기본으로 하며, 부모들의 편의에 따라 시간과 장소를 변경할 수 있다.
- 다음 해로 인수인계할 포트폴리오에 넣을 항목은 유아, 교사, 부모가 함께 결정한다.
- 교사들은 각 학기말에 포트폴리오의 내용물을 서술적으로 요약해야 한다.
- 학기말에 유아의 활동 과정 포트폴리오는 유아가, 인수 포트폴리오는 유아교육기관에 보관한다.
- 유아의 개인적 정보들은 공개되지 않으며, 이는 유아의 활동 과정 포트폴리오와 분리해서 보관한다.

(2) 평가 참여자에 대한 연수 및 안내

포트폴리오 평가는 교사 혼자서 실시하는 평가가 아니라 평가과정에 영유아와 부모를 참여시키는 협동적인 평가방법이다. 그러므로 교사는 영유아와 부모에게 연수나 통신문 등의 방법으로 수집된 자료들이 영유아들의 발달을 나타내는 중요한 자료임을 소개해야 한다.

2) 실행 단계

포트폴리오 평가의 실행 단계는 내용물 넣을 장소 정하기, 내용목차 작성하기, 자료수집하기, 학습일지기록, 교사의 관찰기록, 다양한 활동 결과물에 대한 유아, 교사, 부모의 반영 자료를 수집한다.

(1) 내용물 넣을 장소 정하기

개별 영유아마다 다양한 작품이나 활동 결과물을 수집, 보관하기 위한 보관함이 필요하다. 교사들은 포트폴리오를 칸이 나누어진 폴더를 사용하고, 크기가 큰 미술 작업은 큰 상자나 큰 봉투에 넣어서 보관한다. 작업 견본에 따라서 쉽게 분리되지 않을 수도 있는데, 이럴 때는 교사가 유아들에게 직접 분류를 시켜 봄으로써 유아들이 자신들의 작품을 어떻게 정리, 평가, 분류하는지를 관찰할 수가 있다.

(2) 내용목차 작성하기

내용물에 대한 목록은 새로운 자료가 참가될 때마다 표시하는 것으로 내용물을 쉽게 파악할 수 있다. 목록에는 날짜와 함께 자료들의 형태를 기록해 두면 자료 확인에 도움이 된다. 영유아 포트폴리오는 자연스런 상황을 자발적으로 산출되는 결과물을 중심으로 순서대로 수집되기 때문에 목록의 목차에 나타나는 상황은 유아의 개인차를 알게 해 준다.

표 9-3 포트폴리오 내용목차 양식 예시

번호	항목	날짜	날짜	날짜	날짜	날짜	날짜
1	그림						
2	구성						
3	글쓰기						
4	말하기						
5	음악						
6	신체표현						
7	사회성						
8	과학						
9	수학						
10	창의성						
11	읽기						
12	듣기						
13	규칙 지키기						
14	질서 지키기						
추가 항목	어휘력						
	협동 능력						

표 9-4 포트폴리오 내용목차 예시

번호	항목	날짜	날짜	날짜	날짜	날짜	날짜
1	그림	3/5(영상)	4/5(작품)	5/7(사진)	9/5(작품)	10/5(작품)	11/5(사진)
2	구성	3/7(작품)	4/9(영상)	5/8(사진)	9/7(사진)	10/8(작품)	11/7(사진)
3	글쓰기	3/8(사진)	4/9(작품)	5/8(영상)	9/10(사진)	10/8(작품)	11/8(작품)
4	말하기	3/12(사진)	4/12(사진)	5/14(사진)	9/12(영상)	10/12(사진)	11/12(사진)
5	음악	3/14(사진)	4/16(사진)	5/14(사진)	9/14(사진)	10/15(영상)	11/14(사진)
6	신체표현	3/16(사진)	4/16(사진)	5/16(사진)	9/17(사진)	10/16(사진)	11/16(영상)
7	사회성	3/19(영상)	4/19(사진)	5/21(작품)	9/19(사진)	10/19(작품)	11/19(사진)
8	과학	3/21(사진)	4/23(영상)	5/21(사진)	9/21(사진)	10/22(작품)	11/21(사진)
9	수학	3/23(사진)	4/23(작품)	5/23(영상)	9/24(사진)	10/23(사진)	11/23(작품)
10	창의성	3/25(작품)	4/25(사진)	5/2(작품)	9/25(영상)	10/25(사진)	11/26(사진)
11	배려	3/27(사진)	4/27(작품)	5/28(사진)	9/27(작품)	10/29(영상)	11/27(사진)
12	질서	3/29(사진)	4/30(사진)	5/29(사진)	10/1(사진)	10/29(사진)	11/29(영상)
13	예절	3/30(영상)	4/30(사진)	5/30(사진)	10/1(사진)	10/30(사진)	11/30(사진)

(3) 자료수집하기

영유아의 하루 일과를 통해 자료를 수집한다. 영유아들이 매일 습관적으로 하는 하루 일과 가운데 소근육 또는 대근육발달의 정도를 체크해 볼 수 있고, 바깥놀이에서 교사들은 대근육활동만 생각할 수 있지만 신체활동에 대한 영유아들의 성향, 사회적 기술, 언어개념이나 사용하는 수나 과학적인 이해 문제 해결력 등을 살필 수 있다. 영유아들이 각 흥미 영역에서 지내는 동안 많은 증거물들을 남기는데, 교사는 자연스러운 영유아들의 놀이들을 관찰할 수 있다.

다음은 실내놀이에서의 포트폴리오 사진기록지 양식의 예시이다.

표 9-5 포트폴리오 사진기록지 양식 예시

사진기록지

아동의 이름: __________ 성별(남, 여) 연령: 만 ( )세

날 짜: __________ 사진장면: ______________________

상황 장면 사진

장면 상황	
교사의 기대	
표준보육과정	
관찰내용 및 교사평가	

(4) 학습일지기록

학습일지는 현재의 학습 상황에 대한 반영과 미래에 대한 계획을 포함하는 것으로, 학습의 과정이나 결과 또는 계획 등을 학습활동 이후에 기록하는 것이다. 학습일지기록은 처음에는 교사가, 이후에는 유아가 글을 쓸 수 있으면 유아가 직접 할 수가 있다. 그러나 한 명의 교사가 여러 명의 유아를 맡고 있는 경우가 많기 때문에 모든 학습활동마다 학습일지를 기록하지 않고 1주 동안 진행된 주제에 대해 개별 영유아마다 학습일지를 기록할 수 있다.

(5) 교사의 관찰기록

현장에서 교사들이 가장 일반적으로 사용하고 있는 관찰기록법은 일화기록, 행동목록, 평정척도이다. 교사가 수집한 자료들을 영유아의 활동과정 포트폴리오에 함께 넣기보다는 별도의 파일을 만들어 개인적인 정보들을 수집해 두어 보관하는 것이 좋다.

(6) 유아 · 교사 · 부모 반영 자료수집

반영 자료수집은 유아의 활동에 대한 견해, 자기반성 및 조언, 평가자료를 수집하는 것이다. 유아는 자신의 활동에 대한 견해를 첨부하고 이를 기초로 새로운 활동을 계획함으로써 자기 주도적 학습을 할 수가 있다. 교사의 논평은 유아발달에 대한 정보를 부모와 교사 자신에게 제공할 수 있다. 또래의 논평은 또래들 간의 평가 기준을 유아들에게 전달해 준다. 끝으로 부모의 논평은 자녀가 유아교육기관에서 어떠한 활동을 하는지, 자녀의 관심사와 유아들의 현재의 발달 수준은 어떠한지를 알 수 있는 기회가 된다.

3) 평가 및 활용 단계

실행 단계에서 수집한 자료들을 바탕으로 포트폴리오 요약서를 준비하고, 협의회를 개최하며, 유아, 교사, 부모가 함께 유아의 활동이나 발달 상황에 대한 정보를 공유하기 위해 전시회를 열고, 마지막으로 다음 해 담임교사가 유용하게 사용할 수 있는 인수 포트폴리오를 구성한다.

(1) 포트폴리오 요약서 준비

포트폴리오 요약서는 한 학기 또는 한 해 동안에 수집된 여러 가지 정보들을 서술문으로 작성한다. 다음은 포트폴리오 요약서의 예시이다.

표 9-6 포트폴리오 요약서 예시

포트폴리오 요약서

유아명: ○○○ 생년월일: 2015. ○○. ○○. (여) 기록일: 2021년 ○○. ○○.

구 분	내 용
신체운동 · 건강	눈과 손을 협응하여 사물을 조작하는 등 소근육을 조절할 수 있습니다. 달리기, 점프하기 등 다양한 이동운동을 할 수 있으며, 자신의 신체적 능력을 긍정적으로 인식하며 자신감을 가지고 신체활동에 자발적으로 참여합니다.
의사소통	일상생활에서 사용하는 낱말과 문장을 듣고 뜻을 이해할 수 있으며 자신의 느낌, 생각, 경험을 다른 사람에게 말할 수 있습니다. 말과 글의 관계를 이해하고 주변의 상징 · 글자 등의 읽기에 관심을 갖으며 자주 접하는 글자를 글자와 비슷한 형태로 표현합니다.
사회관계	자신에 대해 긍정적으로 생각하고 나의 감정을 알고 성황에 맞게 표현하며 내가 할 수 있는 것들을 스스로 할 수 있습니다. 다른 사람의 슬프고, 기쁘고, 화나는 등 다양한 감정에 관심을 갖고 서로 다른 감정, 생각, 행동을 존중하며 더불어 생활할 수 있는 태도가 필요합니다.
예술경험	노래를 즐겨 부르며 신체 · 사물 · 악기로 간단한 소리와 리듬을 만들어 자신의 생각과 느낌에 따라 자유롭게 표현할 수 있습니다. 그리기 활동 시 미술활동에 필요한 재료와 도구에 관심을 가지고 다양하게 사용하며 창의적인 표현을 할 수 있습니다.
자연탐구	주변 세계와 자연에 대해 관심을 갖고 궁금한 점을 해결하기 위한 탐구과정에 즐겨 참여합니다. 생활 속에서 사용되는 수의 의미를 알고 물체를 세어 수량에 대해 알고 있으며 수활동에 대해 적극적으로 참여합니다. 하지만 자신을 중심으로 물체의 위치와 방향을 알고 구별해보는 경험이 필요합니다.

구 분	내 용
종합의견	전반적인 발달이 골고루 이루어지고 있으며 궁금한 것들에 대해 지속적인 호기심을 가지고 스스로 탐구하는 과정에 즐겁게 참여합니다. 생각이 독창적이고 호기심이 많아서 새로운 물건에 관심이 많으며 놀이활동에 의욕적으로 참여하고 시작한 일은 열중하여 끝까지 마칠 수 있습니다. 친구와의 갈등상황 시 서로 다른 감정, 생각, 행동을 알고 인식하며 친구와의 갈등을 긍정적으로 해결할 수 있도록 긍정적 강화를 해 주시길 바랍니다.
부모님 의견	

(2) 포트폴리오 협의회 실시

포트폴리오를 유아 · 교사 · 부모가 함께 살펴보고 유아는 자신의 포트폴리오에 포함된 다양한 결과물들을 교사와 부모에게 설명할 수 있고, 교사와 부모는 유아에 대한 정보를 서로 공유하며 수정할 수 있으며 최종 인수 포트폴리오에 넣을 항목을 함께 협의하여 선정할 수 있다.

(3) 전시하기

모든 영유아들의 개별 포트폴리오를 한 곳에 전시하고 영유아와 관련된 주변의 사람들에게 대표적인 작품을 소개할 수 있다.

(4) 인수 포트폴리오 준비하기

유아의 주요한 변화, 지속적인 문제를 나타내는 작업표본 등 1년 동안의 활동을 정리하고 교사 · 아동 · 부모가 함께 대표적인 작품을 협의 후 후임교사에게 인수하기 위한 것이다.

CHAPTER 10

학부모 면담

1 개념과 목적

1) 면담의 개념

면담이란 특정한 목적을 가지고 특정한 내용에 관하여 사람과 사람이 직접 얼굴을 맞대고 일정한 시간에 언어를 매개로 하여 정보를 얻거나 의사나 감정을 전하는 양식이다.

2) 면담의 목적

- 교사와 학부모가 함께 시간을 내어 영유아의 전반적인 발달에 대해 정보를 교환하고, 학부모와 교사의 상호관계를 더욱 견고히 해서 영유아의 전반적인 발달을 도와주기 위한 활동이다.
- 교사와 부모가 서로 대면하여 영유아의 생활과 문제 행동에 대해 의견을 교환함으로써 바람직한 지도 방안을 모색하는 활동이다. 그러므로 학부모 상담의 목적은 각 유아의 발달을 위한 교육목표 및

내용에 대한 기관과 가정의 공유 및 자녀에 대한 가정의 적절한 관심을 이끌어 내는 데 있다.

- 면담 시간은 영유아를 더 잘 이해하고 지도하기 위해 교사가 학부모와 함께 보육기관에서의 전반적인 생활, 아이의 발달 상태에 대해 이야기를 나누고, 아이의 정상적인 발달을 위해 함께 노력해야 할 부분을 모색하기 위해 갖는 소중한 시간이다.

2 계획과 준비

1) 개인 면담에 필요한 준비

(1) 면담의 사전 준비

- 교사는 영유아에 대한 기록, 관찰평가 등의 기록을 영유아 개인별로 묶어서 준비해 둔다.
- 적어두었던 기록들을 면담 전에 자세히 검토하고 이를 실제 면담에 적극 활용할 계획을 세운다.

(2) 면담 자료 준비

부모 면담 자료를 면담 실시 전에 살펴보고 준비하면 면담 시간도 단축될 뿐 아니라 면담을 통해 더 많은 정보를 확보할 수 있게 된다.

교사가 준비할 수 있는 면담 자료는 영유아들의 신체검사표나 일화기록, 표본식기술, 평정척도, 체크리스트 등 기록과 그림, 작품, 글 등의 자료들이다. 이를 바탕으로 자녀의 발달과정을 부모에게 설명한다면 더 객관적이고 신뢰성 높은 면담이 된다.

- 유아교육기관 나름대로 사용하고 있는 기본 양식에 맞추어 관찰기록을 정리한다.
- 관찰기록이 정리되면 영유아의 발달을 종합 평가한 후, 학부모와 상의할 내용이라든지, 가정에서의 양육태도, 영유아의 행동 등 부모를 통해 확인하고 싶은 내용을 간략하게 적어서 면담에 임한다.

(3) 면담 시간과 장소 정하기

- 부모 면담의 계획이 잡히면 놀이실행과 지원계획을 통하여 면담 시간과 장소를 2주 전에 학부모에게 알린다.
- 면담 시간은 한 명당 20분 정도로 계획하는 것이 적절하다.
- 면담과 면담 사이는 5~10분 정도의 휴식 시간을 갖고 면담시간표를 작성하여 교사가 다음 유아의 면담을 준비할 수 있도록 하는 것이 좋다.

2) 면담 교사의 자세

① 교사는 일반적인 인사말이나 자녀에 대한 칭찬으로 시작하고, 영유아의 활동에 대하여 긍정적인 언급으로 진행하면 부모로 하여금 마음의 문을 열고 편안하게 이야기할 수 있게 한다. 면담 시 부모가 긴장하게 되면 면담 진행 중에 껄끄러운 분위기가 될 수 있으므로 최대한 부모의 긴장을 풀어 주어야 한다.

② 미괄식으로 이야기를 한다. 부모 면담은 교사가 부모에게 아이를 설명하는 시간이 아니라 부모와 교사가 아이의 모습을 정확히 이해하고 교육하는데 도움이 되는 시간이기에 설명이나 설득의 대화법

과는 달라야 한다. 교사가 결론부터 이야기해서 "○○는 △△한 아이이다"라고 해버린다면 부모는 교사의 말에 반감을 먼저 갖거나 반대로 선입견을 먼저 가질 수 있기 때문이다. 따라서 교사는 부모에게 충분한 설명을 하고 부모와의 대화를 통해 결론을 지어야 할 것이다.

③ 부모에게 아이를 변호하지 않는다. 교사의 역할은 부모가 문제를 정확하게 이해하고 해결방안을 모색하여 스스로 의사결정을 할 수 있도록 돕는 데 있다. 자녀에 대한 궁극적이고 중요한 결정은 부모의 몫임을 명심하고, 비록 부모들이 교사에게 어떤 특별한 조언을 받고자 하는 희망이 강하더라도 교사는 자신의 위치를 벗어나는 지나친 조언이나 충고, 아이에 대한 변론 등을 남용하지 않도록 주의해야 한다.

3) 면담 교실 환경 준비

면담 장소는 밝고 깨끗한 공간으로 교육기관 건물 내에서 가장 방해를 덜 받는 장소에 관찰 자료를 놓아둘 수 있는 책상과 의자 두 개를 준비한다. 면담 장소는 여러 사람이 드나들지 않고 전화소리나 유아들의 잡음 등 다른 소리에 방해받지 않는 곳이 좋다. 장소가 협소할 경우에는 학급 교실을 면담 장소로 활용하는 것이 적절하다. 면담 시간보다 미리 도착한 부모를 위해 유아교육에 관한 잡지나 원내 행사 앨범이나 사진, 유아들의 작품 등을 대기실에 비치해 둔다. 이와 함께 간단한 음료수를 준비해 두면 분위기를 부드럽게 하는 데 도움이 된다.

4) 면담 진행의 유의점

① 면담은 정시에 시작하고 약속된 시간을 넘기지 않도록 한다.

② 면담을 시작하기 전에 반드시 부모에게 면담의 목적을 알려 주어야 한다.

③ 질문은 간단하면서 정확하게 해야 하고, 예의바르게 행동하며, 주제에 어긋난 질문을 하지 않도록 해야 한다.

④ 부모가 말을 경청하고 말하는 도중에 끼어들어 말하지 않는다.

⑤ 부모의 표정이나 몸짓에 담긴 뜻을 파악한다.

⑥ 교사는 면담 중에는 친절하고 개방적이고 긍정적인 대화를 이끌어 가도록 한다.

3 개별 면담

1) 진행 순서

(1) 부모와 인사 나누기

교사는 부모에게 자리를 안내하고, 서로 어색하지 않도록 계절이나 날씨 등에 대해 말하며 간단한 인사를 나눈다.

(2) 면담 취지 설명

교사는 부모와 함께 시간을 내어 영유아의 전반적인 발달에 대해 정보를 교환하고, 학부모와 교사의 상호관계를 더욱 견고히 하여 자녀의 전반적인 발달을 도와주는데 있다는 것을 인식하여야 한다. 가정이 유아의 발달에 가장 기본이 되는 학습의 현장이라는 점을 염두에 두고, 교사는 가정과 유아교육기관을 연결하는 중요한 역할을 한다는 사실을 인식해야 한다. 이러한 관점에서 면담의 취지를 학부모에게 설명하여 면담을 진행한다.

(3) 면담 진행

면담을 위해 준비한 자료를 토대로 영유아의 장점이나 최근에 관찰된 중요한 성장 기록을 이야기하는 것부터 시작하는 것이 좋다. 만약 특별하게 언급할 장점, 발전이 없을 경우에는 친구들과 좋아하는 놀이, 최근에 관심을 갖고 있는 것 등부터 면담을 시작해 나간다.

일단 긍정적인 분위기가 형성되면 미리 준비한 부모 면담 양식에 따라 면담을 진행한다. 이때 교사는 미리 준비된 관찰기록과 영유아 작업샘플, 활동사진 등을 이용하여 영유아의 전반적인 발달에 대하여 부모와 논의한다.

면담을 하면서 부모와 교사는 영유아가 가정에서도 교육기관에서와 비슷한 행동을 하는지 아니면 다르게 행동하는지를 공유할 수 있다.

(4) 마무리

면담이 진행되는 동안 교사는 면담 과정을 기록하고 앞으로 중점을 두고 지도해야 할 부분을 확인하여 교사와 부모가 함께 의논하는 형식으로 마무리한다.

(5) 추후활동

면담 후 필요에 따라 전화를 한다든지 영유아 편으로 메모를 보낸다든지 혹은 등원 및 귀가 시간에 일상적인 대화를 통하여 면담 때 나누었던 중점 지도 사항에 관하여 변화나 발달 상황에 관하여 가벼운 대화를 통하여 자연스럽게 확장시킬 수 있도록 한다.

표 10-1 개별 면담 실시 안내문의 예시

학부모 상담 시간 안내

안녕하세요. 우리 친구들의 원에서의 생활과 가정에서의 생활 전반에 대해 선생님과 부모님이 상담하고 협의하여 우리 아이들을 더 잘 키우려는 노력의 시간을 함께 갖고자 합니다.

지난주에 배부된 "발달 체크리스트와 포트폴리오 요약서"를 참고하여 부모님 의견을 기록하셔서 제출해 주시기 바랍니다.

원하시는 상담 방법(전화, 방문)에 체크해 주시고 상담 날짜 및 시간을 아래에 적어 보내드리오니 확인해주세요. 부득이 날짜와 시간을 조정하셔야 하는 부모님께서는 담임선생님과 미리 상의해 주시기 바랍니다.

※ 방문상담을 원칙으로 하지만, 부득이 내원이 어려운 경우에는 간단한 사유와 함께 전화로 상담을 신청해 주시기 바랍니다.

______________의 상담시간

________월 일( )요일 : ~ : ________

학부모 상담기간은 ○○월 ○○일 ~ ○○일(월~금)입니다.

--------------------------------절 취 선 --------------------------------

반 : ______________
원아 이름: ______________(학부모 성명: ____________ 관계: ______)
상담방법: 방문 ( )
전화 ( ) 사유: __________________

위와 같이 학부모 상담을 희망합니다.

○○○ 유치원(어린이집)

2) 개별 면담 부모 설문(발달 체크리스트)의 예

표 10-2 유아 발달 체크리스트의 예(만4세)

이 름:	생년월일: 년 월 일
반 명:	담임교사:

안녕하십니까?
위 발달체크리스트 문서 자료는 ○학기 부모 상담 시 참고자료로 이용되는 자료입니다.
(※ 상담 후에는 개인 원아 파일에 보관하는 보관용 자료입니다.)

체크리스트 부모란에 평가하여 체크해주시고, 뒷장 상담 원하는 내용을 적어주신 뒤
○○월 ○○일까지 담임선생님께 전달 부탁드립니다. 감사합니다.

〈 평가표시 방법 〉
1: 혼자 할 수 있다 2: 도움주면 할 수 있다 3: 현재 할 수 없고 지도 필요

신체운동 · 건강		부모			교사		
		1	2	3	1	2	3
1	신체를 인식하고 움직인다.						
2	신체움직임을 조절한다.						
3	기초적인 이동운동, 제자리운동, 도구를 이용한 운동을 한다.						
4	실내외 신체활동에 자발적으로 참여한다.						
5	자신의 몸과 주변을 깨끗이 한다.						
6	몸에 좋은 음식에 관심을 가지고 바른 태도로 즐겁게 먹는다.						
7	하루 일과에 적당한 휴식을 취한다.						
8	질병을 예방하는 방법을 알고 실천한다.						
9	일상에서 안전하게 놀이하고 생활한다.						
10	TV, 컴퓨터, 스마트폰 등을 바르게 사용한다.						
11	교통안전 규칙을 지킨다.						
12	안전사고, 화재, 재난, 학대, 유괴 등에 대처하는 방법을 경험한다.						

의사소통		부모			교사		
		1	2	3	1	2	3
1	말이나 이야기를 관심있게 듣는다.						
2	자신의 경험, 느낌, 생각을 말한다.						
3	상황에 적절한 단어를 사용하여 말한다.						
4	상대방이 하는 이야기를 듣고 관련하여 말한다.						
5	바른 태도로 듣고 말한다.						
6	고운 말을 사용한다.						
7	말과 글의 관계에 관심을 가진다.						
8	주변의 상징, 글자 등의 읽기에 관심을 가진다.						
9	자신의 생각을 글자와 비슷한 형태로 표현한다.						
10	책에 관심을 가지고 상상하기를 즐긴다.						
11	동화, 동시에서 말의 재미를 느낀다.						
12	말놀이와 이야기 짓기를 즐긴다.						

사회관계		부모			교사		
		1	2	3	1	2	3
1	나를 알고 소중히 여긴다.						
2	나의 감정을 알고 상황에 맞게 표현한다.						
3	내가 할 수 있는 것을 스스로 한다.						
4	가족의 의미를 알고 화목하게 지낸다.						
5	친구와 서로 도우며 사이좋게 지낸다.						
6	친구와의 갈등을 긍정적인 방법으로 해결한다.						
7	서로 다른 감정, 생각, 행동을 존중한다.						
8	친구와 어른께 예의바르게 행동한다.						
9	약속과 규칙의 필요성을 알고 지킨다.						
10	내가 살고 있는 곳에 대해 궁금한 것을 알아본다.						
11	우리나라에 대해 자부심을 가진다.						
12	다양한 문화에 관심을 가진다.						

	예술경험	부모			교사		
		1	2	3	1	2	3
1	자연과 생활에서 아름다움을 느끼고 즐긴다.						
2	예술적 요소에 관심을 갖고 찾아본다.						
3	노래를 즐겨 부른다.						
4	신체, 사물, 악기로 간단한 소리와 리듬을 만들어 본다.						
5	신체나 도구를 활용하여 움직임과 춤으로 자유롭게 표현한다.						
6	다양한 미술재료와 도구로 자신의 생각과 느낌을 표현한다.						
7	극놀이로 경험이나 이야기를 표현한다.						
8	다양한 예술을 감상하며 상상하기를 즐긴다.						
9	서로 다른 예술표현을 존중한다.						
10	우리나라 전통 예술에 관심을 갖고 친숙해진다.						

	자연탐구	부모			교사		
		1	2	3	1	2	3
1	주변 세계와 자연에 대해 지속적으로 호기심을 가진다.						
2	궁금한 것을 탐구하는 과정에 즐겁게 참여한다.						
3	탐구과정에서 서로 다른 생각에 관심을 가진다.						
4	물체의 특성과 변화를 여러 가지 방법으로 탐색한다.						
5	물체를 세어 수량을 알아본다.						
6	물체의 위치와 방향, 모양을 알고 구별한다.						
7	일상에서 길이, 무게 등의 속성을 비교한다.						
8	주변에서 반복되는 규칙을 찾는다.						
9	일상에서 모은 자료를 기준에 따라 분류한다.						
10	도구와 기계에 대해 관심을 가진다.						

○○○○년 ○학기 - 부모의견 및 면담하기 원하는 내용	
생활습관	
대인관계 (어른, 형제, 또래 등)	
언어 및 신체 (대, 소근육)	
행동특성	
기타	

※ 위의 내용을 중심으로 상담이 이루어집니다. 영유아의 발달상태에 대해서 간략하게라도 부모님이 생각하시는 의견을 적어 주시고 기타 상담하고 싶으신 내용은 기타란에 적어서 보내주시면 그에 맞춰 상담이 이뤄질 수 있도록 하겠습니다.

4 집단 면담

1) 집단 면담 계획

면담의 주기는 매학기 초기에 1회씩 또는 분기별 1회씩 실시를 계획한다. 부모 집단 면담에 참가하는 부모는 7~12명으로 거주 지역이 이웃한 부모 또는 연령이 비슷한 부모로 집단을 구성하여 실시한다.

2) 집단 면담 준비

면담의 취지와 함께 양육과 관련한 공통된 관심사항을 제시하거나 제안 요구와 일정을 안내하고, 교사는 주제와 관련된 정보를 수집한다. 집단 면담에서 활용할 수 있는 아동의 생활기록부, 관찰일지, 유아교육기관의 운영계획, 각종 통계자료 등의 자료들을 준비한다.

3) 집단 면담 실시

교사와 부모집단 부모들과 간단한 인사와 함께 담임교사는 반 구성, 집단 면담의 취지와 방법을 안내한다. 공통적으로 살펴야 할 주제를 제시하고 주제가 여러 가지인 경우에는 하나하나 순서대로 정보를 제공하고 학부모들 간에도 경험이 공유될 수 있도록 유도한다. 이때 교사는 주제 제시, 발언의 유도 등 진행자가 되어 발언이나 경험이 특정 부모에게 편중되지 않도록 하며, 가급적 자유로운 발언이 순서대로 이루어지고 주제의 논의와 경험이 매듭지도록 이끌어 준다. 특히 특정 아동의 개인적인 약점이나 잘못을 이야기할 때는 조심스럽게 사견임을 밝히며, 일반화하여 제시함으로써 부모들이 자신의 자녀에게도 그런 약점이나 잘못이 있음을 자연스럽게 드러내어 논의 주제로 이끌어 가는 세련된 진행에 유의해야 한다. 참여자들의 자유로운 의견 교환을 이끌어 주면서 부모들끼리 개인적인 비판이나 상처를 주는 말을 하지 않도록 각별히 유의하여야 한다.

학기 초 진행되는 집단 면담에서는 학기 또는 1년간 부모들의 능동적인 협조를 설득력 있게 요청하고, 부모들이 공통으로 부탁하고자 하는 의견을 청취하여 아동의 양육활동에 반영할 수 있다.

표 10-3 집단 면담 주제의 예시

관련 주제	면담 내용
기관 소개	첫 면담 시 유아교육기관의 교육관, 교육 프로그램 등 기관의 정보를 자료(유인물)를 통해 설명할 수 있다.
부모의 의견	부모가 공통으로 기대하는 교육내용, 부모가 지녀야 할 양육관 등의 공통된 관심사를 취합하여 관련 논의를 공유할 수 있다.
가정 양육	자녀의 영역별 발달 정도와 차이 등에 개별차가 있음을 전제로 경험이나 정보를 공유할 수 있다.
여러 가지 문제점과 바람직한 방향	습관형성의 문제점, 성격 형성, 정의 불안과 요인, 사회성, 언어 및 신체발달 등 전반

5 면담의 평가

1) 교사의 면담 평가

교사는 부모 면담이 끝난 후 다음과 같은 관점에서 스스로 질문을 해봄으로써(이정환 · 박은혜, 1995) 면담의 내용을 정리하여 스스로 피드백할 수 있어야 한다.

- 면담의 분위기가 긍정적이었는가?
- 부모님이 편안해하였는가?
- 교사와 부모가 서로의 입장을 이해하였는가?
- 부모가 교사 의견을 수용, 경청하였는가?
- 부모의 의견이 충분히 토의되고 수용되었는가?
- 유아의 장단점이 모두 토의되었는가?
- 교사가 면담자료들을 적절하고 충분히 준비했는가?
- 면담 결과에 따라 유아를 위한 활동계획의 목표가 정해졌는가?
- 면담을 다시 할 때 보충과 수정할 점은?

2) 면담 후 일지작성

부모 면담을 통해 얻어진 영유아의 이해 정보를 정리함으로써 개별유아에 대한 객관적인 자료를 확보할 수 있고, 이해도를 높일 수 있도록 면담 후 일지를 반드시 작성한다.

다음은 면담 후 일지 작성의 사례이다.

표 10-4 면담 후 상담일지의 예시(만 5세)

<table>
<tr><td colspan="3" rowspan="2">부 모 면 담 기 록</td><td rowspan="2">결재</td><td>담임</td><td>원장</td></tr>
<tr><td></td><td></td></tr>
<tr><td colspan="2">면담일시</td><td></td><td>면담교사</td><td colspan="2">○○○</td></tr>
<tr><td colspan="2">영유아이름</td><td></td><td>생년월일</td><td colspan="2">년 월 일 (만 5세)</td></tr>
<tr><td colspan="2">면담참여자</td><td></td><td>면담형태</td><td colspan="2">방문(○) 전화( )</td></tr>
<tr><td colspan="2">구 분</td><td>부모의견</td><td colspan="3">교사의견</td></tr>
<tr><td rowspan="5">영유아 발달 상황</td><td>기본생활</td><td>• 가정에서 규칙적으로 배변습관을 가지고 있으면 뒤처리도 알아서 처리함. 밥 먹는 시간이 일정하게 정해져 있지만 요즘 들어 인스턴트 음식을 좋아하면서 편식하려고 함</td><td colspan="3">• 화장실 사용에 대한 올바른 절차와 방법을 알고 배설 후 스스로 뒤처리가 이루어지며 규칙적인 배변습관을 가지고 있음
• 바른 식사예절 태도를 보이나 건강을 유지하기 위해 몸에 좋은 음식을 알고 스스로 선택할 수 있도록 우리 몸의 건강과 영양과의 관계를 알고 실천할 수 있도록 지속적인 지도가 필요함</td></tr>
<tr><td>신체운동</td><td>• 대부분 신체활동에 적극적으로 활동함
• 작년에 비해 살이 많이 쪄서 움직임이 좀 둔해지긴 했지만, 몸을 자유자재로 움직이며 활발한 활동을 좋아함</td><td colspan="3">• 신체 놀이기구를 자유롭게 오르내리며 신체를 조절하고 자발적으로 신체활동에 즐겁게 참여함. 걷기, 뛰기, 달리기 등의 다양한 이동운동이 가능하며 활발한 대근육활동이 이루어짐</td></tr>
<tr><td>의사소통</td><td>• 가정에서 책 읽기를 즐기며 동생에게도 책을 읽어 주는 모습이 많이 보임. 편지쓰기도 좋아함. 간혹 받침이 틀리는 경우가 있어 그때마다 바로 알려주고 있는데, 그게 올바른 지도법인지 궁금함</td><td colspan="3">• 그림책에 흥미를 가지고 책 읽기를 즐김. 다양한 주제에 대해 자신의 생각을 표현하고 자신이 쓴 글의 내용을 친구들에게 읽어주기를 좋아함
• 철자법이 틀려도 수정하거나 비판하지 않고 긍정적으로 반응해주며 쓰기의 즐거움을 느낄 수 있도록 함</td></tr>
<tr><td>사회관계</td><td>• 동생과 간혹 다투는 경우 자기 상황을 잘 이야기하는 동생에 비해 눈물을 보이거나 표현하지 않는 경우가 많아 답답함
• 친구들과의 관계에서도 그런 행동이 나타나는지 궁금함</td><td colspan="3">• 친구들과 협동하여 하는 놀이를 즐기고, 함께 하는 과정에서 서로 생각이 다르고 차이가 있음을 알고 있으나, 친구와의 갈등을 해결하는 과정에서 자신이 가지고 있는 감정을 적절하게 표현하지 못하는 모습이 보임
• 다양한 감정을 상황에 맞게 적절하게 표현할 수 있도록 교사의 지원이 필요함</td></tr>
<tr><td>예술경험</td><td>• 누군가가 춤추는 모습을 금새 따라 추며 항상 노래를 부르며 춤추는 것을 즐김
• 주로 동생과 역할놀이를 하거나 만들기를 좋아하고 동생을 도와주는 모습에 칭찬을 함</td><td colspan="3">• 특정한 신체 부위와 악기를 이용하여 규칙적인 패턴 소리를 만들 수 있으며, 다양한 움직임과 춤의 아름다움을 느끼고 즐기는 모습이 보임
• 그리기, 색칠하기, 만들기 이외에 다양한 자료를 가지고 창의적인 미술활동이 이루어짐
• 일상생활의 경험이나 간단한 이야기를 극놀이로 표현함</td></tr>
</table>

구 분		부모의견	교사의견
영유아 발달 상황	자연탐구	숫자에 관심을 표현하며 큰 수, 작은 수, 더하기, 빼기를 함	• 생활 속에서 수에 대해 관심을 갖고 사용되는 수의 여러 가지 의미에 대해 알고 있음 • 물체를 세어 수량을 알며 구체물을 가지고 더하고 빼기를 할 수 있음
종합의견 및 교수계획		• 종합적으로 건강한 생활습관을 형성하는데 필요한 규칙적인 식습관, 배변, 식사예절 등이 잘 이루어지고 있으나, 편식하는 식생활 태도를 보여 편식하지 않고 음식을 골고루 먹어 보며 다양한 음식을 먹어 볼 수 있는 기회를 제공하여 우리 몸의 건강과 영양의 관계를 알고, 스스로 실천할 수 있도록 가정과 연계되어 지속적인 지도가 필요함을 말씀드림 • 자신의 다양한 감정을 인식하고 감정을 조절해보며 상황에 맞게 조절하는 경험이 이루어지도록 그림책에 등장하는 인물을 활용하여 어떻게 감정을 조절하면서 다양한 문제를 해결할 수 있는지 교사가 지원활동을 하기로 함. 가정에서도 연계활동을 통해 자기 감정을 표현할 수 있도록 노력하신다고 이야기함	

PART III

유아교육기관 현장에서의 관찰의 실제

CHAPTER 11

환경(실내외) 및 흥미 영역

놀이에서의 관찰은 실내·실외로 구분하여 이루어진다. 일과 운영에 따라 편성할 수 있으며 기관의 설정에 적합한 계획을 수립하여 이루어질 수 있도록 한다. 교사는 영유아들에게 놀잇감을 준비해 줄 때 안전성, 견고성, 다양성, 충분성, 발달 적합성을 고려하여 준비해 주어야 한다. 실내인 경우 교실마다 연령별로 여러 흥미 영역으로 나누고, 주제에 적합한 교구 등을 비치한다. 실외인 경우에도 다양한 흥미 영역을 마련하고, 영유아가 마음껏 신나게 뛰어 놀며 날씨와 자연의 변화를 느낄 수 있는 흥미 영역을 마련한다. 교사는 유아들과 함께 놀이를 통해 상호작용을 하면서 각 유아들의 발달 수준이나 흥미 등을 파악한다. '놀이공간'이라고 표현하며 흥미영역이 영유아의 연령 및 발달 특성에 따라 구성되어 있지만 필요한 경우 구분없이 통합되어 놀이가 이루어지도록 한다(공간구성의 주도권은 유아들에게 있음).

1 실내놀이의 관찰과 상호작용

1) 쌓기놀이 영역

쌓기놀이란 비례적인 크기와 모양의 블록과 소품을 이용하여 입체적인 구조물을 제작·구성하며 이루어지는 놀이를 말한다. 개방적 놀이의 특성으로 인하여 유아의 의도에 따라 단순히 늘어놓는 놀이부터 정교한 구성물 만들기에 이르기까지 자유로운 구성과 놀이가 가능하다. 또한 다양한 종류의 모양, 색크기, 형태의 블록을 이용하여 일상생활에서 볼 수 있거나 상상하는 것을 구성해 볼 수 있고, 유아가 이를 구성하면서 자신의 경험을 쉽게 재현하는 기회가 되며 기본적인 기술 습득과 창의적인 표현이 이루어진다.

(1) 환경 구성

쌓기놀이 영역은 구성활동을 할 수 있는 충분한 공간과 교실 입구에서 멀리 떨어져 여러 사람의 왕래가 빈번하지 않은 구석이 적합하다. 때때로 역할놀이 상황이 쌓기놀이 영역에서 역할놀이 영역으로 확장될 수 있으므로 쌓기놀이 영역과 역할놀이 영역을 서로 가까이 설치하는 것이 효과적이다. 그리고 다른 영역과 마찬가지로 쌓기놀이 영역도 분리대로 영역을 분리시켜야 하며, 블록의 시끄러운 소리를 방지하기 위해 카펫을 깔아주는 것이 좋다. 또한 영유아들에게 다양한 종류의 블록류, 동물모형, 가정용품, 직접 제작한 놀잇감을 제시해 주는 것도 효과적인 방법이 될 수 있다. 쌓기놀이 영역의 놀이자료들은 유아가 잘 볼 수 있고 접근할 수 있는 곳에 배치하여야 한다. 그리고 유아가 도구와 자료들을 사용할 수 있는 충분한 공간이 있어야 한다.

쌓기놀이 영역을 구성할 때의 참고사항

- 쌓기놀이 영역은 역할놀이 영역과 자연스럽게 어울려 확장놀이가 이어질 수 있도록 분리해야 한다.
- 블록의 모양과 크기로 된 모형의 라벨(명칭표)을 붙이면 어떤 선반에 어떤 유형의 블록을 보관해야 하는가를 인식시켜 준다. 단, 연령별로 다르게 제시한다.
- 쌓기놀이에 필요한 규칙을 제시한다.
- 아이의 흥미와 욕구를 반영하여 몇 개의 영유아 작품을 일과가 끝날 때까지 그대로 둔다. 영유아들의 블록구성을 원하는 시간만큼 유지시켜 준다.

표 11-1 쌓기놀이 영역의 기본 교재 · 교구

영아(예시)

유아(예시)

(2) 쌓기놀이 영역에서 교사의 역할 및 유의점

창의적인 쌓기놀이를 위해서 교사는 다양한 블록(종이벽돌, 큰 나무 빈 블록, 단위 블록, 우레탄 블록 등)을 영유아의 수에 맞게 다양한 종류로 충분한 수 만큼 준비해 주어야 한다. 역할놀이와 연계하여 놀이가 확장되고 지속될 수 있도록 하며, 충분한 놀이시간(40~50분)을 제공하여 놀이가 중간에 끊기지 않도록 해야 한다. 놀이의 활성화를 위해 적절한 교사 개입은 이루어져야 하나 과도한 개입은 하지 않으며, 다양성의 놀이자료를 제시하여 영유아가 자연스럽게 다양한 문화를 이해하고 놀이해 볼 수 있도록 한다.

쌓기놀이 영역 운영 시 유의할 점

- 블록은 구성활동을 목적으로 하는 놀이자료이므로 던지고, 때리고, 서로 부딪쳐서 소리내기 위한 것은 아니라는 것을 안다.
- 쌓기놀이 영역에서는 블록의 구성 특성과 연관된 것을 놀이할 수 있도록 지원한다.
- 블록을 구성하는 데 도움이 필요하면 언제든지 도움을 요구할 수 있다.
- 다른 영유아와 너무 가까운 데서 혼자 구성놀이활동을 하면 안전사고가 발생할 수 있으므로 이런 경우 적절한 거리 간격을 유지해야 한다.
- 같은 시간에 쌓기놀이 영역에서 활동할 수 있는 유아의 수를 제한할 수는 있으나 많은 영유아들이 쌓기놀이에 집중되었을 때에는 문제상황 및 갈등 상황을 해결할 수 있는 방안을 제시하여 영유아가 긍정적으로 갈등을 해결할 수 있도록 한다.
- 구성물은 영유아가 바닥에 서서 닿을 수 있는 높이만큼 세운다.
- 정리할 때는 조용하고 빠르게 이행하고 스스로 놀잇감을 정리해 볼 수 있도록 한다.
- 쌓기놀이 영역을 위한 규칙은 전체 교실을 위한 규칙과 같다.

표 11-2 연령별 쌓기놀이 영역 구성

연령	연령별 쌓기놀이
2세	쌓기놀이 영역은 상호작용이 충분히 일어날 수 있도록 다양한 소품을 비치하고 역할놀이 영역 바로 옆에 공간을 구성한다.
3세	쌓기놀이 영역은 교구장의 바닥에 정리가 용이하도록 밑그림을 붙여 구성한다.
4세	쌓기놀이 영역은 블록을 최대한 활용하여 충분한 공간과 적절한 수량의 블록을 제공한다.
5세	쌓기놀이 영역은 소음을 줄이기 위해 카펫을 깔고 블록을 정리할 수 있는 장을 마련해 준다.

표 11-3 쌓기놀이 영역활동기록지(행동목록, 일화기록) 예시

<table>
<tr><td>아동명</td><td>이○○</td><td>반(연령)</td><td>○○반
(만 5세)</td><td>평가시기
시간</td><td colspan="2">2021.○○.○○
9:30~9:40</td></tr>
<tr><td>생활주제</td><td>교통기관</td><td>주제</td><td>고마운
교통기관</td><td>활동명</td><td colspan="2">도로건설하기</td></tr>
<tr><td>교사의 기대</td><td colspan="6">• 기본 도형을 사용하여 여러 가지 모양을 구성할 수 있다.
• 위치와 방향을 블록을 구성하며 나타내 본다.</td></tr>
<tr><td>평가상황</td><td colspan="6">실내놀이</td></tr>
<tr><td>평가유형</td><td colspan="6">행동목록법, 일화기록</td></tr>
<tr><td colspan="7">체크리스트</td></tr>
<tr><td colspan="4">평가내용</td><td>예</td><td>아니오</td><td>비고</td></tr>
<tr><td colspan="4">1. 제공되는 블록을 다양한 방법으로 탐색한다.</td><td></td><td>○</td><td></td></tr>
<tr><td colspan="4">2. 구조물의 특징을 알고 도로를 표현할 수 있다.</td><td>○</td><td></td><td></td></tr>
<tr><td colspan="4">3. 블록을 사용하여 창의적인 구조물을 구성할 수 있다.</td><td>○</td><td></td><td></td></tr>
<tr><td colspan="4">4. 구성된 블록을 감상하고 이야기할 수 있다.</td><td>○</td><td></td><td></td></tr>
<tr><td>개정누리과정
관련 요소</td><td colspan="6">• 신체 · 운동 건강 〉 신체활동 즐기기 〉 신체움직임을 조절한다.
• 의사소통 〉 듣기와 말하기 〉 자신의 경험, 느낌, 생각을 말한다.
• 사회관계 〉 더불어 생활하기 〉 친구와 서로 도우며 사이좋게 지낸다.
• 자연탐구 〉 생활 속에서 탐구하기 〉 물체의 위치와 방향, 모양을 알고 구별한다.</td></tr>
<tr><td>일화기록</td><td colspan="6"></td></tr>
<tr><td>해석</td><td colspan="6"></td></tr>
<tr><td>평가 및
교수계획</td><td colspan="6"></td></tr>
</table>

쌓기놀이 시 유아 행동 관찰 예시

• 세계의 건축물 그림의 조각들이 그려진 종이블록을 맞추며 건축물의 모습을 완성해 나가는 모습을 관찰하여 기록함.

<table>
<tr><td>활동내용</td><td colspan="5"></td></tr>
<tr><td>관찰 대상</td><td>○○○ (남)</td><td>생년월일</td><td>2015.○○.○○</td><td>관찰일시</td><td>2021.○○.○○</td></tr>
<tr><td>활동명</td><td colspan="3">세계 여러 나라의 건축물을 만들어요</td><td>연령</td><td>만 5세</td></tr>
<tr><td>교사의 기대</td><td colspan="5">• 블록의 앞, 뒤, 옆을 비교해가며 부분적인 모습을 통해 전체적인 모습을 완성시켜 본다.
• 세계 여러 나라의 랜드마크에 관심을 가지며 알아본다.</td></tr>
<tr><td>개정누리과정 관련 요소</td><td colspan="5">• 자연탐구 〉 생활 속에서 탐구하기 〉 물체의 위치와 방향, 모양을 알고 구별한다.
• 사회관계 〉 사회에 관심 가지기 〉 다양한 문화에 관심을 가진다.</td></tr>
<tr><td>관찰내용 및 교사 평가</td><td colspan="5">• 세계 여러 나라의 건축물의 조각그림이 그려진 블록을 보며 “앞이랑 뒤에 있는 그림이 다르다”라고 말하며 블록의 앞, 뒤, 옆을 본다. 블록의 그림을 맞추어 쌓으며 “선생님, 저 이거 탑 본 적 있어요. 이거 다 대한민국에 있는거에요?”라고 교사에게 질문한다. 교사가 고개를 끄덕이자 “그럼 내가 알고 있는 에펠탑도 만들어 볼래요”라고 말하며 블록으로 에펠탑을 만든다.
• 블록을 여러 방향으로 살펴보며 부분이 전체가 되는 모습을 알 수 있었고 우리나라 다양한 건축물을 구성해보고 다양한 세계 여러 나라 문화에 대해서도 관심을 가져 볼 수 있었다. 교사는 유아들에게 세계 여러 나라의 건축물 사진자료를 제시하자 유아들은 다양한 블록을 사용하여 여러 나라의 건축물을 구성해 볼 수 있었다.</td></tr>
</table>

TIP 쌓기놀이 영역에서의 바람직한 상호작용의 예

	쌓기놀이 영역
영아	• 블록으로 찻길을 만드는 영아에게 "○○이가 만든 찻길에 어떤 친구들을 태워줘 볼까?" • 쌓기놀이를 하며 "블록으로 어떤 놀이를 할 수 있을까?" • 블록으로 멋진 작품을 만들었다는 영아에게 무엇이 멋진지 구체적으로 상호작용해준다. "바퀴가 여러 개가 있어서 멋지구나!", "지붕을 높게 쌓았더니 더 멋지구나!", "○○이가 만든 작품은 정말 멋지구나. 이렇게 멋진 작품을 친구들에게도 보여줘 볼까?" • 블록에 관심을 갖는 영아에게 다양한 블록을 제시해주며 "이 블록으로 뭘 만들어 볼까?" • 친구와 함께 블록을 정리하자. "○○이가 도와주니 블록놀이 영역이 깨끗해 졌구나. 도와줘서 고마워" • 4명의 영아가 탑 쌓기를 하고 박수를 치며 좋아하자 교사는 "와~, 정말 높이 쌓았구나. 너희들 키보다 더 높이 쌓았네." • 탑 쌓기를 하며 "같은 색깔 찾아볼까?" • ○○가 장난감을 주워 **에게 주자 ○○가 장난감을 주워 주었구나. 장난감 주워줘서 고마워" • 자동차를 만지는 영아에게 "자동차는 어디에서 살까?" • 블록으로 만들기를 하는 영아에게 "○○는 어떤 걸 만들고 있어?" • 색 컵 블록을 쌓는 영아에게 "○○이가 쌓은 블록은 알록달록 무지개 색이네." • 블록놀이 하는 영아에게 "○○이가 뭘 만들지 너무 궁금하다."
유아	• 조립식 자동차를 만드는 유아에게 "○○이가 만드는 자동차는 어떤 자동차일지 정말 궁금하다." • 조립 자동차 만드는 것을 양보한 유아에게 "○○이가 자동차를 양보해 줬구나. ○○아! 자동차 양보해 줘서 고마워." • 종이블록을 양보한 유아에게 "○○이가 종이블록을 양보해 주었구나. 친구한테 블록을 양보해줘서 고마워." • 블록을 쌓고 있는 유아에게 고개를 끄덕이며 지지해준다. • 블록으로 집을 만들었다는 유아에게 "우와~ 이렇게 멋진 집을 만들었구나. 이 집에는 누가 살고 있을까?" • 탑 쌓기놀이를 하며 "그럼 우리 친구들과 함께 더 큰 탑을 쌓아볼까?" • 블록놀이를 하는 유아에게 고개를 끄덕이며 비 언어적 상호작용을 한다(고개 끄덕이기, 눈맞추기, 쓰다듬기 등등). • 블록을 나누어주는 유아에게 "○○아! 블록 나눠줘서 고마워." • 블록으로 총을 만들어 친구에게 주자 "○○이가 만들어 준 총이 정말 멋지구나."

2) 역할놀이 영역

역할놀이 영역은 유아가 극놀이 또는 역할놀이를 통해 가족의 역할, 다양한 직업의 기능 및 사회적 역할을 익히며, 자신이 흥미롭게 느낀 사건이나 경험, 생각을 구체적 사물을 가지고 놀이 속에서 재현해 보고 새롭게 창조해 보는 활동을 하는 곳이다. 또래와의 상호작용을 통해 다양한 인간관계와 현실 및 상상의 세계를 경험하는 영역이기도 하다.

(1) 환경 구성

첫째, 유아들의 움직임과 이동이 많고, 단순한 놀이에서 복잡하고 추상적인 놀이로 확장되는 특성이 있으므로 동적인 놀이 영역에 배치한다. 쌓기놀이 영역과 근접하게 배치하면 두 놀이 영역의 놀이가 통합되어 확장될 수 있고 효과적이다.

둘째, 어린 연령일수록 가정과 같은 분위기를 조성해주고, 연령이 증가할수록 다양한 사회구성원의 역할을 경험할 수 있도록 영역에 변화를 준다.

셋째, 다양한 역할을 경험할 수 있도록 기본 설비(부엌 가구, 실물과 유사한 생활 소품 등) 및 자료는 계절, 활동주제와의 관련성, 유아의 경험 및 견학과 관련된 자료를 유아의 연령이나 놀이 경험에 따라 주기적으로 변화시켜 준다.

넷째, 자료는 구조적 놀잇감과 상상적이고 창의적인 놀이를 지원할 수 있는 비구조적 놀잇감을 균형 있게 비치한다.

다섯째, 커다란 가구가 비치되므로 충분한 공간(6.6~9.9㎡)을 확보하고, 커튼이나 소파 등으로 아늑한 환경을 조성하여 유아의 가작화활동 놀이에 도움이 되도록 한다.

여섯째, 여러 가지 의상을 입고 변화된 자신의 모습을 보면서 자아상을 발달시켜 가고, 다양한 상상놀이에 이용할 수 있도록 전신거울을 준비하여 준다.

일곱째, 유아들이 놀이를 하며 필요에 따라 스스로 환경을 구성하고 놀이와 문해(읽고 쓰기)가 의미 있게 통합될 수 있도록 여러 가지 쓰기(그리기) 도구와 다양한 재질 및 크기의 종이, 꾸미기 자료를 비치해 준다.

역할놀이 영역 구성할 때의 참고사항

- 활동적이며 소음이 발생하므로 정적인 영역(언어놀이 영역 등)과는 충분히 거리를 확보하고 교구장 등으로 분리한다.
- 정리가 용이하도록 교구장의 각 바구니와 보관 장소에 이름 혹은 사진이나 형상을 붙인다. (연령에 따라)
- 유아들의 움직임이 많으므로 안전사고에 유의하여 주변 안전요소를 점검하고 불필요한 장애물을 최소화한다.
- 역할놀이에 필요한 규칙을 유아들과 함께 만들어 제시한다.

표 11-4 역할놀이 영역의 기본 교재 · 교구

영아(예시)

유아(예시)

(2) 교사의 역할 및 운영 시 유의점

교사는 유아들이 주로 참여하는 놀이 주제, 선호하는 놀잇감과 역할, 놀이 지속 시간, 놀이에 참여하는 유아의 집단구성 유형을 관찰해야 한다. 교사는 관찰을 통해 현재 유아들이 생각하고 인식하고 있는 다양한 사람들의 사회적 역할을 이해할 수 있다. 그리고 교사는 직접 혹은 간접 개입을 통해 적절한 모델을 보여 주고, 유아들이 역할 갈등으로 인한 다툼, 놀이에 참여하지 못하거나 소극적인 유아에 대해 적절히 조정하며 지원하는 중재자의 역할을 해야 한다.

역할놀이 영역 운영 시 유의할 점

- 역할놀이 영역의 자료와 소품은 성 차별이 없고 다양한 문화적 배경을 포함시켜야 한다.
- 역할놀이 영역에서 이루어지는 놀이의 주제는 유아의 경험을 반영하기 때문에 교사가 놀이를 주도하지 않도록 유의한다.
- 유아반의 경우 역할놀이에 필요한 소품은 유아 스스로 만들어 사용할 수 있도록 한다.
- 역할놀이 영역의 자료와 소품은 영유아가 스스로 정리해 볼 수 있도록 하며 영아는 교사의 도움을 받아 정리할 수 있도록 충분한 시간을 주고 함께 정리한다.

표 11-5 연령별 역할놀이 시 영역 구성

연령	연령별 역할놀이
2세	역할놀이 영역은 놀잇감을 충분하게 제공하고, 공간을 넓게 확보하고 가정과 같은 분위기의 환경을 구성한다.
3세	역할놀이 영역은 실제적인 놀잇감을 준비해 주고 일상생활에서의 놀이를 할 수 있도록 한다.
4세	역할놀이 영역은 옷걸이나 낮은 선반을 배열하고 상징 또는 모방놀이가 일어날 수 있도록 한다.
5세	역할놀이 영역은 유아가 스스로 놀잇감을 만들어보고 놀이 영역을 구성해 볼 수 있도록 한다.

표 11-6 역할놀이 영역활동기록지(평정척도) 예시

<table>
<tr><td>아동명</td><td>○○○</td><td>반(연령)</td><td>○○반
(만 3세)</td><td>평가시기
시간</td><td>2021.○○.○○.
9:30-9:40</td></tr>
<tr><td>생활주제</td><td>우리 동네</td><td>주제</td><td>우리 동네
모습</td><td>활동명</td><td>아이스크림 가게
놀이</td></tr>
<tr><td>평가내용 및
관점</td><td colspan="5">• 사회관계 〉 사회에 관심 가지기 〉 내가 살고 있는 곳에 대해 궁금한 것을 알아본다.
• 사회관계 〉 더불어 생활하기 〉 친구와 서로 도우며 사이좋게 지낸다.
• 예술경험 〉 창의적으로 표현하기 〉 놀이로 경험이나 이야기를 표현한다.
• 자신이 맡은 역할의 특성을 알고 표현할 수 있는가?
• 아이스크림 가게에 다녀온 경험을 놀이를 통해 표현할 수 있는가?
• 다양한 역할놀이 소품을 창의적으로 활용할 수 있는가?</td></tr>
<tr><td>평가상황</td><td colspan="5">실내놀이</td></tr>
<tr><td>평가유형</td><td colspan="5">평정척도, 일화기록</td></tr>
</table>

<table>
<tr><td colspan="6">평정척도</td></tr>
<tr><td>평가내용</td><td>5</td><td>4</td><td>3</td><td>2</td><td>1</td></tr>
<tr><td>1. 자신의 역할과 관련된 말을 사용한다.</td><td></td><td>○</td><td></td><td></td><td></td></tr>
<tr><td>2. 준비된 소품을 활용하여 역할을 수행할 수 있다.</td><td></td><td></td><td>○</td><td></td><td></td></tr>
<tr><td>3. 자신의 역할을 창의적으로 표현할 수 있다.</td><td></td><td></td><td>○</td><td></td><td></td></tr>
</table>

<table>
<tr><td>개정누리과정
관련 요소</td><td>• 사회관계 〉 사회에 관심 가지기 〉 내가 살고 있는 곳에 대해 궁금한 것을 알아본다.
• 사회관계 〉 더불어 생활하기 〉 친구와 서로 도우며 사이좋게 지낸다.
• 예술경험 〉 창의적으로 표현하기 〉 놀이로 경험이나 이야기를 표현한다.</td></tr>
<tr><td>해석</td><td></td></tr>
<tr><td>교수계획</td><td></td></tr>
</table>

역할놀이 시 유아 행동 관찰 예시

• 탈을 이용하여 우리나라의 전통춤과 전래노래에 관심을 가지며 역할놀이 영역에서 다른 친구들 앞에서 선보이며 놀이하는 모습을 관찰하여 기록함.

<table>
<tr><td>활동내용</td><td colspan="5"></td></tr>
<tr><td>관찰 대상</td><td>○○○ (남)</td><td>생년월일</td><td>2015.○○.○○</td><td>관찰일시</td><td>2021.○○.○○</td></tr>
<tr><td>활동명</td><td colspan="3">탈춤을 추어요</td><td>연령</td><td>만 5세</td></tr>
<tr><td>교사의 기대</td><td colspan="5">• 우리나라의 탈춤에 관심을 가지며 자유롭게 신체로 표현한다.
• 친구와 역할을 정하여 협동하여 놀이하며, 사이좋게 지낸다.</td></tr>
<tr><td>개정누리과정 관련 요소</td><td colspan="5">• 사회관계 〉 사회에 관심 가지기 〉 우리나라에 대해 자부심을 가진다.
• 예술경험 〉 창의적으로 표현하기 〉 신체나 도구를 활용하여 움직임과 춤으로 자유롭게 표현한다.
• 사회관계 〉 더불어 생활하기 〉 친구와 서로 도우며 사이좋게 지낸다.</td></tr>
<tr><td>관찰내용 및 교사평가</td><td colspan="5">• 역할놀이 영역에 있는 탈을 들며 “얘들아, 나 좀 봐봐”라고 말하며 탈을 얼굴에 쓰고 팔을 좌우로 흔든다. 친구들이 모여들자 “이건 탈춤이야”라고 말한다. 친구들이 “탈춤이 뭐야?”라고 묻자 “탈춤은 탈을 쓰고 춤추는 거야!”라고 말하고 신체로 표현한다.
• 우리나라의 전통예술에 관심을 가지고 있으며 우리나라 문화에 대해 다양한 경험을 반복해서 시도하는 모습을 보였다. 친구들이 궁금해하는 것을 알려주기도 하고 노래에 맞춰 탈춤을 추며 자유롭게 표현해 볼 수 있었다.</td></tr>
</table>

TIP **역할놀이 영역에서의 바람직한 상호작용의 예**

	역할놀이 영역
영아	• 전화기가 없다는 영아에게 "전화기가 어디 숨어있을까? 선생님이랑 같이 찾아보자" • 역할놀이 영역 음식을 갖다 주는 영아에게 "○○이가 무슨 음식을 가지고 왔을까? ○○이가 주니까 더 맛있네요. ○○이도 먹어볼까요?" • 역할놀이 영역 음식상을 차린 영아에게 "맛있는 음식들이 정말 많구나. 어떤 것부터 먹어볼까?" • 아기를 업어달라는 영아에게 "○○이 아기도 업어줄 수 있어요? 아기 기분이 좋겠네" • 거울을 보고 있는 영아에게 "거울 속에 누가 있나?" • 까꿍 놀이판을 만지는 영아에게 "까꿍, 누가 있을까?" • 아기인형을 업고 걸어가는 영아에게 "○○이가 아기업고 어디 가는 걸까?" • 2명의 영아가 유모차를 끌어가자 "○○와 △△는 어디 가는 걸까?" • 음식을 만들어 먹어보라는 영아에게 "○○이가 만들어 준 음식은 어떤 맛일까? 궁금하다." • 소꿉놀이하는 영아에게 "물고기 반찬은 어디에 담을까?" • 소꿉놀이하는 영아에게 "○○는 어떤 음식 좋아해요?" • 소꿉놀이하는 영아가 시장바구니를 들고 가자 "○○아! 어디 가는 거에요? 어떤걸 사러 가는 거에요?" • 홈플러스 간다는 영아에게 "홈플러스에는 뭐가 있을까요?" • 도시락을 만들었다는 영아에게 "○○이가 만든 도시락은 정말 맛있겠구나. 맛있는 도시락 친구들이랑 같이 나눠 먹어볼까?" • 역할놀이 음식 놀잇감을 만지는 영아에게 "이걸로(음식모형) 어떤 음식을 만들고 싶어?" • 역할놀이 영역에서 친구에게 인형을 주는 영아를 보고 "○○이가 인형을 양보해 줬구나. ○○이가 양보해줘서 친구가 재미있게 놀 수 있겠네. 양보해 줘서 고마워." • 역할놀이 영역에서 인형을 업고 있는 영아에게 "아기가 코~ 자고 있네. ○○ 등이 편해서 잠이 들었나봐." • 포대기를 가져온 영아에게 "○○이가 포대기 가져왔구나! 선생님이 어떻게 도와 주면 좋을까?" • 전화기 벨을 누르며 "따르릉, 따르릉 전화가 왔네요." • 인형을 교사 뒤에 숨기고 "어? 아이가 어디 있지?" • 소꿉놀이 중 토마토를 가리키며 "이건 뭘까? 이건 토마토야." • "○○야, 친구에게 장난감 하나 빌려 줄 수 있을까? 빌려줘서 고마워."

역할놀이 영역	
유아	• 실내놀이시 역할놀이 영역에서 드라이기로 머리를 말려주는 놀이를 하는 유아들에게 교사는 "손님! 드라이기로 머리 말려 보셨어요? 어떤 바람으로 말려드릴까요?" • 전화기가 없다고 하자 "○○이에게 전화기를 빌려줄 친구들이 있니?" • "○○이가 전화기를 양보해 줬구나. 친구에게 양보해줘서 고마워." • 안경을 제시하며 "안경을 쓰면 어떨까? 안경은 왜 쓰는 걸까요?" • 청진기를 양보하는 유아에게 "○○이가 청진기를 양보해 줬구나. 양보해 줘서 고마워." • 역할놀이 영역의 장난감을 친구에게 주자 "고마워." • 미용실놀이를 하는 유아에게 "손님! 어떤 머리로 해드릴까요?" • 거울을 보며 "거울 속에 누가 있을까? ○○이 얼굴도 보이네." • 청진기를 가슴에 대는 유아에게 "가슴에서 어떤 소리가 들려?" • 역할놀이 영역에서 머리를 빗겨주는 유아에게 "○○이가 △△이 머리를 빗겨주고 있구나. 어떤 머리를 만들어 주는 거야?" • 소꿉놀이하는 ○○가 교사에게 음식을 주자 "이건 어떤 음식이야? 이걸로 뭘 할 수 있을까? 같이 맛있는 음식 만들어 볼까?" • 역할놀이 영역에서 손을 잡고 "우리 같이 어디에 갈까?" • 역할놀이 영역이 정리가 되지 않자 "역할놀이 장난감 친구들이 집을 찾지 못해 슬퍼하고 있네. 우리가 장난감 친구들에게 집을 찾아주자."

3) 언어놀이 영역

언어놀이 영역은 듣기와 말하기, 읽기와 쓰기에 관심 가지기, 책과 이야기 즐기기와 관련된 언어활동을 할 수 있도록 구성되어 있는 영역이다. 유아는 언어놀이 영역에서의 활동을 통해 일상생활에 필요한 언어를 주의 깊게 듣고 이해하며, 자신의 의견을 바르게 말하는 활동을 통해 의사소통을 위한 올바른 태도와 습관을 형성해 간다.

(1) 환경 구성

언어놀이 영역의 환경 구성은 교실 내 정적인 활동이며 조용한 곳에 위치하여 아늑하고 친밀한 느낌을 줄 수 있어야 한다. 가급적 출입구, 통로와 멀리 떨어진 곳에 위치하게 하고, 미술놀이 영역이나 과학놀이 영역 등 조용한 놀이 영역과 인접하여 배치하는 것이 좋다. 특히 언어놀이 영역은 밝고 햇빛이 잘 드는 창가에 위치하도록 하여 유아들이 활동 시 불편함이 없도록 해야 한다.

언어놀이 영역은 공간 활용 여부에 따라 구분해 줄 수 있고, 공간이 좁은 경우는 한 곳에 영역을 정하고 영역별 활동을 적절히 배치시켜서 활용하기도 한다.

언어놀이 영역 구성할 때 참고사항

- 정적인 놀이 영역이므로 활동적이며 소음이 많은 장소와 가장 먼 곳에 배치한다.
- 교실 상황에 따라 휴식 영역과 통합하여 운영이 가능하다(3차 통합지표 안내서 226페이지 참조).
- 생활주제에 맞게 도서를 주기적으로 바꾸어 준다.

표 11-7 언어놀이 영역의 기본 교재 · 교구

영아(예시)

유아(예시)

(2) 교사의 역할 및 운영 시 유의점

- 결과보다는 놀이과정을 중시하며 민주적이며 자발적인 언어 경험을 유도한다.
- 영유아가 자신의 감정이나 생각을 언어로 자유롭게 표현할 수 있도록 기회를 주고 격려한다.
- 듣기와 말하기, 읽기와 쓰기에 관심 가지기, 책과 이야기 즐기기가 균형적으로 발달되도록 지도한다.
- 계획적인 활동 이외에 하루 일과 속에서 다른 영역과 통합적인 언어놀이가 이루어질 수 있도록 지원한다.
- 개별적인 언어발달 수준을 잘 파악하고 개별적으로 지도한다.
- 교사는 모든 언어 행동의 모델이 된다.
- 교사는 매사에 유아의 이야기를 경청하고 구체적인 반응을 한다.
- 교사는 정확한 발음과 알 수 있는 어휘, 간결하나 완성된 문장으로 말한다.
- 유아에게 제시하는 문자는 정확한 형태로 제시하고 교사도 함께 활동을 즐긴다.

- 교사는 영유아에게 자연스럽고 부드러운 억양과 어조를 사용하여 언어예절의 모델이 되도록 한다.
- 잘못된 발음, 글자 등을 지도할 때는 직접적으로 말하는 것보다 간접적인 방법을 사용한다.

언어놀이 영역 운영 시 유의할 점

- 유아들의 자발적인 쓰기와 읽기활동이 생길 수 있도록 충분히 흥미를 유발한다.
- 활동시간 등을 활용하여 새로운 동화들을 자주 보여 줌으로써 유아들이 책에 흥미를 가질 수 있도록 돕는다.
- 유아들의 글쓰기를 무조건 교정하려고 하기 보다는 글 쓰는 재미를 느낄 수 있도록 하는 것에 중점을 두고, 글씨나 획순이 다소 틀리더라도 그대로 수용하고 격려해준다.
- 다양한 놀잇감(카세트 플레이어, 핸드폰, 막대인형, 수수께끼상자 등)을 제시하여 듣기와 말하기, 읽기와 쓰기에 관심 가지기, 책과 이야기 즐기기 등 여러 가지 영역활동이 이어질 수 있도록 한다.

표 11-8 연령별 언어놀이 시 영역 구성

연령	연령별 언어놀이
1세	언어놀이 영역은 휴식공간 옆에 배치하여 이용의 편의성을 준다.
2세	언어놀이 영역은 휴식 영역과 함께 사용할 수 있도록 쿠션과 매트를 준비한다.
3세	언어놀이 영역은 쉴 수 있는 공간과 듣기, 말하기, 읽기, 쓰기의 세부 영역활동이 이루어질 수 있도록 한다.
4세	언어놀이 영역(듣기와 말하기, 읽기와 쓰기에 관심 가지기, 책과 이야기 즐기기)은 연계활동이 일어날 수 있도록 한다.
5세	언어놀이 영역은 휴식 공간과 함께 듣기와 말하기, 읽기와 쓰기에 관심 가지기, 책과 이야기 즐기기의 네 가지 활동을 할 수 있도록 한다.

표 11-9 언어놀이 영역활동기록지(체크리스트, 일화기록법) 예시

아동명	○○○	반(연령)	○○반 (만 4세)	평가시기 시간	2021.○○.○○. 10:30~10:40
생활주제	우리나라	주제	전통놀이와 생활	활동명	쓰기
평가내용 및 관점	• 읽기와 쓰기에 관심 가지기 • 자신의 경험을 다양한 단어를 사용하여 쓸 수 있다. • 자신의 생각을 적절하게 글로 표현할 수 있다.				
평가상황	실내놀이				
평가유형	체크리스스크, 일화기록				

체크리스트			
평가내용	예	아니오	비고
1. 상황에 적절한 언어를 사용하는가?	○		
2. 문맥에 맞게 이야기하는가?	○		
3. 경험, 생각, 느낌을 글로 표현할 수 있는가?		○	

개정누리과정 관련 요소	• 의사소통 〉 듣기와 말하기 〉 자신의 경험, 느낌, 생각을 말한다. 읽기와 쓰기에 관심 가지기 〉 자신의 생각을 글자와 비슷한 형태로 표현한다. • 사회관계 〉 더불어 생활하기 〉 친구와 서로 도우며 사이좋게 지낸다.
일화기록	
해석	
평가 및 교수계획	

언어놀이 시 유아 행동 관찰 예시

- 세계 여러 나라의 인사말 카드를 보며 다양한 나라의 이름과 국기의 모양, 인사말 등을 살펴보며, 친구와 함께 세계의 인사말을 따라 하며 놀이에 참여하는 모습을 관찰하여 기록함.

<table>
<tr><th>활동내용</th><td colspan="5">
</td></tr>
<tr><th>관찰 대상</th><td>○○○ (여)</td><th>생년월일</th><td>2015.○○.○○</td><th>관찰일시</th><td>2021.○○.○○</td></tr>
<tr><th>활동명</th><td colspan="3">다른 나라의 인사말을 배워요</td><th>연령</th><td>만 5세</td></tr>
<tr><th>교사의 기대</th><td colspan="5">• 세계에 다양한 인종이 있음을 안다.
• 다른 나라의 인사말을 읽어보며 서로 다른 언어와 인사방법에 관심을 가져본다.</td></tr>
<tr><th>개정누리과정 관련 요소</th><td colspan="5">• 사회관계 〉 사회에 관심 가지기 〉 다양한 문화에 관심을 가진다.
• 의사소통 〉 읽기와 쓰기에 관심 가지기 〉 주변의 상징, 글자 등의 읽기에 관심을 가진다.</td></tr>
<tr><th>관찰내용 및 교사평가</th><td colspan="5">• ○○에게 세계 여러 나라의 인사말 카드를 보며 “이건 어느 나라일까? 중국이구나. 그럼 중국은 어떻게 인사를 하지?” 라고 말하자 같은 반에 있던 중국친구가 “니하오~”라고 말한다. ○○는 친구의 이야기를 듣고 “니하오”하고 인사한다.
• 평소 다문화 가정인 유아와 잘 어울리며 중국말, 중국에서 있었던 일 등 궁금한 점을 자주 질문하는 모습을 볼 수 있었다. 다른 나라의 인사말을 친구들에게 직접 해보며 우리나라와 다른 언어에 관심을 표현하였다.</td></tr>
</table>

TIP 언어놀이 영역에서의 바람직한 상호작용의 예

언어 영역	
영아	• 영아가 친구에게 책을 보여 주자 "○○이가 친구에게 책을 보여주고 있구나. 어떤 책일지 궁금하네." • 언어놀이 영역에서 미니칠판을 갖고 있는 영아에게 교사는 "여기 칠판에다 어떤걸 써보고 싶어? 선생님이랑 같이 써볼까?" • 언어놀이 영역에서 동화책의 그림을 손으로 가리키며 "무엇이 무엇이 똑같을까요?" • 책을 넘기며 "다음에는 무엇이 나올까?" • 동화책에 나오는 동물을 보여 주며 "이건 어떤 동물이지?" • 영아가 돼지 인형을 가지고 오자 "꿀꿀꿀꿀, 돼지가 왔구나." • 그림동화를 들고 있는 영아에게 "이게 뭘까요?" • 소리 나는 동화책을 보여 주며 "이게 무슨 소리일까?" • 책을 본 ○○에게 "책에 누가 나왔어? 동물 친구들을 만나니 어땠어?"
유아	• 책을 보며 "이 책은 어떤 내용일까? 책 표지에 엄마가 그려져 있네. 엄마는 어떤 생각을 하고 있을까?" • 지우개를 만지는 유아에게 "○○이가 지우개를 만지고 있구나. 지우개는 어떨 때 사용하는 거지? / 그렇구나. 지우는데 사용하는 거구나" • 카세트를 듣고 있는 유아에게 "카세트에서 어떤 소리가 들려요?" • 교통수단에 관심을 보이는 유아에게 "이 교통수단은 어디에서 다니는 걸까? 이 교통수단을 타 본 적이 있니?" • 교통수단에 관심을 보이는 유아에게 "○○이가 좋아하는 교통수단은 어떤거야? 타 본 적이 있었니? 타보니 어땠어?" • 그림책을 보며 "동물들이 어디 가는 걸까요?" "이마트"라고 대답하자 "이마트에 무엇을 사러 가는 걸까? 우리도 동물 친구들이랑 같이 가볼까?"

4) 수 · 조작놀이 영역

수 · 조작놀이 영역은 유아들의 논리적인 사고나 문제해결력, 소근육발달과 관련된 활동들이 이루어지는 놀이 영역이다. 물체를 세어 수량을 알아보고 일상에서 길이, 무게 등의 속성을 비교해 볼 수 있다.

(1) 환경 구성

수·조작놀이 영역은 개별적인 탐색과 조작하는 경험을 촉진하는 놀이 영역이므로, 유아들이 집중해서 놀이를 할 수 있도록 지원하고 언어놀이 영역이나 과학놀이 영역과 인접한 밝고 조용한 위치에 구성한다. 교구장에 다양한 교구들을 진열해 놓음으로써 유아들이 언제나 손쉽게 이용할 수 있도록 하고, 교실놀이 영역 바닥에 카펫을 깔아 앉아서도 활동할 수 있도록 하고 책상과 의자도 배치할 수 있다.

수·조작놀이 영역 구성할 때 참고사항

- 다양한 종류의 교구를 준비하여 유아들의 흥미를 유발한다.
- 교구들끼리 구분하기 쉽게 이름을 바구니와 정리 장소에 붙이고, 사진이나 형상으로 정리 단서를 충분히 제공해준다. (연령에 따라)
- 대체로 정적인 놀이 영역이므로 쌓기, 역할놀이 영역과는 구분되도록 배치하며, 만 4세반 이상의 경우에는 좌식으로 책상과 의자를 배치하면 좋다.
- 교실의 상황에 따라 과학놀이 영역과 통합하여 배치할 수 있다.

표 11-10 수·조작놀이 영역의 기본 교재·교구

영아(예시)

유아(예시)

(2) 교사의 역할 및 운영 시 유의점

교사는 유아의 수·조작놀이를 지도함에 있어 유아가 직접 조작 및 변형해 보는 경험을 할 수 있도록 하며, 유아의 사고를 자극하고 긍정적이고 격려하는 질문을 하며, 일상생활 속에서도 수학활동을 연결 지을 수 있도록 수학적 상황에 민감해야 한다.

- 학습하고자 하는 수학적 개념에 맞추어 적절하고 창의적인 자료를 제공해야 한다.
- 유아의 발달 특성 및 사전 경험을 고려하여 구체적인 자료와 추상적이고 호기심을 유발하는 자료를 제공해야 한다.
- 상업적 교구(블록, 퍼즐 등)와 일상에서 준비해 주는 교구(재활용품 등), 교사 제작 교구 등의 교재·교구를 발달에 적절하게 선정하여 제공해야 한다.

수·조작놀이 영역 운영 시 유의할 점

- 수활동과 조작활동이 적절히 이루어질 수 있도록 돕는다.
- 감각기능 소근육발달을 위해 직접 조작해볼 수 있는 경험을 하도록 한다.

표 11-11 연령별 수·조작놀이 시 영역 구성

연령	연령별 수·조작놀이 시
3세	수·조작놀이 영역은 수 활동과 조작활동이 적절히 이루어질 수 있도록 한다.
4세	수·조작놀이 영역은 감각기능 및 소근육 발달을 위해 직접 조작해볼 수 있는 경험을 하도록 구성한다.
5세	수·조작놀이 영역은 분류할 수 있는 물건과 수활동을 위한 조작 교구, 작은 블록 등 개별 탐색을 즐길 수 있는 교구와 유아 상호간의 호기심을 유발하는 교구를 비치해 준다.

표 11–12 수 · 조작놀이 영역활동기록지(체크리스트, 일화기록) 예시

<table>
<tr><td>아동명</td><td>○○○</td><td>반(연령)</td><td>○○반
(만 3세)</td><td>평가시기
시간</td><td>2021.○○.○○.
10:50~11:00</td></tr>
<tr><td>생활주제</td><td>가을</td><td>주제</td><td>알록달록
가을</td><td>활동명</td><td>그림 맞추기</td></tr>
<tr><td>평가내용 및
관점</td><td colspan="5">• 자연탐구 〉 생활 속에서 탐구하기 〉 주변에서 반복되는 규칙을 찾는다.
• 같은 것끼리 작을 지을 수 있는가?
• 규칙을 이해하고 활동하는가?</td></tr>
<tr><td>평가상황</td><td colspan="5">실내놀이</td></tr>
<tr><td>평가유형</td><td colspan="5">체크리스트, 일화기록</td></tr>
<tr><td colspan="6">체크리스트</td></tr>
<tr><td colspan="3">평가내용</td><td>예</td><td>아니오</td><td>비고</td></tr>
<tr><td colspan="3">1.그림의 상황에 맞는 그림카드를 찾을 수 있는가?</td><td>○</td><td></td><td></td></tr>
<tr><td colspan="3">2.놀이방법을 설명할 수 있는가?</td><td></td><td></td><td>△</td></tr>
<tr><td>개정누리과정
관련 요소</td><td colspan="5">• 사회관계 〉 더불어 생활하기 〉 친구와 서로 도우며 사이좋게 지낸다.
• 자연탐구 〉 생활 속에서 탐구하기 〉 주변에서 반복되는 규칙을 찾는다.
• 의사소통 〉 듣기와 말하기 〉 상황에 적절한 단어를 사용하여 말한다.</td></tr>
<tr><td>일화기록</td><td colspan="5"></td></tr>
<tr><td>해석</td><td colspan="5"></td></tr>
<tr><td>평가 및
교수계획</td><td colspan="5"></td></tr>
</table>

수 · 조작놀이 시 유아 행동 관찰 예시

• 쌀로 만든 음식의 종류에 대해 알고 있으며, 그래프 활동을 통해 자신의 생각을 표현해보고 그래프를 해석하는 모습을 관찰하여 기록함.

<table>
<tr><td>활동내용</td><td colspan="5"></td></tr>
<tr><td>관찰 대상</td><td>○○○ (여)</td><td>생년월일</td><td>2015.○○.○○</td><td>관찰일시</td><td>2021.○○.○○</td></tr>
<tr><td>활동명</td><td colspan="3">내가 좋아하는 쌀로 만든 음식</td><td>연령</td><td>만 5세</td></tr>
<tr><td>교사의 기대</td><td colspan="5">• 자신의 생각을 그래프로 나타내보고 그래프 결과에 대해 탐구한다.
• 탐구과정을 통해 자신의 생각을 문장으로 표현해본다.</td></tr>
<tr><td>개정누리과정 관련 요소</td><td colspan="5">• 자연탐구 〉 생활 속에서 탐구하기 〉 일상에서 모은 자료를 기준에 따라 분류한다.
• 자연탐구 〉 생활 속에서 탐구하기 〉 물체를 세어 수량을 알아본다.
• 의사소통 〉 듣기와 말하기 〉 자신의 경험, 느낌, 생각을 말한다.</td></tr>
<tr><td>관찰내용 및 교사평가</td><td colspan="5">• 그래프에 쌀로 만든 음식의 종류를 보고 읽어보며 "난 떡이 제일 맛있어"라고 말하며 자신의 이름을 붙인다. ○○에게 "넌 뻥튀기 제일 좋아해? 뻥튀기가 제일 많네. 하나, 둘, 셋, 넷, 다섯, 여섯, 일곱 명이네. 떡은 아직 나 혼자야"라고 이야기하며 다른 친구의 이름표를 찾아 그래프를 보며 수를 센다.
• 그림과 글자가 함께 있는 것을 보며 글자를 읽을 수 있었다. 자신의 생각을 그래프로 나타내보고 이를 통해 알 수 있는 수의 관계에 관심을 갖고 탐구하는 모습이 보인다. 학기초에 비해 더 많은 수를 세어 볼 수 있으며 문장으로 이야기하며 세어 볼 수 있었다.</td></tr>
</table>

TIP 수 · 조작놀이 영역에서의 바람직한 상호작용의 예

수 · 조작 영역	
영아	• 퍼즐놀이를 하는 영아에게 "○○가 열심히 퍼즐을 끼우고 있구나, 어떤 모양이 나올지 궁금하네." • 동물퍼즐 놀이를 하는 영아에게 "이건 어떤 동물이지? 음메 음메~ 소가 있구나. 다른 동물들은 어떤 동물들이 있을까? 몇 마리 동물들이 있는지 세어보자. 하나, 둘, 셋, 넷...." • 수 조작 퍼즐 그림을 맞추는 영아에게 "시소가 나왔네. 시소는 어디에 있지? ○○이도 시소를 타 본 적이 있니?"
유아	• 낚시놀이할 친구가 없다는 유아가 있자 "우리 ○○이랑 같이 낚시놀이를 할 친구들이 있니? 선생님은 ○○이랑 배를 타고 낚시를 하러 갈건데 배를 같이 만들어 줄 친구들이 있을까?" • 동물모형을 만지는 유아에게 "여기에는 동물들이 많네. 어떤 동물들이 있을까? 그럼 동물들 몇 마리가 있는지 같이 세어보자."

5) 과학놀이 영역

과학놀이 영역은 유아들의 주변 환경이나 사물들과 여러 생명체에 대해 지속적으로 탐색하고, 실험하는 과정을 통해 반복적인 분석과 논리적인 사고를 통해 과학적인 개념을 습득하고 과학적인 태도를 형성하는 것을 돕는다. 또한 탐구과정 즐기기, 생활 속에서 탐구하기, 자연과 더불어 살기 등 일상생활에서 경험해 볼 수 있는 것을 자연스럽게 접목시킬 수 있다.

(1) 환경 구성

유아는 과학놀이 영역을 통해서 주변 사물과 자연세계에 지속적으로 호기심을 가지고, 오감각을 활용하여 탐구하며 일상생활에서 경험하는 여러 가지 현상과 사물들의 특성을 이해하고 문제를 해결해 가는 과정을 경험하는 것이다.

과학놀이 영역에서 여러 가지 동물, 식물, 곤충들을 기르고 여러 가지 과학 개념 형성을 위한 활동이 이루어지므로, 교실에서 햇볕이 잘 들고 안정되고 조용한 장소에 물 공급을 쉽게 받을 수 있도록 물 가까이에 배치하는 것이 좋다. 그리고 과학활동을 위한 기본 도구들과 생명체 관련 자료 및 표본, 기계류, 자연현상 관련 자료 등을 준비해 주고, 조사한 내용을 전시할 게시판, 수집한 내용을 전시할 관찰대, 선반 등을 마련해 준다.

과학놀이 영역을 구성할 때 참고사항

- 조용한 곳에 책상과 함께 배치한다.
- 자발적으로 탐색할 수 있는 자료를 제공한다.
- 계절, 주제, 영유아의 흥미를 고려한 실물자료를 조작 가능 자료와 함께 제공한다.

표 11-13 과학놀이 영역의 기본 교재 · 교구

영아(예시)

유아(예시)

(2) 교사의 역할 및 운영 시 유의점

교사의 호기심과 열정은 유아들의 적극적인 참여를 유도하고 능동적인 탐구활동을 격려하며, 유아들에게 적절한 학습의 조건을 마련해 준다. 관찰과 실험을 통해 함께 탐구하고, 관련 책들을 찾아보면서 궁금한 것에 대한 해답을 찾아보는 자세와 태도는 유아들에게 좋은 본보기가 될 수 있다.

교사는 유아들에게 어떤 것을 알려줘야 한다는 생각에서 벗어나 유아가 스스로 해결하도록 격려해 주고, 자신의 과학 경험을 확장시킬 수 있는 기회를 제공해 주는 것이 바람직하다. 그리고 공통된 경험을 한 후 토의를 진행하여 자신의 생각이나 느낌을 공유하는 기회를 제공해 주어서 유아들이 과학에 보이는 흥미와 관심을 지속시켜 갈 수 있도록 격려해 준다.

- 생활주제에 국한된 과학활동이나 자료보다는 계절을 고려하고, 무엇보다 유아의 흥미에 기초한 다양한 자연물, 실물, 과학 도구 등을 적절하게 제시해 준다.
- 유아들이 자유롭게 탐색하고 관찰할 수 있는 자료들을 준비해 주고, 친구들과 함께 찾아볼 수 있는 과학사전, 관련 지식 책, 사진 등을 비치해 준다.
- 유아들이 과학활동의 결과보다는 과정에 즐겁게 참여할 수 있는 기회를 제공해 준다.

과학놀이 영역 운영 시 유의할 점

- 영유아의 발달 수준과 흥미를 고려하여 활동 계획을 구체적이고 일상생활과 밀접한 사건과 사물을 기초로 접근한다.
- 일상생활 속에서 탐구력과 사고력을 기를 수 있는 활동을 자연스럽게 제공하고 격려해준다.

표 11-14 연령별 과학놀이 시 영역 구성

연령	연령별 과학놀이
1세	과학놀이 영역은 조작 영역과 통합 배치한다.
2세	과학놀이 영역은 직접 만져보고 눈으로 관찰하며 오감을 느낄 수 있도록 한다.
3세	과학놀이 영역은 식물 기르기와 관찰이 조화롭게 이루어질 수 있도록 한다.
4세	과학놀이 영역은 식물 기르기와 모형 관찰이 조화롭게 이루어질 수 있도록 한다.
5세	과학놀이 영역에는 계절, 주제, 유아의 흥미에 기초한 다양한 자연물과 실물을 제시해 준다.

표 11-15 과학놀이 영역활동기록지(체크리스트)예시

아동명	○○○	반(연령)	○○반 (만 5세)	평가시기 시간	2021.○○.○○. 10:30-10:40
생활주제	세계 여러 나라	주제	세계 여러 나라의 문화유산	활동명	세상을 편리하게 만든 발명품 시계
평가내용 및 관점	• 자연탐구 〉 생활 속에서 탐구하기 〉 도구와 기계에 대해 관심을 가진다.				
평가상황	실내놀이				
평가유형	체크리스트, 일화기록				

체크리스트			
평가내용	예	아니오	비고
1. 다양한 시계모형과 사진을 보며 호기심을 보이는가?	○		
2. 궁금한 것들을 질문하는가?	○		
3. 차이점을 상상하며 자신의 생각을 이야기하는가?	○		

개정누리과정 관련 요소	• 자연탐구 〉 생활 속에서 탐구하기 〉 도구와 기계에 대해 관심을 가진다. • 사회관계 〉 더불어 생활하기 〉 친구와 서로 도우며 사이좋게 지낸다. • 의사소통 〉 듣기와 말하기 〉 상황에 적절한 단어를 사용하여 말한다.
해석	• 영역의 다양한 시계에 대해서 알고 있는 것과 모르는 것을 구분하여 호기심을 표현한다. • 교사에게 질문하기에 앞서 반복적으로 보고 탐구하는 과정을 즐거워한다. • 관심을 보이는 다른 유아와 대화하며 자신이 생각하는 내용을 이야기한다.
교수계획	
평가 및 교수계획	

과학놀이 시 유아 행동 관찰 예시

• 다양한 자연적 요소를 탐색하고 관찰하며 돌멩이의 다양한 크기를 비교해보고 나열해보는 등 탐구활동이 이루어지는 모습을 관찰하여 기록함.

활동내용					
관찰 대상	○○○ (여)	생년월일	2015.○○.○○	관찰일시	2021.○○.○○
활동명	돌멩이를 관찰해요			연령	만 5세
교사의 기대	• 돌멩이의 크기, 느낌, 생김새 등을 관찰해본다. • 도구의 사용법을 알고 생활 속에서 사용한다.				
개정누리과정 관련 요소	• 자연탐구 〉 생활 속에서 탐구하기 〉 도구와 기계에 대해 관심을 가진다. • 자연탐구 〉 자연과 더불어 살기 〉 생명과 자연환경을 소중히 여긴다.				
관찰내용 및 교사평가	• 바깥놀이 시 주워 온 돌멩이를 놓고 돋보기로 관찰한다. "돌멩이 색깔이 달라. 돌멩이 보니까 반짝반짝 거리는거 있어"라고 말하며 돌멩이의 색, 만져 본 느낌, 돋보기로 관찰하니 보이는 모양 등에 대하여 친구와 이야기 나누며 탐색한다. 관찰한 돌멩이를 친구와 함께 크기별로 분류하며 "다음에는 더 큰 돌멩이를 찾아보자"라고 말하며 돌멩이를 크기별로 분류한다. • 다양한 자연물에 관심이 많으며 한 가지를 여러 가지로 분류시킬 수 있고 다양한 방법으로 나뉠 수 있다. 돌멩이뿐만 아니라 여러 가지 동식물을 분류해 보고 탐구하는 것을 즐겨하는 모습을 보였다.				

TIP 과학놀이 영역에서의 바람직한 상호작용의 예

과학 영역	
영아	• 탐색놀이 영역에서 '스티로폼 공 옮기기' 놀잇감에 관심을 보이는 영아에게 "어떻게 옮기면 좋을까? (교사가 여러 가지 방법으로 시도한다) 이렇게 해볼까?" • 탐색놀이 영역에서 '스티로폼 공 옮기기' 놀이를 하는 영아들을 보고 "○○이가 공을 옮기고 있구나. 공이 떨어지지 않고 잘 넘어갔네." • 개구리 동물소리를 들려주며 "개구리가 있네. 개구리는 어떤 소리가 나지? 개구리는 어떻게 뛸까? 우리 같이 개구리처럼 뛰어볼까?" • 동물소리를 들려주며 "(소리나온 동물) 이 동물은 어떤 동물일까? (동물카드) 여기에서 찾아볼까?" • 풍선을 만지는 영아에게 "이 풍선은 어떻게 이렇게 커졌을까? ○○이는 어떤 색 풍선을 가지고 있나요?" • 물 조리개를 가지고 있는 ○○에게 "○○이는 어디에 물을 주고 있는거야? ○○이가 물을 줘서 풀들이 쑥쑥 자랄 수 있겠네." • 탐색놀이 영역에 관심을 보이자 "바구니 안에 뭐가 있을까?" • 탐색놀이 영역에서 '나무에 사과 붙이기' 놀이를 하는 영아에게 "나무에 사과가 주렁주렁 열렸네!" • 탐색놀이 영역에서 영아가 친구의 풀을 찾아주자 "**가 ○○ 풀 찾아줬네. 고마워." • 동물무늬를 제시하며 "어떤 동물무늬일까?"
	잘못된 상호작용 탐색 영역에서 영아들이 때리며 싸우자 "왜 그래? 어서 미안해라고 해"라고만 함.
유아	• 고무줄을 제시하며 "이게 뭘까? 그럼 고무줄로 어떤 놀이를 할 수 있을까?" • 코끼리를 만지는 유아에게 "코끼리 다리는 어떻게 생겼을까요? 코끼리 다리는 몇 개일까요?" • 색안경을 쓰자 "○○이가 색안경을 썼구나. 색안경을 쓰니 어때? 어떤 색깔로 보여?" • 어항의 거북이를 가리키며 "거북이는 어떻게 움직일까? 거북이는 밥을 어떻게 먹을까?" • 말린 나뭇잎을 제시하며 "이건 어떤 냄새가 날까?" • 스타킹을 제시하며 "스타킹을 신어본 적이 있니? 스타킹을 만지니 느낌이 어때?"

6) 미술놀이 영역

미술놀이 영역은 영유아에게 자연과 사물의 아름다움을 다양한 예술 경험과 미술활동을 통해 자발적이고 창의적으로 표현해 보고 자연스럽게 자신의 감정을 표현할 수 있는 기회를 제공해 주는 영역이다.

(1) 환경 구성

Frost(1976)에 의하면 교실의 놀이 영역은 건조한 곳, 물이 있는 곳, 조용한 곳, 활동적인 곳을 기준으로 4개의 구분을 하게 된다. 이를 적용하면 미술놀이 영역은 물이 있는 곳이면서 조용한 곳으로 분류할 수 있다. 따라서 물을 사용하기 용이하면서 정적인 활동을 할 수 있는 장소, 즉 화장실 혹은 세면대와 가까우면서도 쌓기놀이나 역할놀이, 음률놀이와 같은 활동적인 영역과는 충분히 떨어진 공간에 배치하는 것이 좋다.

놀이 영역에는 충분한 넓이의 책상을 배치하고, 다양한 미술재료들이 교구장에 준비되어 있어 유아들이 자유롭게 사용할 수 있도록 해야 한다. 벽면 한 편에는 생활주제에 맞는 명화나 다양한 주제의 사진을 게시하여 유아들의 작품활동에 영감을 얻거나 작품을 감상할 수 있도록 지원하고, 유아들의 작품을 전시할 수 있는 공간을 마련하여 유아들이 자신의 작품을 전시하고 또래 유아들과 함께 감상할 수 있도록 한다.

미술놀이 영역을 구성할 때 참고사항

- 활동적인 놀이 영역과 충분히 분리되어야 한다(교구장으로 분리, 충분한 거리를 둔 배치).
- 미술재료들은 서로 구분되어 보관하고, 바구니와 교구장에 이름표를 붙여서 유아들이 스스로 정리할 수 있도록 배려한다.
- 미술놀이 영역 이용에 필요한 규칙을 유아들과 함께 만들어 게시한다.
- 폐기물이 많이 발생하므로 휴지통은 미술놀이 영역과 가까운 곳에 배치한다.

표 11-16 미술놀이 영역의 기본 교재 · 교구

영아(예시)

유아(예시)

(2) 교사의 역할 및 유의점

영유아의 안전하고 즐거운 미술활동을 위해서 교사는 다양한 미술재료(종이, 색종이, 재활용품 등)와 도구(가위, 풀, 색연필 등)를 충분히 준비해 주어야 한다. 놀이 시간은 충분히(40~50분) 제공하여 영유아가 작품활동에 충분히 집중할 수 있도록 한다. 교사는 유아들의 작품을 비판하지 말고 있는 그대로 수용해주어 영유아들이 작품활동의 즐거움을 느끼고 지속할 수 있도록 격려한다. 한편 다양한 미술도구들이 있으므로 사용 중 사고가 발생하지 않도록 안전한 사용방법을 이야기하고, 영유아들이 흥미를 느낄

만한 재료들이 많이 있으므로 지나치게 재료를 낭비하지 않도록 사전에 유아들과 규칙을 함께 만들어본다.

미술놀이 영역 운영 시 유의할 점

- 미술도구는 장난감이 아니며 휘두르거나 던지는 놀이가 아닌 미술활동에 사용해야 한다는 것을 안다.
- 미술활동 중 도움이 필요하면 언제든지 도움을 요구할 수 있다 .
- 다양한 재료를 충분히 제시해 준다.
- 미술활동 중 생긴 폐기물은 유아들 스스로 깨끗하게 분리 배출하여 버려야 한다.

표 11-17 연령별 미술놀이 시 영역 구성

연령	연령별 미술놀이
1세	미술놀이 영역은 벽면에 끼적이기 전지를 붙여두고 무독성 크레파스를 영아 수만큼 끈으로 달아준다.
2세	미술놀이 영역은 공간을 적절히 분할하고 영아들의 작품을 전시한다.
3세	미술놀이 영역은 정리장을 활용하여 정리가 용이하도록 한다.
4세	미술놀이 영역은 정리장을 활용하고 재료를 구분하여 교구장에 준비한다.
5세	미술놀이 영역은 재료를 각각의 정리장에 두어서 재료들을 탐색하고 쉽게 활용할 수 있도록 한다.

표 11-18 미술놀이 영역활동기록지(체크리스트, 일화기록) 예시

<table>
<tr><th>아동명</th><td>○○○</td><th>반(연령)</th><td>○○반
(만5세)</td><th>평가시기
시간</th><td>2021.○○.○○.
11:30~11:40</td></tr>
<tr><th>생활주제</th><td>'시계'프로젝트</td><th>주제</th><td>시계의 종류</td><th>활동명</th><td>여러 가지
시계 만들기</td></tr>
<tr><th>평가내용 및
관점</th><td colspan="5">• 예술경험 〉 창의적으로 표현하기 〉 다양한 미술재료와 도구로 자신의 생각과 느낌을 표현한다.
• 다양한 재료를 선택하여 표현한다.
• 재료의 특성을 살려 표현한다.
• 자신의 생각을 창의적으로 표현한다.</td></tr>
<tr><th>평가상황</th><td colspan="5">실내놀이</td></tr>
<tr><th>평가유형</th><td colspan="5">체크리스트, 일화기록</td></tr>
<tr><th colspan="6">체크리스트</th></tr>
<tr><th colspan="3">평가내용</th><th>예</th><th>아니오</th><th>비고</th></tr>
<tr><td colspan="3">1. 다양한 재료를 선택하는가?</td><td>○</td><td></td><td></td></tr>
<tr><td colspan="3">2. 재료의 특성을 알고 사용하는가?</td><td>○</td><td></td><td></td></tr>
<tr><td colspan="3">3. 자신의 생각을 꾸미기 작품으로 정확히 표현하는가?</td><td>○</td><td></td><td></td></tr>
<tr><td colspan="3">4. 자신의 작품을 친구들에게 소개할 수 있는가?</td><td></td><td>○</td><td></td></tr>
<tr><th>교육과정 영역</th><td colspan="5">• 예술경험 〉 창의적으로 표현하기 〉 다양한 미술재료와 도구로 자신의 생각과 느낌을 표현한다.
• 자연탐구 〉 생활 속에서 탐구하기 〉 도구와 기계에 대해 관심을 가진다.</td></tr>
<tr><th>일화기록</th><td colspan="5"></td></tr>
<tr><th>해석</th><td colspan="5"></td></tr>
<tr><th>평가 및
교수계획</th><td colspan="5"></td></tr>
</table>

미술놀이 시 영아 행동 관찰 기록지 예시

• 밀가루 반죽을 이용하여 얇고 넓게, 짧고 길게 등 다양한 모양을 구성하고 촉감을 느끼며 자신의 생각을 자유롭게 표현하는 모습을 관찰하여 기록함.

<table>
<tr><td>활동내용</td><td colspan="5"></td></tr>
<tr><td>관찰 대상</td><td>○○○ (여)</td><td>생년월일</td><td>2018.○○.○○</td><td>관찰일시</td><td>2021.○○.○○</td></tr>
<tr><td>활동명</td><td colspan="3">밀가루 반죽으로 놀이해요</td><td>연령</td><td>만 2세</td></tr>
<tr><td>교사의 기대</td><td colspan="5">• 간단한 도구를 사용해서 미술활동을 즐긴다.</td></tr>
<tr><td>표준보육
과정관련
요소</td><td colspan="5">• 예술경험 〉 창의적으로 표현하기 〉 미술재료와 도구로 표현해본다.
• 자연탐구 〉 생활 속에서 탐구하기 〉 생활도구에 관심을 가진다.</td></tr>
<tr><td>관찰내용 및
교사평가</td><td colspan="5"></td></tr>
</table>

미술놀이 시 유아 행동 관찰 예시

• 우리나라의 국기에 관심을 가지며 인터넷 검색 등을 통하여 궁금한 점을 찾아낼 수 있음을 알고, 정보를 활용하여 미술재료를 이용해 표현해내는 것을 즐겨하는 모습을 관찰하여 기록함.

<table>
<tr><th>활동내용</th><td colspan="5">
</td></tr>
<tr><th>관찰 대상</th><td>○○○ (남)</td><th>생년월일</th><td>2015.○○.○○</td><th>관찰일시</th><td>2021.○○.○○</td></tr>
<tr><th>활동명</th><td colspan="3">태극기를 만들어요</td><th>연령</th><td>만 5세</td></tr>
<tr><th>교사의 기대</th><td colspan="5">• 우리나라의 국기인 태극기에 대해 알고 태극기의 모양에 관심을 가진다.
• 미술활동을 통해 자신의 생각을 창의적으로 표현해본다.</td></tr>
<tr><th>개정누리과정 관련 요소</th><td colspan="5">• 사회관계 〉 사회에 관심 가지기 〉 우리나라에 대해 자부심을 가진다.
• 예술경험 〉 창의적으로 표현하기 〉 다양한 미술 재료와 도구로 자신의 생각과 느낌을 표현한다.</td></tr>
<tr><th>관찰내용 및 교사평가</th><td colspan="5">• 태극기의 모양을 궁금해 하여 태극기 문양을 인터넷으로 찾아 보여주니 종이를 두 장 가지고 온다. 종이 하나를 돌돌 말아 테이프로 붙이고 다른 종이 한 장에는 태극기를 그리며 빨간색과 파란색의 위치를 보더니 색칠한다. 완성된 태극기 그림을 돌돌 말아 만든 막대에 붙이며 완성시킨다.
• 우리나라의 국기인 태극기의 모양에 관심을 표현하였고, 종이를 이용하여 자신의 생각을 토대로 깃발을 만들며 미술활동에 참여하였다. 태극기를 만들며 다양한 재료와 도구를 사용하여 확장놀이가 이루어 졌으며 내가 만든 태극기를 전시하여 친구들과 함께 공유하는 보습을 보였다.</td></tr>
</table>

TIP 미술놀이 영역에서의 바람직한 상호작용의 예

	미술놀이 영역
영아	• 그림을 그리는 영아에게 "○○이를 그리고 있구나" 그렇구나. ○○랑 똑같이 생겼네." • 색종이를 나눠주는 영아에게 "○○이가 **에게 색종이를 나눠 줬구나. 고마워." • 미술놀이 영역에서 종이 오리기를 하는 영아에게 "○○이가 종이를 동그라미 모양으로 오리고 있구나!" • 색종이가 없다는 영아에게 "색종이 가지고 놀고 싶구나. 선생님이랑 한 번 같이 찾아볼까요?" • 밀가루 반죽을 나눠주는 영아에게 "○○이가 친구 나눠 주는구나! 고마워." • 밀가루 반죽을 밀대로 미는 영아에게 "밀가루 반죽을 밀대로 밀었더니 반죽이 납작해 졌구나?" • 밀가루 반죽을 만지는 영아에게 "○○이가 노란색 반죽을 만지고 있구나. 어떤 느낌이 나나요? 말랑말랑하구나." • 색연필을 친구에게 꺼내주자 "○○이가 초록색 색연필을 친구에게 주고 싶구나?" • 찍기 도장을 친구에게 빌려준 영아에게 "도장을 친구에게 양보해 주었구나. 고마워." • 도장 찍기를 하는 영아에게 "○○이가 빨간 도장을 찍었더니 빨간 하트 모양이 나왔네." • 미술놀이 영역에서 가위질 하는 영아에게 "○○이가 가위로 네모 모양을 잘랐구나." • 영아가 과일 그림을 종이에 붙여오자 "○○이가 과일 그림을 오렸구나. 이건 무슨 과일이에요? • 영아가 친구에게 스티커를 주자 "○○에게 스티커 주었어? 친구가 좋아하겠구나." • 싸인펜으로 그림을 그리는 영아에게 "○○이가 종이에 사인펜으로 그림을 그리고 있구나?" • 그림을 그리는 영아에게 "그림을 그리고 있구나? 사자 그렸어요. 사자 그렸구나" • 밀가루 반죽 찍기를 하는 영아에게 "○○가 밀가루 반죽에 찍기틀을 누르니 토끼모양이 나왔네." • 미술놀이 영역에서 색종이를 접는 영아에게 "○○이가 빨간색으로 색종이 접고 있구나?" • 색연필을 만지는 영아에게 "색연필을 만지고 있구나. 그림 그리고 싶나요?" • 토끼 색칠하는 영아에게 "○○이가 분홍색으로 토끼를 색칠하고 있구나." • 자동차 스티커를 붙이는 영아에게 "○○이가 찻길 종이 위에 부릉부릉 자동차를 붙이고 있구나?"
유아	• 색종이를 만지는 유아에게 "색종이로 만들고 싶구나. 무엇을 만들까요?" • 미술놀이 영역의 유아가 꽃을 만들자 "얘들아, ○○가 뭐 만드는 것 같아?

	○○가 꽃 만드는 것 볼까?" • 미술놀이 영역에서 물감 찍기를 하며 "물감 찍기를 하고 있구나. 무슨 모양이 나왔어?" • 미술놀이 영역에서 그림 그리는 유아에게 "○○이가 그림을 그리고 있구나?" • 자동차그림을 보며 그림을 그리는 유아에게 "○○이가 소방차랑 경찰차를 그리고 있구나?" • 하트를 그리며 "선생님한테 선물로 드릴거에요"하는 유아에게 "하트를 그려서 선생님한테 선물을 하려고 하는구나. ○○ 선생님 기쁘시겠다!" • 색종이를 접고 있는 유아에게 "색종이로 세모접기를 하고 있구나." • 과일그림을 가위로 잘라 장바구니 모양종이에 붙이는 유아에게 "○○이가 수박 모양을 장바구니에 붙이고 있구나. ○○는 어떤 과일이 제일 좋아요?" • 달팽이를 그리고 싶다는 유아에게 "달팽이를 그리고 싶구나. 달팽이 눈은 어떻게 그리면 좋을까요?" • 나비 그림을 그리는 유아에게 교사는 "나비를 그리고 있구나. 나비가 훨훨 날아가고 있는 모습 같네." • 색종이를 나눠주는 유아에게 "○○이가 친구에게 색종이 나눠주니 @@이가 색종이 가지고 재미있게 놀 수 있겠다." • 색연필로 그림을 그린 유아에게 "○○이가 꽃을 그리고 있구나. 어떤 꽃을 그렸나요?" • 사과를 좋아한다고 이야기하며 그리는 유아에게 "○○이가 좋아하는 사과를 그리고 있구나. 사과는 어떤 맛이 나지?" • 미술작품에 관심을 보이는 유아에게 "알록달록한 나뭇잎으로 가을 나무를 표현하였구나. 이거 누가 그렸을까요?

7) 음률놀이 영역

음률놀이 영역은 영유아가 즐겁게 노래 부르고 다양한 악기를 통해 자유롭게 몸으로 표현해 볼 수 있는 영역이다.

음률놀이 영역에는 다양한 악기뿐만 아니라 장구, 소고, 북, 꽹과리 등 우리나라 전통악기들도 제공해 주는 것이 좋다.

(1) 환경 구성

음률놀이 영역은 영유아들이 춤추고 노래할 수 있도록 충분한 공간을 제공해야 한다. 같은 활동적 영역인 쌓기놀이나 역할놀이와 연계가 될 수 있으므로 두 영역과 가까운 곳에 배치하는 것이 좋다. 반면 소음이 많이 발생하므로 정적인 놀이 영역과는 충분히 떨어진 곳에 배치하는 것이 좋으며, 헤드셋을 준비하여 필요한 경우 주변에 소음이 없도록 음률활동을 즐길 수 있게 배려한다. 악기를 사용할 수 있는 책상을 배치하고, 다양한 악기와 함께 다양한 음악을 듣고, 유아들이 표현할 수 있도록 뮤직플레이어 기계와 cd 등의 저장장치를 함께 구비해야 한다.

음률놀이 영역을 구성할 때 참고사항

- 정적인 놀이 영역(특히 과학놀이 영역과 언어놀이 영역)과 충분히 떨어지고 분리되어야 한다.
- 신체표현이 용이하도록 충분한 공간을 확보한다.
- 필요한 약속은 함께 정하여 게시한다.
- 신체표현과 음악표현이 가능하도록 다양한 악기 및 신체표현 도구들을 준비한다.

표 11-19 음률놀이 영역의 기본 교재 · 교구

영아(예시)

유아(예시)

(2) 교사의 역할 및 유의점

음률놀이 영역은 소음이 많이 발생하는 영역이므로 다른 놀이 영역 및 교실 전체에 지나치게 큰 소음이 발생하지 않도록 사전에 영유아들과 규칙을 정해두는 것이 좋다. 뮤직플레이어의 음량을 정하고, 악기를 칠 때에는 지나치게 세게 쳐서 소음을 내거나 악기를 망가뜨리지 않도록 주의한다. 활발하게 몸을 움직이게 되므로 안전사고에 유의하고 음률놀이 영역 주변의 안전요소를 항상 점검한다. 교사는 영유아들이 다양한 표현을 즐길 수 있도록 생활주제에 맞는 다양한 음악과 자료들을 제공해야 한다.

음률놀이 영역 운영 시 유의할 점

- 악기를 던지거나, 지나치게 세게 치거나, 부딪히며 놀이하는 등의 행동은 지양하도록 유아들과 사전에 규칙을 정한다.
- 유아는 도움이 필요하면 언제든지 도움을 요청할 수 있다.
- 유아들이 신체활동을 즐길 때 서로 충분한 거리를 확보할 수 있도록 한다.

표 11-20 연령별 음률놀이 시 영역 구성

연령	연령별 음률놀이
3세	음률놀이 영역은 일대일 정리 표시와 여러 가지 악기를 제시한다.
4세	음률놀이 영역은 여러 가지 악기를 정리가 용이하도록 비치한다.
5세	음률놀이 영역에 유아들이 직접 들을 수 있는 카세트, 리듬, 멜로디, 전통 악기로 만든 악기, 그림 노랫말, 융판, 리본막대, 스카프 등을 비치한다.

표 11-21 음률놀이 영역활동기록지(행동목록, 일화기록) 예시

아동명	○○○	반(연령)	○○반 (만 5세)	평가시기 시간	2021.○○.○○. 10:30~10:40
생활주제	세계 속의 우리나라	주제	세계 여러 나라 사람들의 생활과 문화	활동명	세계의 전통음악 감상하기
평가내용 및 관점	• 예술경험 〉 감상하기 〉 다양한 예술을 감상하며 상상하기를 즐긴다. • 우리나라의 전통음악을 감상한다. • 세계 여러 나라의 전통음악을 감상한다. • 자신의 생각을 창의적으로 표현한다.				
평가상황	실내놀이				
평가유형	체크리스트, 일화기록				

체크리스트			
평가내용	예	아니오	비고
1. 음악감상에 스스로 관심을 가지는가?	○		
2. 음악감상 도구를 적절하게 사용하는가?	○		
3. 세계 여러 나라의 음악을 감상하며 느낌을 표현하는가?		○	
4. 자신의 감정을 적절하게 표현하는가?	○		

개정누리과정 관련 요소	• 예술경험 〉 예술 감상하기 〉 다양한 예술을 감상하며 상상하기를 즐긴다. 예술 감상하기 〉 우리나라 전통 예술에 관심을 갖고 친숙해 진다. • 사회관계 〉 더불어 생활하기 〉 친구와 서로 도우며 사이좋게 지낸다.
일화기록	
해석	
평가 및 교수계획	

음률놀이 시 유아 행동 관찰 예시

- 다양한 춤의 종류에 관심을 가지며 친구들과 역할을 나누어 즐겁게 춤을 추며 음악 듣는 것을 즐기는 모습을 관찰하여 기록함.

활동내용					
관찰 대상	○○○ (여)	생년월일	2015.○○.○○	관찰일시	2021.○○.○○
활동명	캉캉춤을 춰요			연령	만 5세
교사의 기대	• 친구들과 함께 놀이에 참여하며 즐거움을 느낀다. • 캉캉춤에 관심을 가지며 움직임과 춤으로 자유롭게 표현한다.				
개정누리과정 관련 요소	• 예술경험 〉 창의적으로 표현하기 〉 신체나 도구를 활용하여 움직임과 춤으로 자유롭게 표현한다. • 사회관계 〉 더불어 생활하기 〉 친구와 서로 도우며 사이좋게 지낸다.				
관찰내용 및 교사평가	• "얘들아, 치마 입고 온 사람 나랑 같이 캉캉 춤추자"라고 말하며 친구들을 불러 음률 영역에 이름표를 붙인다. 카세트에서 캉캉 음악을 골라 치마를 들고 캉캉춤을 추기 시작한다. • 평소 춤추기를 즐기며 캉캉춤의 특성을 알고 치마를 활용하여 캉캉춤을 즐기는 모습을 보인다. 다른 유아들과 잘 어울리며 평소 놀이를 제안하고 주도하기를 좋아하는 편이며, 다양한 활동 속에서 리더십을 볼 수 있었다.				

TIP 음률놀이 영역에서의 바람직한 상호작용의 예

음률놀이 영역	
영아	• 마라카스를 흔드는 영아에게 "마라카스를 흔들고 있구나. 무슨 소리가 나요? 탁탁탁 소리가 나는구나." • 음악에 맞추어 엉덩이를 흔들며 춤추는 영아에게 "노래를 들으며 엉덩이를 흔들고 있구나. 선생님도 같이 춤추고 싶구나!! • 마이크를 양보하는 영아에게 "○○이가 마이크 양보했어! 고마워!" • 악기를 흔드는 영아에게 "○○가 탬버린을 흔들고 있구나. 어! 이게 무슨 소리야? 찰찰찰 소리가 들리는구나." • 리듬막대를 흔드는 영아에게 "○○이가 노란 리본막대를 흔들고 있구나. (노래를 부른다)" • ○○가 **에게 마라카스를 주자 "○○아, ○○이와 같이 해 보고 싶구나! 같이 해 볼까?, **야 고마워." • 노래를 부르는 친구에게 관심을 보이는 영아에게 "우리 ○○가 노래하네, 친구 노래 들어볼까?"
유아	• 노래를 부르며 북을 치는 유아에게 "○○이가 '동네 한바퀴' 노래에 맞춰 북을 연주하고 있구나. 북을 치니 어떤 소리가 들리나요?" • 음악에 맞춰 스카프를 흔드는 유아에게 "○○이가 팔을 뻗어 스카프를 흔들고 있구나. 스카프를 흔드니 어떤 느낌이 들어요?" • 카세트에 CD를 넣는 유아에게 "○○이가 CD를 넣어 노래를 틀고 있구나. 어떤 노래가 들리나요?" • 친구가 악기를 놀고 싶어 하자 양보하는 유아에게 "○○이가 가지고 놀던 악기를 친구에게 양보했구나. 고마워." • 친구가 놀던 악기를 뺏는 유아에게 "○○가 실로폰 악기를 가지고 놀고 싶었구나. 친구가 놀던 악기를 가지고 놀고 싶을 때는 어떻게 하면 좋을까?" • 친구와 노래에 맞춰 춤을 추는 유아에게 "○○이랑 **이가 사이좋게 춤을 추고 있구나, 친구랑 함께 춤을 추니 더 즐거워 보이는구나." • 딱딱한 소리가 난다며 악기를 연주하는 유아에게 "○○가 투톤블럭 악기를 연주하니 딱딱한 소리가 나는구나. 무엇으로 만든 악기일까요?"

2 바깥놀이의 관찰과 상호작용

바깥놀이 시에는 영유아들과 놀이 시 함께 지켜야 할 약속과 규칙을 함께 정하고 놀이가 이루어지는 것이 중요하다. 무엇보다도 안전이 중요하기에 놀이 전 미리 이야기를 나누어야 하며, 교사는 비상약품을 꼭 가지고 있어야 하고, 영유아들의 놀이를 주의 깊게 관찰해야 한다.

1) 놀이터활동

놀이터에서 영아 행동 관찰 예시 ①

- 놀이 시 교사의 안전지도가 이루어졌고, 놀이기구를 이용하여 손, 팔, 다리의 힘을 길러보는 모습을 관찰하여 기록함.

활동내용					
관찰 대상	○○○ (남)	생년월일	2018.○○.○○	관찰일시	2021.○○.○○
활동명	놀이기구를 이용해요			연령	만 2세
교사의 기대	• 놀이기구를 안전하게 사용하는 방법에 대해 안다. • 한 걸음씩 오르며 이동운동을 한다.				
표준보육 과정 관련 요소	• 기본생활 〉 건강하게 생활하기 〉 일상에서 안전하게 놀이하고 생활한다. • 신체운동 〉 신체활동 즐기기 〉 기본 운동을 한다.				
관찰내용 및 교사 평가	• 영아가 놀이기구에 다가가 "선생님 도와주세요"라고 하여 안전하게 내려올 수 있도록 손을 잡아주자. 영아가 한 발을 들어 한 칸씩 올라가보고 끝까지 올라간 뒤 다시 천천히 한 칸씩 내려온다. • 놀이기구를 안전하게 사용하려는 모습을 보였다. 영아가 천천히 이용하여 끝까지 올라갔을 때 성취감을 느낄 수 있도록 격려했다. 영아가 올라가서 내려오는 것에 두려워하기보다는 안전한 상황에서 놀이하고 즐기는 모습이 보였다.				

표 11-22 놀이터활동 시 관찰기록지 예시(ABC 서술식 사건표집법)②

아동명: 이시현		현재연령: 만 5세 (남, 여)	
관 찰 자: ○○○		관 찰 일: ○○. ○○.	
관찰 행동: 놀이터활동에서 친구와 상호작용하는 행동		관찰 시간: 10:30~11:00	
사진			
시간	**사건 전**	**사건**	**사건 후**
10:30	그네를 타려고 먼저 기다리고 있는 친구 ○○의 뒤에서 있으며 순서를 기다린다.	○○가 △△에게 "△△아, 그네 탈 때 나 좀 밀어줄 수 있을까?"라고 물어본다. △△는 "싫어"하고 대답한다.	○○는 다른 친구에게 그네 탈 때 밀어 줄 것을 부탁한다. 아이들은 순서에 맞게 그네를 탄다.
11:00	아이들은 놀이터에 있는 놀이기구를 타며 논다. △△는 다양한 도구를 사용하여 모래놀이를 한다.	△△가 장난감 삽으로 모래를 파서 통 안에 넣는다. □□가 △△에게 "△△아, 모래로 뭐 만들고 있어?"하고 물어본다.	△△는 통을 모래 바닥에 엎어놓는다. △△는 "모래성을 만들었어!"하고 대답한다.
개정누리과정 관련 요소			
해석			
교수계획			

2) 전통놀이활동

줄넘기활동 시 유아 행동 관찰 예시①

- 생활 주변의 물건을 이용하여 신체활동에 활용하였고, 또래와 어울려 함께 하는 신체활동에 적극적으로 참여하는 모습을 관찰하여 기록함.

<table>
<tr><td>활동내용</td><td colspan="5"></td></tr>
<tr><td>관찰 대상</td><td>○○○ (남)</td><td>생년월일</td><td>2015.○○.○○</td><td>관찰일시</td><td>2021.○○.○○</td></tr>
<tr><td>활동명</td><td colspan="3">새끼꼬기 긴줄넘기를 해요</td><td>연령</td><td>만 5세</td></tr>
<tr><td>교사의 기대</td><td colspan="5">• 볏짚으로 새끼꼬기를 하여 만든 긴줄넘기를 이용하여 긴줄넘기 놀이를 해본다.
• 긴줄넘기 놀이방법을 알고 신체 움직임을 조절하며 친구와 함께 하는 신체활동에 즐거움을 느껴본다.</td></tr>
<tr><td>개정누리과정 관련 요소</td><td colspan="5">• 신체운동·건강 〉 신체활동 즐기기 〉 신체 움직임을 조절한다.
• 신체운동·건강 〉 신체활동 즐기기 〉 실내외 신체활동에 자발적으로 참여한다.</td></tr>
<tr><td>관찰내용 및 교사 평가</td><td colspan="5">바깥놀이를 나가기 전 유아가 "선생님, 벼 수확했을 때 긴 줄 만들었던거 가지고 나가요!"라고 하여 교사가 "볏짚으로 새끼꼬기를 해서 우리가 긴줄넘기 놀이를 했던 것 말하는 거니?"라고 하자 "네. 새끼꼬기 한거 맞아요"라고 한다. 밖으로 가지고 나간 줄넘기로 친구들과 함께 줄을 돌린다. 줄넘기를 뛰는 친구의 역할을 누가 할지 가위, 바위, 보로 정해보고 긴줄넘기를 하기 위해 줄의 위치가 어디쯤 왔는지 확인한다. 위로 점프하여 줄을 뛰어 넘는다. 다시 줄이 돌아오기 전 가볍게 발을 한 번 더 굴리며 점프 준비를 한다. 줄넘기를 뛰어넘을 때 다리의 힘을 어떻게 조절해야 하는지, 어느 시점에 뛰어야 하는지 등을 탐색하며 활동이 이루어졌고, 친구와 역할을 바꾸어가며 신체활동에 참여하였다.</td></tr>
</table>

표 11-23 전통놀이활동 시의 관찰기록지 예시(행동목록법)②

아동명	○○○	반(연령)	만 3세	평가시기 시간	2021.○○.○○. 11:30~11:50
생활주제	우리나라	주제	즐거운 우리나라 전통놀이	활동명	윷을 던져보아요
평가내용 및 관점	• 신체운동·건강 〉 신체활동 즐기기 〉 신체를 인식하고 움직인다. • 우리나라의 전통놀이에 참여한다. • 우리나라의 전통놀이를 즐긴다. • 자신의 느낌을 자유롭게 표현한다.				
평가상황	실내놀이				
평가유형	체크리스트, 일화기록				

체크리스트			
평가내용	예	아니오	비고
1. 전통놀이에 스스로 관심을 가지는가?	○		
2. 윷을 적절하게 던지는가?	○		
3. 윷놀이를 즐기면서 느낌을 표현하는가?	○		
4. 자신의 감정을 적절하게 표현하는가?		○	

개정누리과정 관련 요소	• 신체운동·건강 〉 신체활동 즐기기 〉 신체를 인식하고 움직인다. • 의사소통 〉 듣기와 말하기〉 자신의 경험, 느낌, 생각을 말한다.
일화기록	
해석	
평가 및 교수계획	

3) 자연관찰활동

자연물 관찰 시 유아 행동 관찰 예시①

• 다양한 자연적 요소를 탐색하고 관찰하며, 돌멩이의 다양한 크기를 비교해보고 나열해보는 등 탐구활동이 이루어지는 모습을 관찰하여 기록함.

<table>
<tr><td>활동내용</td><td colspan="5"></td></tr>
<tr><td>관찰 대상</td><td>○○○ (남)</td><td>생년월일</td><td>2015.○○.○○</td><td>관찰일시</td><td>2021.○○.○○</td></tr>
<tr><td>활동명</td><td colspan="3">자연을 관찰해요</td><td>연령</td><td>만 5세</td></tr>
<tr><td>교사의 기대</td><td colspan="5">• 바깥놀이를 하며 주변의 자연물에 관심을 가지며 관찰한다.</td></tr>
<tr><td>개정누리과정 관련 요소</td><td colspan="5">• 자연탐구 〉 탐구하는 과정 즐기기 〉 주변 세계와 자연에 대해 지속적으로 호기심을 가진다.
• 자연탐구 〉 생활 속에서 탐구하기 〉 물체의 특성과 변화를 여러 가지 방법으로 탐색한다.</td></tr>
<tr><td>관찰내용 및 교사평가</td><td colspan="5">• 흙을 살펴보며 나뭇가지를 이용하여 흙을 살살 파며 쳐다본다. 무엇을 하고 있는지 교사가 물어보니 "옆에는 풀이 자랐는데 여기는 풀이 없어요. 흙 속에 뭐가 있는지 보는 건데"라고 이야기한다. 흙을 보다가 돌멩이를 여러 개 주워 관찰을 하다가 작은 돌멩이부터 크기 순서대로 나열한다.
• 평소 바깥놀이 시 주변의 흙, 꽃, 풀, 돌, 햇빛과 그늘 등 주변의 동식물에 관심이 많고 탐구하기를 즐긴다. 또한 계절에 따른 자연의 변화와 주변의 물리적인 변화에도 관심을 가지고 관찰하기를 좋아한다. 일상에서 길이, 무게, 크기 등 속성을 비교한다.</td></tr>
</table>

표 11-24 자연관찰활동 시의 관찰기록지 예시(행동목록법)②

아동명	○○○	반(연령)	○○반 (만 4세)	평가시기 시간	2021.○○.○○.
생활주제	가을	주제	가을 날씨와 풍경 즐기기	활동명	가을 날씨 책 만들기
평가내용 및 관점	• 계절이 바뀌며 변화하는 날씨의 풍경에 대해 알아본다. • 가을에 나타나는 기후 현상에 관심을 갖고 알아본다.				
평가상황	실내놀이				
평가유형	체크리스트, 일화기록				

체크리스트			
평가내용	**예**	**아니오**	**비고**
1. 가을의 변화에 관심을 가지는가?	○		
2. 사계절의 날씨를 알고 있는가?	○		
3. 글자에 관심을 가지는가?	○		
4. 다양한 재료를 사용하여 표현하는가?		○	

개정누리과정 관련 요소	• 의사소통 〉 듣기와 말하기 〉 자신의 경험, 느낌, 생각을 말한다. • 의사소통 〉 읽기와 쓰기에 관심 가지기 〉 주변의 상징, 글자 등의 읽기에 관심을 가진다. • 의사소통 〉 읽기와 쓰기에 관심 가지기 〉 자신의 생각을 글자와 비슷한 형태로 표현한다.
일화기록	
해석	
평가 및 교수계획	

4) 물 · 모래놀이 관찰활동

물 · 모래놀이 시 유아 행동 관찰 예시①

- 날씨의 변화를 느끼고 더위를 식힐 수 있는 방법에 관심을 가지며, 물놀이에 즐겁게 참여하고, 물놀이 시 지켜야 할 규칙을 지키며 놀이하는 모습을 관찰하여 기록함.

<table>
<tr><td>활동내용</td><td colspan="5"></td></tr>
<tr><td>관찰 대상</td><td>○○○ (남)</td><td>생년월일</td><td>2015.○○.○○</td><td>관찰일시</td><td>2021.○○.○○</td></tr>
<tr><td>활동명</td><td colspan="3">여름철 물놀이를 즐겨요</td><td>연령</td><td>만 5세</td></tr>
<tr><td>교사의 기대</td><td colspan="5">• 여름이 되어 변화된 여름 날씨의 특성을 알고 여름철 즐길 수 있는 놀이를 알고 즐긴다.
• 물놀이를 할 때 지켜야 할 약속과 규칙을 알고 안전하게 놀이한다.</td></tr>
<tr><td>개정누리과정 관련 요소</td><td colspan="5">• 신체운동·건강 〉 신체활동 즐기기 〉 실내외 신체활동에 자발적으로 참여한다.
• 자연탐구 〉 자연과 더불어 살기 〉 날씨와 계절의 변화를 생활과 관련짓는다.</td></tr>
<tr><td>관찰내용 및 교사평가</td><td colspan="5">• 물놀이를 하며 "○○야! 얼굴에는 물 뿌리지 말아야지!"라고 말하며 친구의 몸에 물을 튀기며 물장난을 친다. 물놀이를 하니까 덥지 않다고 하며 교사에게 "햇빛이 있어서 춥지도 않아요"라고 이야기한다.
• 물놀이를 하기 전 물놀이 규칙에 대해 유아들과 함께 정하였고 놀이 시 규칙을 지키며 즐겁게 놀이하는 모습에 칭찬과 격려가 이루어졌다. 물놀이를 하며 더위를 피할 수 있음을 알고 햇빛이 있음과 없음에 따른 온도 차이에 관심을 표현하였다.</td></tr>
</table>

표 11-25 물 · 모래놀이활동 시의 관찰기록지 예시(시간표집법)②

아동명	○○○	반(연령)	○○반 (만 3세)	평가시기 시간	2021.○○.○○. 11:00~11:10
생활주제	환경과 생활	주제	물과 우리 생활	활동명	물 분수 놀이를 해요.
평가내용 및 관점	• 우리 주변에서 볼 수 있는 물을 탐색한다. • 도구를 사용해서 물놀이활동을 즐긴다.				
평가상황	바깥놀이				
평가유형	체크리스트, 일화기록				

	30초	30초	30초	30초
놀면서 교사를 바라본다.	○			
교사에게 손을 뻗는다.		○		
교사에게 다가간다.		○	○	
교사를 부른다.			○	
교사에게 도움을 청한다.		○		
교사를 바라보며 운다.				○

개정누리과정 관련 요소	• 자연탐구 〉 생활 속에서 탐구하기 〉 물체의 특성과 변화를 여러 가지 방법으로 탐색한다. • 자연탐구 〉 생활 속에서 탐구하기 〉 도구와 기계에 대해 관심을 가진다.
일화기록	
해석	
평가 및 교수계획	

5) 운동놀이활동

운동놀이활동 시 유아 행동 관찰 예시

• 운동기구를 이용하여 놀이할 때 신체의 어떤 부위를 활용해야 할지 알고 학기 초보다 신체 능력이 길러졌고, 자신감 있는 모습으로 신체활동하는 것을 관찰하여 기록함.

<table>
<tr><td>활동내용</td><td colspan="5"></td></tr>
<tr><td>관찰 대상</td><td>○○○ (여)</td><td>생년월일</td><td>2015.○○.○○</td><td>관찰일시</td><td>2021.○○.○○</td></tr>
<tr><td>활동명</td><td colspan="3">구름사다리를 건너보아요</td><td>연령</td><td>만 5세</td></tr>
<tr><td>교사의 기대</td><td colspan="5">• 구름사다리를 건너기 위한 방법에 관심을 가지고 기구를 사용하기 위해 필요한 신체부위를 알고 움직여본다.</td></tr>
<tr><td>개정누리과정 관련 요소</td><td colspan="5">• 신체운동·건강 〉 신체활동 즐기기 〉 신체를 인식하고 움직인다.
• 신체운동·건강 〉 신체활동 즐기기 〉 기초적인 이동운동, 제자리 운동, 도구를 이용한 운동을 한다.</td></tr>
<tr><td>관찰내용 및 교사평가</td><td colspan="5">• 구름사다리를 건널 때 몸을 앞뒤로 흔들며 팔 하나씩 앞으로 움직인다. 교사가 ○○에게 '몸이 앞 뒤로 흔들리는 구나'라고 이야기하자 "그렇게 하면 앞으로 더 잘 가는 것 같아요"라고 말한다.
• 자신의 신체를 긍정적으로 인식하고 움직이며 신체활동기구를 이용한 신체활동에 자발적으로 참여한다.</td></tr>
</table>

표 11-26 운동놀이활동 시의 행동 관찰 예시(시간표집법)

아동명	○○○	반(연령)	○○반 (만 3세)	평가시기 시간	2021.○○.○○. 11:00~11:10
생활주제	겨울	주제	겨울 놀이	활동명	신문지 공 던지기
평가내용 및 관점	• 눈과 손을 협응하여 움직임을 조절한다. • 겨울의 날씨에 대해 알아보고 겨울 놀이에 대해 안다. • 안전하게 놀이하며 안전규칙을 알고 실천한다.				
평가상황	바깥놀이				
평가유형	체크리스트, 일화기록				

	30초	30초	30초	30초
놀면서 교사를 바라본다.	○		○	
공을 던진다.	○	○	○	
교사에게 다가간다.			○	
교사의 소리를 듣고 따라한다.				○
공을 통에 넣는다.	○		○	○

개정누리과정 관련 요소	• 신체운동·건강 〉 신체활동 즐기기 〉 실내외 신체활동에 자발적으로 참여한다. • 신체운동·건강 〉 안전하게 생활하기 〉 일상에서 안전하게 놀이하고 생활한다. • 자연탐구 〉 자연과 더불어 살기 〉 날씨와 계절의 변화를 생활과 관련짓는다.
일화기록	
해석	
평가 및 교수계획	

6) 작업놀이활동

돌멩이 높이 쌓기놀이 시 유아 행동 관찰 예시①

- 돌을 이용하여 할 수 있는 놀이에 관심을 가지며 돌탑을 높이 쌓기 위해 어떻게 하면 좋을지 생각해 보며, 친구들과 협동하여 놀이하는 모습을 관찰하여 기록함.

활동내용					
관찰 대상	○○○ (남)	생년월일	2015.○○.○○	관찰일시	2021.○○.○○
활동명	돌탑을 쌓아요			연령	만 5세
교사의 기대	• 자연에서 얻은 다양한 돌의 모양에 관심을 가진다. • 돌탑 쌓기놀이를 하며 소근육을 조절해본다.				
개정누리과정 관련 요소	• 자연탐구 〉 생활 속에서 탐구하기 〉 일상에서 길이, 무게 등의 속성을 비교한다. • 신체운동·건강 〉 신체활동 즐기기 〉 신체 움직임을 조절한다.				
관찰내용 및 교사평가	• 친구들과 함께 주워 온 돌멩이를 보더니 "위로 올려보자!"라고 말하며 가장 큰 돌멩이를 놓고 그 위에 납작한 돌멩이, 더 작은 돌멩이를 쌓으며 돌탑을 쌓는다. 다른 유아가 울퉁불퉁한 돌을 골라 올리자 "안돼! 그럼 그 위에 놔도 쓰러져"라고 이야기하며 다른 모양의 돌멩이를 찾아 살살 올려놓는다. • 생활 속에서 탐구하기를 즐기며 일상생활 속에서 길이, 크기, 무게 등 측정 가능한 속성을 인식하고 이들 속성을 기준으로 물체를 비교하여 순서지을 수 있다.				

표 11-27 작업놀이활동 시의 관찰기록지 예시(시간표집법)②

아동명	○○○	반(연령)	○○반 (만 3세)	평가시기 시간	2021.○○.○○. 11:00~11:10
생활주제	겨울	주제	겨울의 눈사람	활동명	나만의 눈사람을 만들어요.
평가내용 및 관점	•손을 이용하여 눈을 감각으로 느끼며, 창의적으로 눈사람을 표현한다. •눈이 잘 뭉쳐지는 방법을 알고 다양한 모습으로 만들어 본다. •눈을 이용한 놀이를 할 때 주의해야 하는 점을 알고 실천한다.				
평가상황	바깥놀이				
평가유형	체크리스트, 일화기록				

	1분	1분	1분	1분
친구를 부른다.	○	○		
친구에게 도움을 요청한다.		○		
친구에게 다가간다.	○	○		
친구와 함께 놀이를 한다.	○	○		○
자신의 생각을 표현한다.	○	○	○	○
친구를 도와준다.			○	

개정누리과정 관련 요소	•신체운동·건강 〉 신체활동 즐기기 〉 실내외 신체활동에 자발적으로 참여한다. •신체운동·건강 〉 안전하게 생활하기 〉 일상에서 안전하게 놀이하고 생활한다. •자연탐구 〉 자연과 더불어 살기 〉 날씨와 계절의 변화를 생활과 관련짓는다.
일화기록	
해석	
평가 및 교수계획	

7) 휴식 영역활동

휴식 영역 시 영아 행동 관찰 예시①

- 휴식이 필요할 때 스스로 휴식 시간을 가지며, 자신의 신체활동에 있어서 조절이 가능함을 관찰하여 기록함.

<table>
<tr><td>활동내용</td><td colspan="5"></td></tr>
<tr><td>관찰 대상</td><td>○○○ (여)</td><td>생년월일</td><td>2018.○○.○○</td><td>관찰일시</td><td>2021.○○.○○</td></tr>
<tr><td>활동명</td><td colspan="3">앞마당에서 쉬어가요.</td><td>연령</td><td>만 2세</td></tr>
<tr><td>교사의 기대</td><td colspan="5">• 자연물에 관심을 갖고 탐색한다.</td></tr>
<tr><td>표준보육 과정 관련 요소</td><td colspan="5">• 기본생활 〉 건강하게 생활하기 〉 하루 일과를 즐겁게 경험한다.
• 신체운동 〉 신체활동 즐기기 〉 대 · 소근육을 조절한다.</td></tr>
<tr><td>관찰내용 및 교사평가</td><td colspan="5">• 앞마당에 있는 나무 징검다리를 한 발씩 움직이며 하나씩 밟는다. 다시 처음으로 가더니 두 발로 점프하여 징검다리를 하나씩 밟으며 움직인다. '2번 반복적으'로 활동하더니 앞마당에 있는 나무의자에 앉는다. "○○야, 힘이 드니? 선생님이랑 같이 쉬어 볼까?"라고 묻자 고개를 끄덕이며 자리에 앉는다.
• 하루 일과에 즐겁게 참여하고 일상에서 안전하게 놀이하며 신체를 인하고 신체활동을 즐긴다.</td></tr>
</table>

휴식 영역 시 유아 행동 관찰기록지 예시②

• 더운 여름 충분한 휴식이 필요함을 알고 휴식 시간에 책을 읽으며 읽기, 말하기 능력을 길러보고 책의 내용을 이해하는 모습을 관찰하여 기록함.

<table>
<tr><td>활동내용</td><td colspan="5"></td></tr>
<tr><td>관찰 대상</td><td>○○○ (여)</td><td>생년월일</td><td>2015.○○.○○</td><td>관찰일시</td><td>2021.○○.○○</td></tr>
<tr><td>활동명</td><td colspan="3">무더운 여름 휴식 시간을 가져요</td><td>연령</td><td>만 5세</td></tr>
<tr><td>교사의 기대</td><td colspan="5">• 무더운 여름 건강한 일상생활을 위해 휴식의 필요성을 느껴본다.
• 책을 통해 읽기와 쓰기와 관심을 가진다.</td></tr>
<tr><td>개정누리과정 관련 요소</td><td colspan="5">• 신체운동 · 건강 〉 건강하게 생활하기 〉 하루 일과에서 적당한 휴식을 취한다.
• 의사소통 〉 읽기와 쓰기에 관심 가지기 〉 주변의 상징, 글자 등의 읽기에 관심을 가진다.</td></tr>
<tr><td>관찰내용 및 교사평가</td><td colspan="5"></td></tr>
</table>

표 11-28 휴식 영역활동 시의 관찰기록지 예시(행동목록법)③

아동명	○○○	반(연령)	○○반 (만 3세)	평가시기 시간	2021.○○.○○. 13:0~13:20
생활주제	가을	주제	가을 날씨를 느껴요.	활동명	공원에서 산책을 하며 쉬어요.
평가내용 및 관점	• 우리 주변에서 볼 수 있는 휴식 공간에서 휴식을 취한다. • 자연물에 관심을 갖고 탐색한다. • 하루 일과 중 적당한 휴식을 취하며 건강한 생활을 한다. • 자신의 신체활동에 있어서 조절이 가능한지 관찰한다.				
평가상황	바깥놀이				
평가유형	체크리스트, 일화기록				

체크리스트			
평가내용	예	아니오	비고
1. 자연물에 관심을 갖는가?	○		
2. 하루 일과 중 적당한 휴식을 취하는가?		○	
3. 자신의 신체활동에 있어서 조절이 가능한가?	○		
4. 우리 주변에서 볼 수 있는 공간에서 휴식을 취하는가?	○		

개정누리과정 관련 요소	• 신체운동 · 건강 〉 건강하게 생활하기 〉 하루 일과에서 적당한 휴식을 취한다. • 의사소통 〉 읽기와 쓰기에 관심 가지기 〉 주변의 상징, 글자 등의 읽기에 관심을 가진다.
일화기록	
해석	
평가 및 교수계획	

TIP 바깥놀이 시의 바람직한 상호작용의 예

● 바깥놀이(영아)

1. 놀이터에 바깥놀이하러 나가는 길

T: 저기 놀이터에 친구들이 놀고 있구나.
우리도 친구들과 어떤 놀이를 할 수 있을까?
C: 미끄럼틀 타요.
T: 그래. 미끄럼틀도 타고 봄이 되어서 핀 꽃도 찾아보자.
C: 어! 개나리 있다.
T: 그렇구나. 개나리가 있구나. 개나리는 무슨 색깔일까요?
C: 노랑색이요.
T: 그래 노랑색 개나리구나. 노랑색 개나리는 무슨 향기가 날까요?
C: 꽃 냄새가 나요.
T: 저기 나비친구도 날아가네. 나비가 어디가지?
C: 저기 날아가요. 하늘로 날아가요.
(나비처럼 나는 모습을 보이며)
T: 선생님은 나비처럼 날아서 놀이터를 날아다니고 싶어요.
○○이는 나비처럼 날아서 어디 가보고 싶니?

2. 그네를 서로 양보하는 영아에게

T: ○○그네타고 있구나. 옆에 친구들이 많이 기다리고 있네. ○○야, ○○이도 그네 타보고 싶데.
C: 내가 양보할게요.
T: 우와~ ○○이가 양보해주었구나!
○○ 덕분에 친구들이 더 즐겁게 그네를 탈 수 있겠구나. 고마워~.
C: 선생님 ○○이 넘어졌어요.
T: ○○아 괜찮니?
C: (친구의 손을 잡으며) 내가 도와줄게.
T: **가 친구를 도와주었구나. ○○ 덕분에 아픈 곳도 금새 나을 수 있겠구나.

3. 바깥놀이 후 정리정돈 및 손 씻기(유아)

T: 이제 조금 후에 놀이를 마치고 교실에 들어갈 예정이에요.
더 하고 싶은 놀이는 교실에 들어가서 활동을 하거나 내일 친구들과 더 재미있는 놀이로 함께 계획해봐요.
C: (놀잇감을 정리하는 유아에게) ○○이가 놀잇감을 정리했구나.
T: 놀이 후에 건강하고 깨끗한 몸이 되려면 어떻게 해야 할까요?
C: 손을 씻어요.

● 바깥놀이(유아)

1. 비가 오는 날 창밖을 보며

T: 오늘은 비가 오는구나. 이게 무슨 소리일까?
C: 비가 떨어지는 소리가 나요.
T: 비 오는 소리는 어떻게 날까?
C: 우두두두. 이렇게 소리가 나요.
T: 그렇구나. 그럼 비가 오는 소리랑 비슷한 소리는 어떤 소리가 있을까?
C: 말이 달리는 소리도 비슷한 거 같아요.
T: 비가 내린 바닥에 빗물이 고여있구나.
C: 빗물 위에서 뛰어보고 싶어요. 빗물이 톡톡 바닥에 튈 거 같아요.
T: 톡톡 내리는 비를 함께 맞아보고 싶구나!

2. 화단에 핀 목련꽃을 보며(유아)

T: 어린이집 마당에 핀 꽃 이름은 뭘까?
C: 목련꽃이요.
T: 언제 꽃이 피는 걸까?
C: 봄이 되면 펴요.
T: 그럼 목련꽃의 색깔은 무슨 색이야?
C: 흰색, 분홍색이요.
T: 목련꽃과 같은 색의 봄꽃은 무엇이 있을까?
C: 벚꽃이요.
T: 그렇구나!
목련꽃은 잎이 넓고 벚꽃은 잎이 좁구나. 왜 잎의 크기가 다를까요?
C: 흰색이랑, 분홍색 꽃이 피고 봄에 펴요.
T: 우리 친구들이 봄에 피는 꽃에 관심이 많구나. 봄에 피는 다른 꽃도 한 번 살펴볼까?

CHAPTER 12

유아교육기관의 일과운영에 따른 관찰

유아교육기관 일과에 대한 이해

유아교육기관에서는 하루 일과의 다양한 활동을 통해 유아들의 전인적 발달을 도모할 수 있는 질적인 교육을 제공하므로, 유아교육기관에서의 하루 일과의 내용과 구성 원리를 이해하는 것이 중요하다.

1 등원 · 하원

1) 등원

등원은 유아교육기관에서의 일과의 시작으로, 기관에서 유아들이 편안하고 즐거운 마음으로 하루를 시작할 수 있도록 유아들에게 개별적인 관심을 표현하면서 심리적 · 물리적 환경을 조성해야 한다. 등원 시간에는 교사가 유아와 눈을 맞추고 반갑게 인사를 나누면서 안색을 살핌으로써 유아의 신체 및 심리 상태를 점검한다. 유아는 교사와 인사를 나눈

뒤 약속된 방법으로 출석을 표시한 후, 교실에 제시된 일과 혹은 놀이활동 계획표를 보고 오늘 하루가 어떻게 진행될지에 대한 정보를 얻는다.

2) 하원

교사는 유아가 오늘의 활동을 잘 마무리하고 자연스럽게 가정생활로 전이가 이루어질 수 있도록 일과 중 겪었던 신체 및 심리적 변화를 점검하여 유아들이 건강하고 즐거운 마음으로 다음 날 활동을 기대하며 귀가할 수 있도록 배려해야 한다. 교사는 전체 유아를 대상으로 일과를 지내면서 유아들의 기분에 대해 질문하고 답변하며 다음 날 있을 활동에 대해 소개해 준다. 일과에 대한 회상 및 다음 날 활동에 대한 소개가 끝난 후에, 수첩이나 유아가 직접 만든 작품 등을 챙겨 준다. 귀가 노래를 부른 후 유아의 이름을 한 명씩 다정하게 불러 주고 인사하며 집으로 보낸다.

TIP 관찰 중점사항

등원 시

- 영유아의 건강상태와 기분을 확인함. (투약의뢰서와 내용을 확인하여 전염성질환 여부도 함께 확인함)

하원 시

- 영유아의 건강상태와 청결상태 옷차림 등을 점검하여 빠진 것들이 없는지 확인함.
- 영유아에게 하루 일과에 대해서 질문하며, 하루 일과에 대해 이야기를 나누며 영유아의 반응을 관찰함.

등원·하원 시 유아 행동 관찰 예시

• 등원하며 친구, 선생님께 반갑게 인사를 나눈 후 자신의 가방과 소지품을 스스로 정리정돈하며, 날짜판을 보고 오늘의 날짜를 이해하는 모습을 관찰하여 기록함.

활동내용					
관찰 대상	○○○ (남)	생년월일	2016.○○.○○	관찰일시	2021.○○.○○
활동명	오늘의 날짜를 알아 보아요			연령	만 4세
교사의 기대	• 구성원과 상황에 맞게 인사를 나눈다. • 숫자 크기에 대해 알고 비교해보며 숫자 카드를 활용하여 다양한 놀이를 해 본다.				
개정누리과정 관련 요소	• 사회관계 〉 더불어 생활하기 〉 친구와 어른께 예의바르게 행동한다. • 자연탐구 〉 생활 속에서 탐구하기 〉 물체를 세어 수량을 알아본다.				
관찰내용 및 교사 평가	• 등원하여 친구에게 "안녕"이라고 인사한 후 교사에게 "안녕하세요"라고 말하며 머리를 숙여 인사한다. 가방을 벗어 사물함에 넣고 정리한다. "오늘 3일 맞죠?"라고 말하며 날짜 활동판에서 숫자 3을 꺼내 붙인다. 4,5,6숫자 카드를 차례로 꺼내 수를 순서대로 놓는다. • 친구들과 교사에게 예의바르게 행동하며 자신의 물건을 스스로 정리할 수 있으며, 일상 생활 속에서 수에 대해 관심을 갖는다.				

2 급식 · 간식

유아교육기관에서 급식 · 간식 시간을 통해 유아는 또래들과 함께 먹는 즐거움을 느끼고, 필요한 영양소를 보충하며, 바른 식습관 태도 형성과 도구의 사용법, 스스로 먹는 양을 조절할 수 있는 능력 등을 기를 수 있다. 급식 · 간식은 일과 운영 중 시간에 따라 달라지는데 대부분 일정 시간에 먹도록 계획한다. 영유아 발달 단계와 영양적 요구를 고려하여 수립된 식단을 토대로 영유아의 기호에 맞게 조리된 질 좋은 먹거리로 신체의 건강과 발달을 이루고 면역력을 키워 질병을 예방할 수 있다.

- 적당량의 간식을 식사와 식사 중간에 상황에 맞도록 영유아들에게 제공한다.
- 간식을 먹기 전에 지켜야 할 약속에 대해 영유아들과 의논하여 실천한다.
- 간식은 오전, 오후로 두 차례 나누어서 제공한다.
- 영유아들이 먹는 양을 고려하여 한 번에 많이 주지 말고 먹고 싶으면 더 먹도록 한다.
- 계절 식단을 고려하여 영유아들의 입맛에 맞도록 요리한다.
- 식단을 다양하게 구성하여 같은 음식을 계속 주지 않도록 주의한다.
- 편식하는 유아의 경우 조금씩 먹어 볼 수 있도록 시도하며 영아의 경우 맛보는 경험을 할 수 있도록 한다.

TIP 급식 · 간식시간에서의 바람직한 상호작용의 예

- 숟가락, 포크, 젓가락 사용 등 소근육의 발달 정도와 도구의 사용 방법 여부를 관찰함.
- 좋아하는 음식의 종류와 편식하는 음식의 종류를 관찰하고 편식하는 음식을 교사가 권유했을 때 맛보기를 시도하는지, 거부하는지에 대해 관찰함.

- 교사가 제공한 연령 표준 양에서 어느 정도를 먹는지 관찰함.
- 음식을 먹는 자세 등을 관찰하며 음식에 대한 반응을 관찰함.
- 음식물 등을 흘렸을 때 어떻게 정리하는지 영유아에게 스스로 정리할 수 있는 기회를 제공하는지에 대해서 관찰함.

간식 시 영아 행동 관찰 예시

- 간식 시간에 간식의 종류에 관심을 가지고, 숟가락을 들고 스스로 먹어보려는 모습을 관찰하여 기록함.

활동내용					
관찰 대상	○○○ (남)	생년월일	2018.○○.○○	관찰일시	2021.○○.○○
활동명	맛있는 간식을 먹어요.			연령	만 2세
교사의 기대	• 영아가 스스로 손을 움직여 음식 도구를 사용하여 먹어본다.				
표준보육 과정 관련 요소	• 기본생활 〉 건강하게 생활하기 〉 음식에 관심을 가지고 즐겁게 먹는다. • 자연탐구 〉 생활 속에서 탐구하기 〉 생활도구에 관심을 가진다.				
관찰내용 및 교사 평가	• ○○이가 왼손으로 포크를 들고 당근스틱을 찍는다. "○○이 포크사용을 잘 하는구나!" ○○이가 당근을 먹는다. "○○이는 당근도 맛있게 먹네! 선생님도 먹어봐야지. 당근에서 아삭아삭 소리가 나네"라고 말하자 ○○이는 포크로 당근스틱을 찍어 한입 더 넣으며 "소리가 나요"라고 말한다. • 음식에 대한 관심이 있고 포크를 사용하여 스스로 먹을 수 있으며 음식의 질감과 맛을 느끼고 표현하였다. • 교사는 영아가 다양한 음식의 맛과 질감을 느낄 수 있도록 모델링을 보여주고 식사도구를 사용함으로써 유능감을 느낄 수 있도록 격려하였다.				

급식 시 유아 행동 관찰 예시

• 벼 프로젝트를 진행하며 모에서 쌀, 쌀에서 밥이 되기까지의 과정을 직접 경험해 보고, 밥(쌀)이 우리 몸에 주는 영양, 쌀이 되기까지 농부의 수고를 이해하고 감사하는 마음을 가지는 모습을 관찰하여 기록함.

<table>
<tr><th>활동내용</th><td colspan="5"></td></tr>
<tr><th>관찰 대상</th><td>○○○ (여)</td><th>생년월일</th><td>2015.○○.○○</td><th>관찰일시</th><td>2021.○○.○○</td></tr>
<tr><th>활동명</th><td colspan="3">우리가 지은 밥을 먹어요</td><th>연령</th><td>만 5세</td></tr>
<tr><th>교사의 기대</th><td colspan="5">• 쌀이 우리에게 오기까지의 과정을 알아본다.
• 음식을 먹기까지 많은 사람의 노력이 있었음을 알고 소중히 여기는 마음을 갖는다.</td></tr>
<tr><th>개정누리과정 관련 요소</th><td colspan="5">• 신체운동·건강 〉 건강하게 생활하기 〉 몸에 좋은 음식에 관심을 가지고 바른 태도로 즐겁게 먹는다.
• 자연탐구 〉 자연과 더불어 살기 〉 주변의 동식물에 관심을 가진다.</td></tr>
<tr><th>관찰내용 및 교사 평가</th><td colspan="5">• 밥을 먹으며 “우리가 만들어서 더 맛있는 것 같다!”라고 말하며. 다 먹은 식판과 수저를 정리한다.
“밥을 맛있게 먹었구나. 오늘 우리가 먹은 밥은 어디에서 왔을까?”
“농장에서 모를 심어 벼가 자랐어요.” “벼에서 쌀이 자라 밥을 만들어요.”라고 말한다. “그렇구나. 쌀을 수확하기 위해 애써주시는 어떤 분들이 있을까? “농부 아저씨가 벼를 잘 자라게 해요.”라고 말한다.
• 벼 프로젝트를 하며 모내기, 벼 자라나는 과정 관찰하기, 농기구와 농기계를 사용하여 벼 수확하기, 직접 밥 짓기, 지은 밥을 먹어보는 활동을 통해 밥을 먹기까지의 과정에서 음식의 소중함과 농부의 수고에 감사한 마음을 가지는 모습이 보인다.</td></tr>
</table>

3 전이활동

유아교육기관에서 일과는 등원에서 하원까지 다양한 활동들로 이루어져 있고, 이러한 활동들 사이를 연결해 주는 전이 시간이 있다. 전이 시간은 유아들이 의미 없이 기다리는 시간을 줄이도록 효율적으로 운영되어야 한다. 교사가 무엇을 해야 할지 자세하게 설명해 주면 유아들은 혼란을 느끼지 않고 스스로 다음 활동을 준비할 수 있게 된다. 그리고 각 전이 시간별로 활동을 잘 계획한다면 유아들은 편안하고 안전한 이동뿐만 아니라, 발달과 학습의 기회, 동기부여, 상호작용을 충분히 얻게 된다. 예를 들어, 전이 시간을 활용하여 수학 개념이 포함된 활동이나 언어활동 등을 계획할 수 있다. 유아들은 전이 시간을 단순히 기다리면서 보내는 것이 아니라 준비된 활동에 즐겁게 참여하면서 배움의 기회를 얻을 수 있다.

1) 정리정돈

정리정돈은 실내놀이가 끝난 다음에 이루어지기도 하고, 자신이 하던 놀이를 끝내고 다른 놀이를 할 때 이루어지기도 한다. 교사는 정리정돈을 위한 전이가 다가옴을 미리 알려 주어 유아들에게 현재의 놀이 활동을 잘 끝마치고 정리정돈을 거쳐 다음 활동 시간에 대한 준비를 할 수 있게 한다.

TIP 관찰 중점 사항

- 정리 활동에 참여하지 않는 영유아가 있는지 확인하고 정리에 참여하지 않는 이유를 관찰함.
- 스스로 정리 활동을 즐겁게 생각하는지 마지못해 하는지를 관찰함.

2) 활동 전·후 시간

활동 시간 전에 전이가 쉽게 이루어지기 위해서 교사는 유아들의 의견을 반영하여 모여 앉을 자리를 정하고 유아들이 능동적인 선택을 할 수 있게 한다. 주제에 관련된 손유희나 수수께끼, 게임, 노래 부르기, 간단한 게임을 하거나 유아의 특징(예: 안경 쓴 친구, 머리 묶은 친구)에 따라 소집단으로 움직이도록 하여 한꺼번에 움직이지 않도록 진행하는 것이 좋다.

TIP 관찰 중점사항

- 활동에 대해서 긍정적으로 표현을 하는지에 대해 관찰함.
- 활동 준비에 적극적으로 함께 하는지, 하지 않는다면 어떤 모습을 보이는지에 대해 관찰함.
- 활동 내용에 대해서 회상을 하는지에 대해서 관찰하고 반응을 관찰함.
- 활동 내용에 대해서 교사에게 질문이 있는지, 있다면 어떤 내용인지에 대해서 관찰함.

3) 간식 및 점심 시간 전과 후

간식 및 점심 시간 전에는 경쾌한 음악을 들려주거나 녹음된 간주 음악에 맞춰 노래를 함께 불러 볼 수도 있고, 음식에 관련된 간단한 게임을 진행해 볼 수 있다. 간식 및 점심시간이 교실에서 이루어진 경우에는 식사시간에 방해되지 않는 조용한 놀이활동이 이루어지고, 급식실에서 이루어질 경우 그림을 그릴 수 있게 크레파스와 종이를 제공하거나, 책을 읽을 수 있게 그림책을 준비해 줄 수도 있다.

TIP **관찰 중점사항**

- 간식시간과 점심시간을 사전 예고하였을 때 반응을 관찰함.
- 간식과 점심 식사 전후 화장실을 적절히 이용하고 손을 깨끗하게 씻는지에 대해서 관찰함.
- 간식과 점심 식사 이후 식후 정리를 스스로 하는지 양치가 잘 이루어지는지에 대해 관찰함.

4) 공간 이동

한 공간에서 다른 공간으로 이동하는 전이 시간은 짧을수록 좋다. 교사는 유아들을 빨리 분산시킬 수 있는 전이활동을 계획한다. 일반적으로 이동 시에는 유아를 한두 줄로 세워 이동하게 한다. 또한 교사의 지시에 따라 줄서는 횟수가 잦아지면 유아들은 힘들고 지루한 시간을 보내게 되기 때문에 꼭 필요한 경우가 아니면 줄을 세우지 않는 것이 바람직하다.

TIP 관찰 중점사항

- 이동할 인원이 모두 있는지 관찰
- 교사가 이야기하는 공간이동 시 유의사항에 대하여 유아가 관심 있게 듣고 있는지에 대해서 확인함.

전이활동 시 아동 행동 관찰 예시

- 바깥놀이를 나가기 전 해야 할 일을 알고 화장실에 다녀온 후 손 씻기, 친구와 바르게 줄 서는 모습 등을 관찰하여 기록함.

활동내용					
관찰 대상	○○○ (남)	생년월일	2015.○○.○○	관찰일시	2021.○○.○○
활동명	밖에 나가 놀아요			연령	만 5세
교사의 기대	• 스스로 손을 씻는 습관을 기르고 실천한다. • 차례를 지켜야 하는 이유와 방법에 대해 알고 실천하기 위해 노력한다.				
개정누리과정 관련 요소	• 신체운동·건강 〉 건강하게 생활하기 〉 자신의 몸과 주변을 깨끗이 한다. 신체운동·건강 〉 건강하게 생활하기 〉 질병을 예방하는 방법을 알고 실천한다. • 사회관계 〉 더불어 생활하기 〉 약속과 규칙의 필요성을 알고 지킨다.				
관찰내용 및 교사 평가	• 활동이 끝난 후 바깥놀이를 준비한다. 화장실에서 소변을 본 후 비누칠을 하여 손을 깨끗이 씻는다. "○○이는 우리 몸을 건강하게 지키기 위한 방법을 잘 알고있구나."라고 말하자 "비누가 세균을 없애줘요."라고 말한다. • 바깥놀이를 가려고 문 앞에 서며 손을 씻고 나오는 ○○에게 "우리 같이 나가자."라고 말하며 자리 옆을 내어준다. • 손을 씻어야 하는 상황과 바르게 손 씻는 방법을 알고 스스로 손 씻는 습관을 갖고 실천한다. 약속과 규칙의 필요성을 알고 지키며 더불어 생활할 수 있는 태도를 보인다.				

4 현장학습

생활주제와 관련하여 교실 외 현장에서 직접적이고 구체적인 경험을 통해 이루어지는 활동이다. 1년 동안 수시로 이루어지고, 현장 사전답사나 이동 차량 등에 대한 점검이 사전에 이루어져야 한다.

TIP 관찰 중점사항

- 영유아의 인원을 수시로 확인하고 관찰함.
- 현장학습지가 영유아의 수준에 맞는지 관찰함.
- 영유아가 현장학습지에서 어떤 반응을 보이며 적극적으로 참여하는지에 대해서 관찰함.

현장학습 시 영아 행동 관찰 예시

• 현장학습을 통해 만난 앵무새에 관심을 보이며 만지고 관찰하고 느껴보며 신기해하는 영아의 모습을 관찰하여 기록함.

<table>
<tr><td>활동내용</td><td colspan="5"></td></tr>
<tr><td>관찰 대상</td><td>○○○ (남)</td><td>생년월일</td><td>2018.○○.○○</td><td>관찰일시</td><td>2021.○○.○○</td></tr>
<tr><td>활동명</td><td colspan="3">앵무새를 탐색해요.</td><td>연령</td><td>만 2세</td></tr>
<tr><td>교사의 기대</td><td colspan="5">• 앵무새를 직접 만지고 관찰하며 관심을 가진다.
• 영아가 신체에 느껴지는 감각에 대해 반응한다.</td></tr>
<tr><td>표준보육 과정 관련 요소</td><td colspan="5">• 자연탐구 〉 자연과 더불어 살기 〉 주변의 동식물에 관심을 가진다.
• 신체운동 〉 감각과 신체 인식하기 〉 감각 능력을 활용한다.</td></tr>
<tr><td>관찰내용 및 교사 평가</td><td colspan="5">• 영아가 앵무새 먹이를 손에 올려두자 앵무새가 영아에게 다가간다. 영아의 표정이 일그러졌으나 가만히 앵무새를 바라보며 손으로 앵무새를 만진다. “앵무새가 노란색이에요”라고 말하며 앵무새를 쓰다듬는다.
• 처음에는 영아가 무서워하는 모습들이 많이 보였으나 앵무새의 모습과 소리 움직임에 관심을 갖고 관찰하며 동식물 등에 호기심을 가지고 탐색하는 모습을 볼 수 있었다.</td></tr>
</table>

현장학습 시 유아 행동 관찰 예시

• 지역사회 어르신들과 함께 하는 즐거움을 느끼며, 쌀을 수확할 수 있는 다양한 방법들에 관심을 가지고 도구를 활용하여 수확의 경험을 가지는 모습을 관찰하여 기록함.

<table>
<tr><td>활동내용</td><td colspan="5"></td></tr>
<tr><td>관찰 대상</td><td>○○○ (남)</td><td>생년월일</td><td>2015.○○.○○</td><td>관찰일시</td><td>2021.○○.○○</td></tr>
<tr><td>활동명</td><td colspan="3">벼 수확을 체험해요</td><td>연령</td><td>만 5세</td></tr>
<tr><td>교사의 기대</td><td colspan="5">• 벼가 자라나는 모습을 살펴보고 벼에서 쌀을 얻기까지의 과정을 알아보며 벼 수확을 경험해본다.
• 벼 수확에 필요한 다양한 도구와 기계사용을 경험해보며, 농사를 위해 힘쓰시는 농부의 수고에 감사함을 느껴본다.
• 농산물을 재배하는 과정을 안다.
• 농산물이 가정에 오기까지 수고하는 사람들에 대해 알고, 감사한 마음을 갖는다.</td></tr>
<tr><td>개정누리과정 관련 요소</td><td colspan="5">• 자연탐구 〉 탐구과정 즐기기 〉 궁금한 것을 탐구하는 과정에 즐겁게 참여한다.
• 자연탐구 〉 생활 속에서 탐구하기 〉 도구와 기계에 대해 관심을 가진다.
• 사회관계 〉 사회에 관심 가지기 〉 내가 살고 있는 곳에 대해 궁금한 것을 알아본다.</td></tr>
<tr><td>관찰내용 및 교사 평가</td><td colspan="5">• 홀태를 보며 체험활동에 도움을 주시는 지역사회 어른께 "이거 어떻게 하는 거에요?"라고 여쭙는다. "벼를 뾰족한 곳에 넣고 오른쪽 발을 올려서 쭉 잡아당기면 돼"라고 이야기하자 오른쪽 발을 올리고 벼를 잡아당긴다. 떨어져 나가는 낟알을 보며 "와! 우리가 먹는 쌀이 된 것 같아요"라고 이야기한다. 벼 수확을 마친 후 지역사회어른께 "도와주셔서 감사합니다." 하며 인사한다.
• 벼 수확을 하기 전 어린이집에서 벼에서 쌀이 되는 과정에 대해 궁금하다고 이야기하였고, 벼 농사에 사용되었던 홀태라는 도구의 사용방법에 관심을 가지고 사용방법에 따라 활용하는 모습이 보였다. 농산물을 재배하는 과정을 알고 농산물이 가정에 오기까지 수고하는 사람들에 대해 알고, 감사한 마음을 가질 수 있었다.</td></tr>
</table>

5 이야기 나누기

TIP 관찰 중점사항

- 유아가 흥미로워하는 주제인지 관찰함.
- 유아의 발문이 자유롭게 이루어지는지 관찰함.
- 사전 경험이나 지식을 적극적으로 반영하여 유아가 이야기 나누기에 참여하는지 관찰함.
- 교사나 다른 유아의 이야기를 경청하는지 관찰함.

이야기 나누기 시 유아 행동 관찰 예시

• 교구활동에 관심을 보이고 주제를 정하여 이야기를 나누면서 생활 주변의 글자를 스스로 써봄. 모음과 자음에 대해 알고 맞춤법에 관심을 보이는 모습을 관찰하여 기록함.

<table>
<tr><th>활동내용</th><td colspan="5">
</td></tr>
<tr><th>관찰 대상</th><td>○○○ (여)</td><th>생년월일</th><td>2015.○○.○○</td><th>관찰일시</th><td>2021.○○.○○</td></tr>
<tr><th>활동명</th><td colspan="3">'물'이 들어간 단어를 써보아요</td><th>연령</th><td>만 5세</td></tr>
<tr><th>교사의 기대</th><td colspan="5">• '물'이라는 글자가 들어간 단어라는 주제를 정하여 친구들과 함께 이야기 나누어보며, 글자로 표현해본다.</td></tr>
<tr><th>개정누리과정 관련 요소</th><td colspan="5">• 의사소통 〉 읽기와 쓰기에 관심 가지기 〉 자신의 생각을 글자와 비슷한 형태로 표현한다.
• 의사소통 〉 듣기와 말하기 〉 상대방이 하는 이야기를 듣고 관련해서 말한다.</td></tr>
<tr><th>관찰내용 및 교사 평가</th><td colspan="5">• ○○, ㅁㅁ과 함께 언어 놀이의 '물이 들어간 단어를 써보아요' 쓰기 교구를 꺼내 제목을 읽어보더니 "얘들아, 물이 들어가는 단어 뭐있지? 물고기! 물놀이!" 라고 말하며 매직을 이용하여 글자를 적는다. "우리 같이 써볼까?"라고 말하며 친구들과 맞춤법이 맞는지 이야기한다. 지우개로 지웠다가 다시 쓰는 활동을 반복하며 교사에게 다가와 "선생님, 이거 맞게 쓴거에요?"라며 질문한다.
• 주제 관련 교구에 관심을 보이며 한 가지 주제에 맞추어 친구들과 의논하고 생활 주변의 글자를 적는 활동에 큰 관심을 보였다. 아직은 발음을 들리는 대로 적지만 끊임없이 철자가 맞는지 확인해보는 과정을 통해 글자를 알아가려는 태도가 보인다.</td></tr>
</table>

6 동화

TIP 관찰 중점사항

- 동화의 제목에 영유아가 흥미를 보이는지 관찰함.
- 수준에 적절했는지 동화를 들으며 흥미로운 반응을 보였는지 관찰함.
- 동화를 듣고 난 이후에 동화를 다시 스스로 보는지 관찰함.
- 동화의 내용에 대해서 교사에게 다시 질문하거나 대화를 원하는지 관찰함.

동화활동 시 영아 행동 관찰 예시

• 책에 관심을 가지고 책 속의 다양한 동물의 종류에 대해 알고, 궁금한 점을 교사에게 질문하며 듣기와 말하기, 읽기와 쓰기에 관심 가지기, 책과 이야기 즐기기 언어활동이 이루어지는 모습을 관찰하여 기록함.

<table>
<tr><td>활동내용</td><td colspan="5"></td></tr>
<tr><td>관찰 대상</td><td>○○○ (남)</td><td>생년월일</td><td>2018.○○.○○</td><td>관찰일시</td><td>2021.○○.○○</td></tr>
<tr><td>활동명</td><td colspan="3">동화책을 읽고 이야기 나누어요.</td><td>연령</td><td>만 2세</td></tr>
<tr><td>교사의 기대</td><td colspan="5">• 동화를 듣고 낱말의 발음에 관심을 갖는다.
• 동화에서 기억에 남는 것을 회상하며 이야기 나눈다.</td></tr>
<tr><td>표준보육 과정 관련 요소</td><td colspan="5">• 의사소통 〉 듣기와 말하기 〉 표정, 몸짓, 말에 관심을 갖고 듣는다.
• 의사소통 〉 듣기와 말하기 〉 상대방의 이야기를 듣고 말한다.</td></tr>
<tr><td>관찰내용 및 교사 평가</td><td colspan="5">• ○○이가 책을 가져와 교사에게 책을 내민다. “선생님이랑 같이 책 읽고 싶구나. 같이 읽어볼까요?”라고 말하며 교사가 동화책을 읽는다. 영아는 동화책에 그려져 있는 동물을 손가락으로 가리키며 “이거 돼지에요”라고 말한다. 또 다른 동물을 손가락으로 가리키더니 “이건 뭐예요?”라고 물어본다. “무슨 동물인지 궁금하구나. 여기 굵은 꼬리도 있고 수염도 나 있네? 어떤 동물 친구일까?”라고 말하자 “다람쥐?”라고 물어보았다. 교사가 “이 동물 이름은 수달이래요.”라고 대답해주자 영아가 “수달?”이라고 따라 말한다.
• 영아가 궁금한 것들에 대해 교사에게 먼저 질문하며 궁금증을 해결해나가는 모습들을 보였다. 또한 영아가 낱말의 발음에 관심을 보이므로 다시 한 번 소리내어 말할 수 있도록 교사가 기회를 제공하고 격려하였다.</td></tr>
</table>

7 음률활동

일과 속 음률활동 시간을 살펴보고, 유아들에게 다양하게 지도하는 방법 및 음악 환경을 관찰한 후 일과 속에서 음악을 자연스럽게 경험할 수 있는 방법을 생각해 본다.

TIP 관찰 중점사항

- 활동을 즐겁게 참여하는지 흥미 없이 탐색만 하는지 관찰함.
- 다양한 악기와 활동 도구를 사용하는지 관찰함.
- 준비된 교구들을 영유아가 적절히 사용하는지 영유아의 흥미에 맞는 교구가 어떤 종류이고 흥미가 없는 경우는 왜 그런지에 대해 관찰함.
- 공간이 영유아가 활동하기에 적절한지에 대해서 관찰함.

음률활동 시 유아 행동 관찰 예시

- 간단한 악기 도구를 활용하여 직접 음악을 선택하여 듣고 악기연주, 신체 움직이기 등 다양한 음률활동을 하는 모습을 관찰하여 기록함.

활동내용	 				
관찰 대상	○○○ (여)	생년월일	2015.○○.○○	관찰일시	2021.○○.○○
활동명	음악에 맞추어 몸을 흔들어요			연령	만 5세
교사의 기대	• 듣고 싶은 음악을 카세트를 이용하여 선택하여 듣는다. • 음악에 맞추어 음악적 요소를 탐색해보며 도구를 활용하여 자유롭게 신체를 움직여본다.				
개정누리과정 관련 요소	• 예술경험 〉 창의적으로 표현하기 〉 신체나 도구를 활용하여 움직임과 춤으로 자유롭게 표현한다. • 자연탐구 〉 생활 속에서 탐구하기 〉 도구와 기계에 대해 관심을 가진다.				
관찰내용 및 교사 평가	• 카세트에 듣고 싶은 CD를 넣어 CD버튼과 재생버튼을 눌러 노래가 흘러나오도록 기계를 조작한다. 흘러나오는 노래를 들으며 ○○에게 "우리 리듬막대 나누어 가지고 흔들어볼래?"라고 말하며 리듬막대를 살살 흔들다가 재빠르게 흔들기 등을 반복한다. 친구와 실로폰, 탬버린을 이용해서 연주하고 두 팔을 좌우로 흔들며 신체를 움직인다. • 카세트라는 기계를 활용할 줄 알며 음악의 빠르기에 따라 신체 움직임을 조절해가며 다양하게 표현하는 모습이 보인다. 노래를 듣고 다양한 리듬악기의 소리를 탐색하여 합주하기, 몸으로 표현하기 등 다양한 음률활동을 하는 모습을 볼 수 있었다.				

8 미술활동

미술활동은 영유아의 경험 · 느낌 · 생각을 그리기, 만들기, 빚기, 꾸미기 등의 다양한 방법을 통해서 표현하는 활동이다. 교사는 영유아들이 미술자료를 손쉽게 쓸 수 있도록 효율적으로 배치하며, 섬세한 기술이 필요한 작품을 완성하는 데 중점을 두기보다는, 영유아가 다양한 자료를 활용하여 표현해 보는 과정을 즐길 수 있도록 지도한다.

TIP **관찰 중점사항**

- 준비된 재료에 영유아가 흥미를 보이는지 관찰함.
- 도구를 적절하게 사용하는지 관찰함.
- 제시된 주제 이외에 확장활동이 이루어지는지 관찰함.

미술활동 시 유아 행동 관찰 예시

• 자연물을 이용하여 자신의 경험을 자유롭게 미술활동으로 표현하고 사람의 움직임 등을 상세히 표현해내는 모습을 관찰하여 기록함.

<table>
<tr><td>활동내용</td><td colspan="5"></td></tr>
<tr><td>관찰 대상</td><td>○○○ (남)</td><td>생년월일</td><td>2015.○○.○○</td><td>관찰일시</td><td>2021.○○.○○</td></tr>
<tr><td>활동명</td><td colspan="3">자연물을 이용해 꾸며요</td><td>연령</td><td>만 5세</td></tr>
<tr><td>교사의 기대</td><td colspan="5">• 자연물을 이용하여 자신의 생각과 느낌, 경험을 자유롭게 표현해본다.</td></tr>
<tr><td>개정누리과정 관련 요소</td><td colspan="5">• 예술경험 〉 창의적으로 표현하기〉 다양한 미술 재료와 도구로 자신의 생각과 느낌을 표현한다.</td></tr>
<tr><td>관찰내용 및 교사 평가</td><td colspan="5">• 바깥놀이 시 주워 온 나뭇가지를 붙이며 “이거 줄넘기에요. 우리가 만든 벼로 만든 그 기다란 줄넘기요”라고 한다. 교사가 “줄넘기를 뛰어넘는 친구의 몸이 줄넘기의 위아래로 나뉘어져 있네?”라고 말하자 “전에 ○○이가 줄넘기 뛸 때 다리가 그렇게 보였어요”라고 이야기한다.
• 자연에서 얻은 자연물을 이용하여 자신의 경험에 비추어 표현하는 과정이 즐거워 보였다. 긴 줄넘기를 할 때 친구의 신체적인 모습을 관찰하고 그림으로 상세하게 표현한 것으로 보아 주변의 다양한 것들을 관찰하는 능력이 뛰어난 것으로 보인다.</td></tr>
</table>

9 요리활동

TIP 관찰 중점사항

- 요리활동을 영유아가 어떻게 반응하는지 관찰함.
- 요리도구가 적절하게 준비되었는지 관찰함.
- 재료가 영유아가 사용하기에 적절한지 관찰함.
- 요리활동 중 맛에 대해서 궁금해 하거나 기대하는지 관찰함.
- 활동 시간이 적절하였는지 관찰함.

요리활동 시 영아 행동 관찰 예시①

• 자신의 가족이 누구인지 알고 도구와 재료를 사용하여 가족에 대한 마음을 요리활동을 통하여 표현하는 모습을 관찰하여 기록함.

활동내용					
관찰 대상	○○○ (남)	생년월일	2018.○○.○○	관찰일시	2021.○○.○○
활동명	어버이날 케이크 만들기			연령	만 2세
교사의 기대	• 부모님을 사랑하는 마음을 갖는다. • 영아 스스로 도구를 사용해서 음식을 만든다.				
표준보육 과정 관련 요소	• 사회관계 〉 더불어 생활하기 〉 가족에게 관심을 가진다. • 신체운동 〉 신체활동 즐기기 〉 대소근육을 조절한다.				
관찰내용 및 교사 평가	• ○○이가 숟가락으로 생크림을 빵 위에 바르고 과자와 젤리를 생크림 위에 올린다. "맛있어 보이는 젤리와 과자가 많이 올려져 있네. 선생님도 ○○가 만든 케이크 맛보고 싶구나."라고 말하자 "이거는 엄마꺼, 이거는 아빠꺼"라고 말하며 손가락으로 가리킨다. • 영아 스스로 도구를 사용하는 방법을 알고 눈과 손을 협응하여 요리활동에 즐겁게 참여한다.				

요리활동 시 유아 행동 관찰 예시②

• 모에서 벼, 벼에서 쌀, 쌀이 밥이 되는 과정을 벼 프로젝트를 통하여 알게 되었으며, 직접 밥을 짓는 과정을 통해 쌀을 씻어낼 때 변하는 물의 색 등을 탐구하며 요리활동에 참여하는 모습을 관찰하여 기록함.

<table>
<tr><td>활동내용</td><td colspan="5"></td></tr>
<tr><td>관찰 대상</td><td>○○○ (여)</td><td>생년월일</td><td>2015.○○.○○</td><td>관찰일시</td><td>2021.○○.○○</td></tr>
<tr><td>활동명</td><td colspan="3">우리가 직접 밥을 지어요</td><td>연령</td><td>만 5세</td></tr>
<tr><td>교사의 기대</td><td colspan="5">• 쌀이 밥이 되기까지의 과정에 대해 알고 요리활동을 통해 즐겁게 경험해본다.</td></tr>
<tr><td>개정누리과정 관련 요소</td><td colspan="5">• 자연탐구 〉 탐구과정 즐기기 〉 궁금한 것을 탐구하는 과정에 즐겁게 참여한다.
• 자연탐구 〉 생활 속에서 탐구하기 〉 물체의 특성과 변화를 여러 가지 방법으로 탐색한다.</td></tr>
<tr><td>관찰내용 및 교사 평가</td><td colspan="5">• 물속 쌀을 손으로 씻으며 “물이 하얗게 변하고 있어”라며 말한다. “우리 계속 씻어볼까? 우리 엄마가 밥 해줄 때 여러 번 씻었어.”라고 말하며 쌀을 물에 헹군다. 여러 번 헹궈 뿌옇게 변한 물을 따라 버리며 새로운 물을 담는다. “우유 색깔 같아.”
“어! 아까보다 물이 하얗게 안 되네.”라고 말한다. 교사는 “물이 점점 옅어지고 있구나. 왜 점점 쌀을 씻은 물의 색이 변하고 있을까? 라고 묻는다. 물에 쌀이 목욕하고 있어요. 이제 깨끗해 졌어요”라고 말한다.
• 쌀이 밥이 되기까지의 과정에 관심을 갖고 직접 쌀을 씻어보며 변하는 물의 색깔에 흥미로운 반응을 보였다. 벼 수확에 이어 밥을 지어 먹어보는 확장된 활동을 통해 활동간에 연계성을 가져 보았으며, 앞으로도 주제에 맞는 요리활동을 계획하여 실행하면 좋을 것 같다.</td></tr>
</table>

10 신체활동

대소근육활동이 골고루 이루어질 수 있도록 다양한 도구를 제시해준다. 신체표현, 게임 등이 이루어질 수 있지만, 실내놀이 중에도 충분한 신체활동이 이루어질 수 있다. 바깥놀이 및 일상생활이 날씨로 인하여 이루어지지 못할 경우 대체활동을 실행해야 하는 것도 영유아의 신체적 발달을 돕기 위해서이다.

TIP 관찰 중점사항

- 연령에 맞는 신체활동이 이루어지는지, 이루어지지 않는다면 어떤 활동을 주로 진행되고 있는지, 발달이 부족한 부분이 무엇인지 관찰함.
- 영유아가 흥미를 보이는지 관찰함.
- 공간이나 인원 등에 문제가 없는지 관찰함.
- 영유아가 스스로 참여하며 계획된 활동 이외에 다양한 활동을 하는지 관찰함.

신체활동 시 영아 행동 관찰 예시①

- 공을 이용하여 신체활동을 하며 공의 움직임을 관찰하고, 교사의 지원을 통하여 자신이 공을 굴리고 싶은 방향을 향해 굴리며 놀이가 이루어지는 모습을 관찰하여 기록함.

활동내용					
관찰 대상	○○○ (남)	생년월일	2018.○○.○○	관찰일시	2021.○○.○○
활동명	친구와 함께 공을 굴려요			연령	만 2세
교사의 기대	• 도구를 이용해서 신체활동을 경험한다. • 안정된 자세로 친구와 함께 서로 공을 주고받는다.				
표준보육 과정 관련 요소	• 신체운동 〉 신체활동 즐기기 〉 실내외 신체활동을 즐긴다. • 사회관계 〉 더불어 생활하기 〉 또래와 함께 놀이한다.				
관찰내용 및 교사 평가	• ㅁㅁ와 함께 롤리팝을 사용해서 공을 굴린다. 서로 공을 한 번씩 주고받으며 놀이하다가 공이 ○○이 옆으로 굴러가자 "공이 자꾸 저기 가네"라고 말한다. "공이 ○○이 옆으로 데굴데굴 굴러가는구나."라고 교사가 말한다. ○○가 뛰어가 굴러간 공을 잡는다. "○○가 공을 잡았구나. 선생님에게 공을 굴려 줄 수 있겠니?"라고 묻자 공을 교사에게 굴린다. "○○에게 공을 굴릴게~ ○○이가 잡아봐요" 라고 하자 ○○이가 다가와 공을 잡는다. 영아들이 반복적으로 공을 주고받는다. • 친구와 한 번씩 주고 받는 규칙을 영아들이 인지하고 있었으며, 악기의 올바른 사용법이 아닌 신체활동도구로 다양하게 사용하여 활동을 진행하였다. 다음에는 거리를 넓혀 확장활동이 이루어질 수 있도록 지원해주어야겠다.				

신체활동 시 유아 행동 관찰 예시②

• 미술놀이의 재료를 활용하여 신체활동에 필요한 도구를 직접 만들고, 림보놀이를 통해 신체를 어떻게 움직여야 하는지 생각해 보고 움직이는 모습을 관찰하여 기록함.

<table>
<tr><td>활동내용</td><td colspan="5"></td></tr>
<tr><td>관찰 대상</td><td>○○○ (여)</td><td>생년월일</td><td>2015.○○.○○</td><td>관찰일시</td><td>2021.○○.○○</td></tr>
<tr><td>활동명</td><td colspan="3">림보놀이를 해요</td><td>연령</td><td>만 5세</td></tr>
<tr><td>교사의 기대</td><td colspan="5">• 림보놀이를 위해 신체를 활용하는 방법을 알고 신체활동에 참여한다.
• 도구를 이용하여 다양한 신체활동을 한다.
• 신체의 특성을 이해하고 림보를 통과하기 위해 신체 각 부분을 안다.
• 림보의 높이에 맞춰 신체를 조절하여 균형을 유지한다.</td></tr>
<tr><td>개정누리과정 관련 요소</td><td colspan="5">• 신체운동·건강 〉 신체활동 즐기기 〉 신체를 인식하고 움직인다.
• 신체운동·건강 〉 신체활동 즐기기 〉 기초적인 이동 운동, 제자리 운동, 도구를 이용한 운동을 한다.</td></tr>
<tr><td>관찰내용 및 교사 평가</td><td colspan="5">• 종이컵을 테이프로 이어 붙여 만든 막대를 이용해 친구들과 림보놀이를 한다. 어떻게 해야 이 끈 밑으로 잘 통과할 수 있을까?라고 묻자, 림보의 높낮이를 조절하며 “낮아지니까 허리가 더 뒤로 간다”라고 말한다. 림보놀이를 하다가 “얘들아, 이번에는 앉아서 들어볼래? 점프해서 뛰어넘어보자”라며 놀이를 제안한다.
• 신체의 특성을 이해하고 림보를 통과하기 위해 신체 각 부분을 움직이며 림보의 높이에 맞춰 신체를 조절하여 균형을 유지할 수 있었고, 직접 만든 도구를 이용해 신체활동으로 확장시켜 놀이에 참여하기를 주도적으로 친구들에게 제안할 줄 안다.</td></tr>
</table>

CHAPTER 13

개정누리과정에 기초한 관찰

관찰이란 일상생활에서 진행되는 자연스러운 인간의 행동을 연구하고 객관적인 자료를 수집하기 위하여, 관찰 장면에 특별한 조작이나 제재를 가하지 않고 관찰자가 가지고 있는 기존의 지식을 사용하여 관찰 대상의 행동을 있는 그대로 기술하는 활동이다.

영유아의 성장과 발달 변화를 기록하고 평가하고 지원하는 일은 영유아, 교사, 부모를 위해 필요하다. 평가를 통해 영유아의 전인적 성장과 발달에 필요한 적절한 교육활동을 체계적으로 계획해야 한다. 누리과정에서의 평가는 영유아들의 교육활동계획안을 계획하고 수립할 때 꼭 필요한 과정이다. 교사는 영유아를 관찰하고 기록하고 추론해 보고 평가한 내용을 부모 상담을 통해 자녀의 성장과정을 보다 잘 이해하도록 지원해 주어야 한다. 부모는 교사의 평가자료를 통해 자녀의 발달과 성장에 대한 정보를 얻어 유아교육기관을 연계하여 자녀의 성장과정을 적절하게 지원해 줄 수 있기 때문이다.

개정누리과정에 기초한 유아평가 영역은 신체운동·건강, 의사소통, 사회관계, 예술경험, 자연탐구의 5개 영역별로 이루어진다. 각 영역별 유아평가방법은 일화기록 등의 다양한 관찰방법을 통해 이루어질 수 있다.

개정누리과정 내용 범주는 표 13-1과 같다.

표 13-1 개정누리과정 영역

영역	신체운동 · 건강	의사소통	사회관계	예술경험	자연탐구
내용범주	신체활동 즐기기	듣기와 말하기	나를 알고 존중하기	아름다움 찾아보기	탐구과정 즐기기
	건강하게 생활하기	읽기와 쓰기에 관심 가지기	더불어 생활하기	창의적으로 표현하기	생활 속에서 탐구하기
	안전하게 생활하기	책과 이야기 즐기기	사회에 관심 가지기	예술 감상하기	자연과 더불어 살기

1 신체운동 · 건강 영역

신체운동 · 건강 영역의 목표 및 내용범주는 유아가 다양한 신체활동에 즐겁게 참여하고, 청결과 위생, 즐거운 식사, 적당한 휴식을 통해 건강한 생활습관을 기르며, 일상에서 안전하게 생활하는 방법을 배우고 실천하는 내용으로 구성하였다.

- 유아가 자유롭게 신체를 움직이며 놀이하는 즐거운 경험을 강조하고자 기존 누리과정의 '신체 인식하기', '신체 조절과 기본 운동하기', '신체활동에 참여하기' 등의 내용범주를 통합하여 '신체활동 즐기기'로 제시하였다.
- '건강하게 생활하기'에 바른 태도로 즐겁게 음식을 먹는 내용을 새롭게 포함하였으며, 기존 누리과정의 배변이나 낮잠 등 유아의 일상생활과 관련된 내용은 개정누리과정 해설서 P44 '교수 · 학습'의 내용 중 '바'항을 통해 하루 일과 전체에서 지원할 수 있게 하였다.
- 유아안전교육을 강조하고자 관련 법령 및 지침에 제시된 내용을 최대한 반영하여 개정하였다.

1) 신체운동 · 건강 영역 내용

'신체활동 즐기기' 유아가 스스로 신체를 움직이는 동안 자연스럽게 자신의 신체를 인식하고 조절하며, 실내외에서 다양한 신체활동에 자발적으로 참여하면서 신체활동을 즐기는 내용이다.

'건강하게 생활하기' 유아가 스스로 몸과 주변을 깨끗이 하고, 즐겁게 식사하며, 자신의 신체 리듬에 맞게 휴식을 취하고, 질병을 예방하는 다양한 방법을 실천하는 내용이다.

'안전하게 생활하기' 유아가 안전하게 놀이하고 생활하며, 자주 접하는 TV, 컴퓨터, 스마트폰을 바르게 사용하고, 안전하게 다닐 수 있도록 교통안전 규칙을 지키며, 안전사고, 화재, 재난, 학대, 유괴 등의 위험한 일이 발생하였을 때 도움을 요청하거나 대처할 수 있는 방법을 경험하는 내용이다.

표 13-2 신체운동 · 건강 영역의 내용 범주와 내용

내용 범주	내용
신체활동 즐기기	• 신체를 인식하고 움직인다. • 신체 움직임을 조절한다. • 기초적인 이동운동, 제자리 운동, 도구를 이용한 운동을 한다. • 실내외 신체활동에 자발적으로 참여한다.
건강하게 생활하기	• 자신의 몸과 주변을 깨끗이 한다. • 몸에 좋은 음식에 관심을 가지고 바른 태도로 즐겁게 먹는다. • 하루 일과에서 적당한 휴식을 취한다. • 질병을 예방하는 방법을 알고 실천한다.
안전하게 생활하기	• 일상에서 안전하게 놀이하고 생활한다. • TV, 컴퓨터, 스마트폰 등을 바르게 사용한다. • 교통안전 규칙을 지킨다. • 안전사고, 화재, 재난, 학대, 유괴 등에 대처하는 방법을 경험한다.

2) 신체운동 · 건강 영역 관찰의 실제

신체운동 · 건강 영역은 긍정적 자아개념과 일상생활에 필요한 기초체력을 기르며, 유아의 심신을 조화롭고 건강하게 발달시키는 것에 중점을 두고 있다. 주변의 사물이나 또래와의 놀이를 통해 감각적 활동을 경험해 보고 발달에 필요한 대근육활동과 유아기에 필요한 신체 · 건강활동에 유아들이 규칙적으로 참여한 후 평가를 실시하는 것이 효과적이다.

다음은 신체운동 영역의 관찰척도와 신체운동 · 건강 영역의 연령별 평정척도이다.

(1) 신체운동 영역 관찰척도

표 13-3 0~2세 관찰척도

신체운동 영역										
연령	평가문항		1학기				2학기			
			1	2	3	4	1	2	3	4
0세	2-1	감각적 자극에 반응한다. [감각반응]								
	2-2	감각기관으로 주변 환경을 탐색한다. [감각기관 활용]								
	2-3	신체를 탐색한다. [신체 인식]								
	2-4	대·소근육을 조절한다. [대·소근육 조절]								
	2-5	기본운동을 시도한다. [운동동작 시도]								
	2-6	실내 · 외 신체활동을 즐긴다. [신체활동 참여, 자발성]								
1세	2-1	감각적 자극에 반응한다. [감각반응]								
	2-2	감각기관으로 주변 환경을 탐색한다. [감각기관 활용]								
	2-3	신체를 탐색한다. [신체 인식]								
	2-4	대·소근육을 조절한다. [대·소근육 조절]								
	2-5	기본운동을 시도한다. [운동동작 시도]								
	2-6	실내 · 외 신체활동을 즐긴다. [신체활동 참여, 자발성]								
2세	2-1	감각 능력을 활용한다. [감각기관 활용]								
	2-2	신체를 인식하고 움직인다. [신체인식]								
	2-3	대·소근육을 조절한다. [대·소근육 조절]								
	2-4	기본운동을 시도한다. [운동동작 시도]								
	2-5	실내 · 외 신체활동을 즐긴다. [신체활동 참여, 자발성]								

(2) 신체운동 · 건강 영역의 평정척도

표 13-4 3~5세 평정척도

관 찰 일	년 월 일				관찰 영역	신체운동 · 건강
관찰 아동					관 찰 자	
관찰 내용						
내용 범주	내용	평점			비고	
		나쁨	보통	좋음		
신체활동 즐기기	신체를 인식하고 움직인다.	1	2	3		
	신체 움직임을 조절한다.	1	2	3		
	기초적인 이동운동, 제자리 운동, 도구를 이용한 운동을 한다.	1	2	3		
	실내외 신체활동에 자발적으로 참여한다.	1	2	3		
건강하게 생활하기	자신의 몸과 주변을 깨끗이 한다.	1	2	3		
	몸에 좋은 음식에 관심을 가지고 바른 태도로 즐겁게 먹는다.	1	2	3		
	하루 일과에서 적당한 휴식을 취한다.	1	2	3		
	질병을 예방하는 방법을 알고 실천한다.	1	2	3		
안전하게 생활하기	일상에서 안전하게 놀이하고 생활한다.	1	2	3		
	TV, 컴퓨터, 스마트폰 등을 바르게 사용한다.	1	2	3		
	교통안전 규칙을 지킨다.	1	2	3		
	안전사고, 화재, 재난, 학대, 유괴 등에 대처하는 방법을 경험한다.	1	2	3		

2 의사소통 영역

의사소통 영역의 목표와 내용범주는 유아가 일상생활에서 다른 사람의 말이나 이야기를 듣고 말하기를 즐기며, 주변의 상징을 읽고 글자와 비슷한 형태로 써보기에 관심을 가지며, 다양한 책과 이야기를 통해 상상하기를 즐기는 내용으로 구성하였다.

- 유아의 듣고 말하는 경험이 분리되지 않음을 고려하여 기존 누리과정의 '듣기'와 '말하기'를 '듣기와 말하기'로 제시하였다.
- 유아의 읽고 쓰는 경험이 분리되지 않음을 고려하여 기존 누리과정의 '읽기'와 '쓰기'를 '읽기와 쓰기에 관심 가지기'로 제시하였다.
- 유아가 동화와 동시, 말놀이와 이야기 짓기 등 일상에서 자연스럽게 문학을 즐기는 경험에 중점을 두어 '책과 이야기 즐기기' 내용범주를 새롭게 제시하였다.

1) 의사소통 영역의 내용

'듣기와 말하기' 유아가 다른 사람의 말이나 이야기를 관심 있게 듣고, 자신의 경험, 느낌, 생각을 상황에 적절한 단어를 사용하여 말하고, 고운 말을 사용하는 내용이다.

'읽기와 쓰기에 관심 가지기' 유아가 말과 글의 관계에 관심을 가지고, 주변의 상징, 글자 등을 읽으며, 자신의 생각을 글자와 비슷한 형태로 표현해 보는 내용이다.

'책과 이야기 즐기기' 유아가 다양한 책에 관심을 가지고 상상하며, 동화, 동시에서 말의 재미를 느끼고, 말놀이와 이야기 짓기를 즐기는 내용이다.

표 13-5 의사소통 영역의 내용 범주와 내용

내용 범주	내용
듣기와 말하기	• 말이나 이야기를 관심 있게 듣는다. • 자신의 경험, 느낌, 생각을 말한다. • 상황에 적절한 단어를 사용하여 말한다. • 상대방이 하는 이야기를 듣고 관련해서 말한다. • 바른 태도로 듣고 말한다. • 고운 말을 사용한다.
읽기와 쓰기에 관심 가지기	• 말과 글의 관계에 관심을 가진다. • 주변의 상징 글자 등의 읽기에 관심을 가진다. • 자신의 생각을 글자와 비슷한 형태로 표현한다.
책과 이야기 즐기기	• 책에 관심을 가지고 상상하기를 즐긴다. • 동화, 동시에서 말의 재미를 느낀다. • 말놀이와 이야기 짓기를 즐긴다.

2) 의사소통 영역 관찰의 실제

(1) 듣기, 말하기 관찰

듣기 활동에서의 평가는 유아 개인 또는 전체 반 유아를 대상으로 개정누리과정의 생활주제와 연계해서 하루를 계획하고 일일계획을 통해 듣기와 말하기 활동이 어떻게 이루어지는지를 평가하는 것이다.

(2) 읽기, 쓰기 관찰

읽기는 일상생활 속에서 자주 접하게 되는 친숙한 글자를 찾아보고, 읽어보는 과정을 통해 글의 내용에 관심을 가지고 읽어보는 과정에서 어떻게 성취되고 있는지를 평가하는 것이다.

쓰기는 쓰기 과정에 관심을 갖고 자신의 이름이나 주변에서 쉽게 접할 수 있는 친숙한 글자를 써 보는 경험을 통해, 유아의 쓰기가 어떻게 성취되고 있는지를 관찰기록 후 평가하는 것이다.

다음은 의사소통 영역의 관찰척도와 의사소통 영역의 연령별 평정척도이다.

(3) 의사소통 영역 관찰의 척도

표 13-6 0~2세 관찰척도

의사소통 영역											
연령	평가문항		1학기				2학기				
			1	2	3	4	1	2	3	4
0세	3-1	표정, 몸짓, 말과 주변의 소리에 관심을 갖고 듣는다. [목소리 인식]								
	3-2	상대방의 이야기를 들으면서 말소리를 낸다. [듣기에 대한 반응]								
	3-3	표정, 몸짓, 말소리로 의사표현을 한다. [비언어적 표현 시도]								
	3-4	주변의 그림과 상징에 관심을 가진다. [소리표현 시도]								
	3-5	끼적이기에 관심을 가진다. [끼적이기에 대한 관심]								
	3-6	책에 관심을 가진다. [책에 대한 관심]								
	3-7	이야기에 관심을 가진다. [이야기에 대한 관심]								
1세	3-1	표정, 몸짓, 말과 주변의 소리에 관심을 갖고 듣는다. [목소리 인식]								
	3-2	상대방의 이야기를 들으면서 말소리를 낸다. [듣기에 대한 반응]								
	3-3	표정, 몸짓, 말소리로 의사표현을 한다. [비언어적 표현 시도]								

의사소통 영역										
연령	평가문항		1학기				2학기			
			1	2	3	4	1	2	3	4
	3-4	주변의 그림과 상징에 관심을 가진다. [소리표현 시도]								
	3-5	끼적이기에 관심을 가진다. [끼적이기에 대한 관심]								
	3-6	책에 관심을 가진다[책에 대한 관심]								
	3-7	이야기에 관심을 가진다. [이야기에 대한 관심]								
2세	3-1	표정, 몸짓, 말에 관심을 갖고 듣는다. [목소리 인식]								
	3-2	상대방의 이야기를 듣고 말한다. [듣기에 대한 반응과 표현 시도]								
	3-3	표정, 몸짓, 단어 또는 문장으로 의사표현을 한다. [표현시도, 자발성]								
	3-4	주변의 그림과 상징, 글자에 관심을 가진다. [읽기에 대한 관심]								
	3-5	끼적이며 표현하기를 즐긴다. [끼적이기에 대한 의도성]								
	3-6	책에 관심을 가지고 상상한다. [책에 대한 관심, 표현 시도]								
	3-7	말놀이와 이야기에 재미를 느낀다. [읽기에 대한 모방 능력]								

표 13-7 3~5세 평정척도

관 찰 일	년 월 일			관찰 영역	의사소통
관찰 아동				관 찰 자	
관찰 내용					
내용 범주	내용	평점			비고
		나쁨	보통	좋음	
듣기와 말하기	말이나 이야기를 관심 있게 듣는다.	1	2	3	
	자신의 경험, 느낌, 생각을 말한다.	1	2	3	
	상황에 적절한 단어를 사용하여 말한다.	1	2	3	
	상대방이 하는 이야기를 듣고 관련해서 말한다.	1	2	3	
	바른 태도로 듣고 말한다.	1	2	3	
	고운 말을 사용한다.	1	2	3	
읽기와 쓰기에 관심 가지기	말과 글의 관계에 관심을 가진다.	1	2	3	
	주변의 상징, 글자 등의 읽기에 관심을 가진다.	1	2	3	
	자신의 생각을 글자와 비슷한 형태로 표현한다.	1	2	3	
책과 이야기 즐기기	책에 관심을 가지고 상상하기를 즐긴다.	1	2	3	
	동화, 동시에서 말의 재미를 느낀다.	1	2	3	
	말놀이와 이야기 짓기를 즐긴다.	1	2	3	

3 사회관계 영역

사회관계 영역의 목표와 내용범주는 유아가 자신을 이해하고 존중하며, 친구와 가족 또는 다른 사람들과 사이좋게 지내며, 유아가 속한 지역사회와 우리나라, 다양한 문화에 관심을 갖는 내용으로 구성하였다.

- '나를 알고 존중하기'는 기존 누리과정의 '나'와 관련된 세부 내용을 통합하여 새롭게 제시하였다.
- 유아가 자신과 가장 가까운 가족 및 친구를 중심으로 다른 사람과의 관계에서 경험하는 사회적 가치나 태도를 '더불어 생활하기'로 통합하여 제시하였으며, 예(禮), 존중, 배려, 협력 등의 인성 덕목을 반영하였다.
- '사회에 관심 가지기'에서는 문화 다양성을 이해하고 존중하는 내용이 포함되어 있다.

1) 사회관계 영역의 내용

'나를 알고 존중하기'는 유아가 자신을 나타낼 수 있는 것과 자신의 감정을 알고 상황에 맞게 적절하게 표현하며, 자신이 할 수 있는 것을 스스로 해 봄으로써, 긍정적인 자아존중감과 자율성을 경험하는 내용이다.

'더불어 생활하기'는 유아가 가족의 의미와 소중함을 알며, 친구와 서로 돕고 양보, 배려, 협력하며 사이좋게 지내고, 사람들마다 감정, 생각, 행동이 각기 다름을 알고 존중하여, 친구와의 갈등을 여러 가지 긍정적인 방법으로 해결하는 내용이다. 또한 친구와 어른께 예의 바른 태도로 말하고 행동하며, 사회 공동체의 일원으로서 약속과 규칙의 필요성을 알고 지키는 내용이다.

'사회에 관심 가지기'는 유아가 사회 구성원으로서 자신이 사는 지역에 관심을 가지고 탐구하며, 우리나라의 상징, 언어, 문화를 알아 가면서 대한민국 국민으로서 긍지와 자부심을 가지는 내용이다. 그리고 다른 나라의 다양한 문화에 관심을 가지고 존중하는 경험을 담고 있다.

표 13-8 사회관계 영역의 내용 범주와 내용

내용 범주	내용
나를 알고 존중하기	• 나를 알고 소중히 여긴다. • 나의 감정을 알고 상황에 맞게 표현한다. • 내가 할 수 있는 것을 스스로 한다.
더불어 생활하기	• 가족의 의미를 알고 화목하게 지낸다. • 친구와 서로 도우며 사이좋게 지낸다. • 친구와의 갈등을 긍정적인 방법으로 해결한다. • 서로 다른 감정, 생각, 행동을 존중한다. • 친구와 어른께 예의바르게 행동한다. • 약속과 규칙의 필요성을 알고 지킨다.
사회에 관심 가지기	• 내가 살고 있는 곳에 대해 궁금한 것을 알아본다. • 우리나라에 대해 자부심을 가진다. • 다양한 문화에 관심을 가진다.

2) 사회관계 영역 관찰의 실제

(1) 사회관계 영역 관찰척도

표 13-9 0~2세 관찰척도

사회관계 영역										
연령	평가문항		1학기				2학기			
			1	2	3	4	1	2	3	4
0세	4-1	나를 인식한다. [자기 인식]								
	4-2	나의 욕구와 감정을 나타낸다. [욕구와 감정 표현]								
	4-3	나와 친숙한 것을 안다. [애착 형성]								
	4-4	안정적인 애착을 형성한다. [애착 형성]								
	4-5	또래에게 관심을 가진다. [집단 적응]								
	4-6	다른 사람의 감정과 행동에 주의를 기울인다. [타인의 감정 인식]								
	4-7	반에서 편안하게 지낸다. [집단 적응]								
1세	4-1	나를 인식한다. [자기 인식]								
	4-2	나의 욕구와 감정을 나타낸다. [욕구와 감정 표현]								
	4-3	나와 친숙한 것을 안다. [애착 형성]								
	4-4	안정적인 애착을 형성한다. [애착 형성]								
	4-5	또래에게 관심을 가진다. [집단 적응]								
	4-6	다른 사람의 감정과 행동에 주의를 기울인다. [타인의 감정 인식]								
	4-7	반에서 편안하게 지낸다. [집단 적응]								

사회관계 영역										
연령	평가문항		1학기				2학기			
			1	2	3	4	1	2	3	4
2세	4-1	나와 다른 사람을 구별한다. [타인 인식]								
	4-2	나의 감정을 표현한다. [친구 인식]								
	4-3	내가 좋아하는 것을 한다. [자기 인식]								
	4-4	가족에게 관심을 가진다. [애착 표현]								
	4-5	또래와 함께 놀이한다. [집단 적응]								
	4-6	다른 사람의 감정과 행동에 반응한다. [타인의 감정 인식]								
	4-7	반에서의 규칙과 약속을 알고 지킨다. [사회적 가치: 인사, 약속]								

(2) 사회관계 영역 평정척도

표 13-10 3~5세 평정척도

관 찰 일	년 월 일				관찰 영역	사회관계
관찰 아동					관 찰 자	
관찰 내용						
내용 범주	내용	평점			비고	
		나쁨	보통	좋음		
나를 알고 존중하기	나를 알고 소중히 여긴다.	1	2	3		
	나의 감정을 알고 상황에 맞게 표현한다.	1	2	3		
	내가 할 수 있는 것을 스스로 한다.	1	2	3		
더불어 생활하기	가족의 의미를 알고 화목하게 지낸다.	1	2	3		
	친구와 서로 도우며 사이좋게 지낸다.	1	2	3		
	친구와의 갈등을 긍정적인 방법으로 해결한다.	1	2	3		
	서로 다른 감정, 생각, 행동을 존중한다..	1	2	3		
	친구와 어른께 예의바르게 행동한다.	1	2	3		
	약속과 규칙의 필요성을 알고 지킨다.	1	2	3		
사회에 관심 가지기	내가 살고 있는 곳에 대해 궁금한 것을 알아본다.	1	2	3		
	우리나라에 대해 자부심을 가진다.	1	2	3		
	다양한 문화에 관심을 가진다.	1	2	3		

4 예술경험 영역

예술경험 영역의 목표와 내용범주는 유아가 자연, 생활, 예술에서 아름다움을 느끼고, 음악, 움직임과 춤, 미술, 극놀이 등의 예술에서 자신의 느낌과 생각을 창의적으로 표현하는 과정을 즐기며, 다양한 예술 작품을 감상하며 다른 사람의 예술 표현을 존중하는 내용으로 구성하였다

유아가 자연과 생활, 예술에서 아름다움을 느끼고 즐기는 경험을 반영하여 '아름다움 찾아보기'를 새롭게 편성하였다.

- '창의적으로 표현하기'에서는 유아가 자신의 느낌과 생각을 음악, 움직임과 춤, 미술, 극놀이 등을 통해 자유롭게 표현하는 과정을 즐기는 내용으로 구성하였다.
- '예술 감상하기'에서는 유아가 다양한 예술을 통해 상상하기를 즐기고, 우리나라 고유의 전통 예술에 친숙해지는 경험을 강조하였다.

1) 예술경험 영역의 내용

'아름다움 찾아보기'에서는 유아가 자연과 생활에서 아름다움을 느끼며 예술적 요소에 관심을 가지고 찾아보는 내용이다.

'창의적으로 표현하기'에서는 유아가 노래를 즐겨 부르고, 간단한 소리와 리듬을 만들어 보며, 자유롭게 움직이며 춤추고, 다양한 미술 재료와 도구를 활용하여 표현하며, 경험과 이야기를 극놀이로 표현하는 내용이다.

'예술 감상하기'는 유아가 자신과 또래의 작품뿐만 아니라 다양한 예술을 감상하며 상상하기를 즐기고, 서로 다른 예술 표현을 존중하며, 우리 고유의 전통예술에 친숙해지는 내용이다.

표 13-11 예술경험 영역의 내용 범주와 내용

내용 범주	내용
아름다움 찾아보기	• 자연과 생활에서 아름다움을 느끼고 즐긴다. • 예술적 요소에 관심을 갖고 찾아본다.
창의적으로 표현하기	• 노래를 즐겨 부른다. • 신체, 사물, 악기로 간단한 소리와 리듬을 만들어 본다. • 신체나 도구를 활용하여 움직임과 춤으로 자유롭게 표현한다. • 다양한 미술 재료와 도구로 자신의 생각과 느낌을 표현한다. • 극놀이로 경험이나 이야기를 표현한다.
예술 감상하기	• 다양한 예술을 감상하며 상상하기를 즐긴다. • 서로 다른 예술 표현을 존중한다. • 우리나라 전통 예술에 관심을 갖고 친숙해진다.

2) 예술경험 영역 관찰의 실제

(1) 예술경험 영역 관찰척도

표 13-12 0~2세 관찰척도

예술경험 영역										
연령	평가문항		1학기				2학기			
			1	2	3	4	1	2	3	4
0세	5-1	자연과 생활에서 아름다움을 느낀다. [아름다움 경험]								
	5-2	아름다움에 관심을 가진다. [아름다움에 대한 호기심]								
	5-3	소리와 리듬, 노래로 표현한다. [노래모방, 리듬감]								
	5-4	감각을 통해 미술을 경험한다. [감각적 미술경험]								
	5-5	모방행동을 즐긴다. [모방행동]								
1세	5-1	자연과 생활에서 아름다움을 느낀다. [아름다움 경험]								
	5-2	아름다움에 관심을 가진다. [아름다움에 대한 호기심]								
	5-3	소리와 리듬, 노래로 표현한다. [노래모방, 리듬감]								
	5-4	감각을 통해 미술을 경험한다. [감각적 미술경험]								
	5-5	모방행동을 즐긴다. [모방행동]								
2세	5-1	자연과 생활에서 아름다움을 느끼고 즐긴다. [아름다움 탐색]								
	5-2	아름다움에 관심을 갖고 찾아본다. [즐기는 태도, 심미감]								
	5-3	익숙한 노래와 리듬을 표현한다. [노래표현, 리듬 및 소리 표현]								
	5-4	움직임과 춤으로 자유롭게 표현한다. [신체표현, 도구 활용]								
	5-5	미술재료와 도구로 표현해 본다. [자발적 그리기, 도구 활용]								
	5-6	일상생활 경험을 상상놀이로 표현한다. [모방행동, 상상놀이]								

(2) 예술경험 영역 평정척도

표 13-13 3~5세 평정척도

관 찰 일	년 월 일				관찰 영역	예술경험
관찰 아동					관 찰 자	
관찰 내용						
내용 범주	내용	평점			비고	
		나쁨	보통	좋음		
아름다움 찾아보기	자연과 생활에서 아름다움을 느끼고 즐긴다.	1	2	3		
	예술적 요소에 관심을 갖고 찾아본다.	1	2	3		
창의적으로 표현하기	노래를 즐겨 부른다.	1	2	3		
	신체, 사물, 악기로 간단한 소리와 리듬을 만들어 본다.	1	2	3		
	신체나 도구를 활용하여 움직임과 춤으로 자유롭게 표현한다.	1	2	3		
	다양한 미술 재료와 도구로 자신의 생각과 느낌을 표현한다.	1	2	3		
	극놀이로 경험이나 이야기를 표현한다.	1	2	3		
예술 감상하기	다양한 예술을 감상하며 상상하기를 즐긴다.	1	2	3		
	서로 다른 예술 표현을 존중한다.	1	2	3		
	우리나라 전통 예술에 관심을 갖고 친숙해진다	1	2	3		

5 자연탐구 영역

자연탐구 영역의 목표와 내용범주는 유아가 호기심을 가지고 궁금한 것을 적극적으로 탐구하는 과정을 즐기며, 생활 속의 문제를 수학적, 과학적으로 탐구해 보면서, 생명과 자연환경을 존중하는 내용으로 구성하였다.

- '탐구과정 즐기기'는 유아가 주변 세계와 자연에 대해 호기심을 가지고 즐겁게 탐색하는 모습을 반영하여 제시하였다.
- '생활 속에서 탐구하기'는 일상의 문제를 수학적, 과학적 방식으로 탐구하는 유아의 경험을 반영한 것이다.
- '자연과 더불어 살기'는 유아가 생명과 자연환경의 소중함을 경험하는 내용으로 새롭게 편성한 것이다. 기존 누리과정에서 사회관계 영역의 세부 내용인 '자연과 자원을 아끼는 습관을 기른다'와 자연탐구 영역의 내용인 '생명체와 자연환경 알아보기'와 '자연현상 알아보기'의 세부 내용들을 종합하여, 지속 가능한 사회를 위한 삶의 태도를 형성하는 내용으로 구성하였다.

1) 자연탐구 영역의 내용

'탐구과정 즐기기'는 유아가 주변 세계와 자연에 대해 지속적으로 호기심을 가지고, 궁금한 것을 탐구하는 과정에 적극적으로 참여하면서 서로 다른 생각에 관심을 갖는 내용이다.

'생활 속에서 탐구하기'는 유아가 물체의 특성과 변화를 여러 가지 방법으로 탐색하고, 물체를 세어 수량을 알아보고, 물체의 위치와 방향, 모양을 알고 구별하며, 길이와 무게 등의 속성을 비교하고, 반복되는 규칙을 찾아보고, 일상에서 모은 자료들을 기준에 따라 분류하며, 도구와 기계에 관심을 가지고 생활 속의 문제를 다양하게 탐구하는 내용이다.

'자연과 더불어 살기'는 유아가 주변의 동식물에 대해 관심을 가지고, 생명과 자연환경을 소중히 여기며, 날씨와 계절의 변화를 생활과 관련짓는 내용이다.

표 13-14 자연탐구 영역의 내용 범주와 내용

내용 범주	내용
탐구과정 즐기기	• 주변 세계와 자연에 대해 지속적으로 호기심을 가진다. • 궁금한 것을 탐구하는 과정에 즐겁게 참여한다. • 탐구과정에서 서로 다른 생각에 관심을 가진다.
생활 속에서 탐구하기	• 물체의 특성과 변화를 여러 가지 방법으로 탐색한다. • 물체를 세어 수량을 알아본다. • 물체의 위치와 방향, 모양을 알고 구별한다. • 일상에서 길이, 무게 등의 속성을 비교한다. • 주변에서 반복되는 규칙을 찾는다. • 일상에서 모은 자료를 기준에 따라 분류한다. • 도구와 기계에 대해 관심을 가진다.
자연과 더불어 살기	• 주변의 동식물에 관심을 가진다. • 생명과 자연환경을 소중히 여긴다. • 날씨와 계절의 변화를 생활과 관련짓는다.

2) 자연탐구 영역 관찰의 실제

(1) 자연탐구 영역 관찰척도

표 13-15 0~2세 관찰척도

자연탐구 영역										
연령	평가문항		1학기				2학기			
			1	2	3	4	1	2	3	4
0세	6-1	주변세계와 자연에 호기심을 가진다. [관심]								
	6-2	사물과 자연 탐색하기를 즐긴다. [탐색]								
	6-3	친숙한 물체를 감각으로 탐색한다. [감각 지각]								
	6-4	물체의 수량에 관심을 가진다. [수량 인식]								
	6-5	주변 공간과 모양을 탐색한다. [모양 지각]								
	6-6	규칙성을 경험한다. [규칙 인식]								
	6-7	주변의 동식물에 관심을 가진다. [동식물에 대한 관심]								
1세	6-1	주변세계와 자연에 호기심을 가진다. [관심]								
	6-2	사물과 자연 탐색하기를 즐긴다. [탐색]								
	6-3	친숙한 물체를 감각으로 탐색한다. [감각 지각]								
	6-4	물체의 수량에 관심을 가진다. [수량 인식]								
	6-5	주변 공간과 모양을 탐색한다. [모양 지각]								
	6-6	규칙성을 경험한다. [규칙 인식]								
	6-7	주변의 동식물에 관심을 가진다. [동식물에 대한 관심]								
2세	6-1	주변 세계와 자연에 대해 호기심을 가진다. [호기심, 탐색]								
	6-2	사물과 자연을 반복하여 탐색하기를 즐긴다. [수량 인식, 수 이름 인식]								
	6-3	친숙한 물체의 특성과 변화를 감각으로 탐색한다. [위치와 장소 인식]								
	6-4	물체의 수량에 관심을 가진다. [수량 인식, 수 이름 인식]								
	6-5	주변 공간과 모양을 탐색한다. [모양과 크기에 대한 관심]								
	6-6	규칙성에 관심을 가진다. [규칙 인식]								
	6-7	주변 사물을 같고 다름에 따라 구분한다. [사물 인식, 구분]								

자연탐구 영역										
연령	평가문항		1학기				2학기			
			1	2	3	4	1	2	3	4
	6-8	생활도구에 관심을 가진다. [도구 탐색]								
	6-9	주변의 동식물에 관심을 가진다. [동식물에 대한 관심]								
	6-10	날씨와 계절의 변화를 감각으로 느낀다. [감각 지각]								

(2) 자연탐구 영역 평정척도

표 13-16 3~5세 평정척도

관 찰 일	년 월 일	관찰 영역	자연탐구		
관찰 아동		관 찰 자			
관찰 내용					
내용 범주	내용	평점			비고
		나쁨	보통	좋음	
탐구과정 즐기기	주변 세계와 자연에 대해 지속적으로 호기심을 가진다.	1	2	3	
	궁금한 것을 탐구하는 과정에 즐겁게 참여한다.	1	2	3	
	탐구과정에서 서로 다른 생각에 관심을 가진다.	1	2	3	
생활 속에서 탐구하기	물체의 특성과 변화를 여러 가지 방법으로 탐색한다.	1	2	3	
	물체를 세어 수량을 알아본다.	1	2	3	
	물체의 위치와 방향, 모양을 알고 구별한다.	1	2	3	
	일상에서 길이, 무게 등의 속성을 비교한다.	1	2	3	
	주변에서 반복되는 규칙을 찾는다.	1	2	3	
	일상에서 모은 자료를 기준에 따라 분류한다.	1	2	3	
	도구와 기계에 대해 관심을 가진다.	1	2	3	
자연과 더불어 살기	주변의 동식물에 관심을 가진다.	1	2	3	
	생명과 자연환경을 소중히 여긴다.	1	2	3	
	날씨와 계절의 변화를 생활과 관련짓는다.	1	2	3	

3) 개정누리과정에서의 관찰의 양식

표 13-17 유아관찰기록 양식①

관찰 기간: 21 년 월 일 ~

<table>
<tr><td colspan="2">이름</td><td>OOO</td><td>성별</td><td></td></tr>
<tr><td colspan="2">생년월일</td><td></td><td>기록자</td><td></td></tr>
<tr><td colspan="2" rowspan="2"></td><td colspan="3">평가내용</td></tr>
<tr><td>1학기</td><td colspan="2">2학기</td></tr>
<tr><td rowspan="5">누리과정 영역</td><td>신체운동 · 건강</td><td></td><td colspan="2"></td></tr>
<tr><td>의사소통</td><td></td><td colspan="2"></td></tr>
<tr><td>사회관계</td><td></td><td colspan="2"></td></tr>
<tr><td>예술경험</td><td></td><td colspan="2"></td></tr>
<tr><td>자연탐구</td><td></td><td colspan="2"></td></tr>
<tr><td colspan="2">기타의견 및 특이사항</td><td colspan="3"></td></tr>
</table>

표 13-18 유아관찰기록 양식②

관찰 기간: 21 년 월 일 ~ 월 일

<table>
<tr><td>이름</td><td>OOO</td><td>성별</td><td></td></tr>
<tr><td>생년월일(월령)</td><td></td><td>기록자</td><td></td></tr>
<tr><td>구분</td><td>관찰내용</td><td colspan="2">평가</td></tr>
<tr><td>신체운동·건강</td><td></td><td colspan="2"></td></tr>
<tr><td>의사소통</td><td></td><td colspan="2"></td></tr>
<tr><td>사회관계</td><td></td><td colspan="2"></td></tr>
<tr><td>예술경험</td><td></td><td colspan="2"></td></tr>
<tr><td>자연탐구</td><td></td><td colspan="2"></td></tr>
<tr><td>비고</td><td colspan="3"></td></tr>
</table>

4) 개정누리과정에서의 관찰 실제

표 13-19 유아관찰일지 예시

■아동명: 강○○ ■생년월일: 20**. 01. 30. ■관찰기간: 20**.11.01.~12.31. ■관찰자: 김○○

흥미 영역	음률놀이	바깥놀이	대 · 소집단활동	기본생활
관찰일자	20**.11.29	20**.11.02	20**.11.16	20**.11.19
누리과정 내용 범주	창의적으로 표현하기	신체활동 즐기기	나를 알고 존중하기	건강하게 생활하기
관찰 및 평가	노래에 맞춰 '지구가 아프대요' 노래를 부름. 교사가 피아노 소리를 낮춰 천천히 치자 ○○는 목소리를 작게 내어 천천히 노래를 부름. **교사평가:** 피아노 소리와 속도에 따라 목소리를 작게 내고 천천히 부르는 등 여러 가지 방법으로 노래를 부를 수 있음	델타샌드에 모래를 주워 담으며 "이거 모래 차갑다. 그리고 부드럽다"라고 말함. 델타샌드에 넣은 모래를 쌓아 올리나 반복하여 모래가 내려오자 "아~ 물을 섞자" 하며 물뿌리개에 물을 담아 모래에 뿌림. **교사평가:** 모래를 만지며 다양한 감각기관을 활용하여 느낌을 표현할 수 있음	친구에게 "난 모과를 썰게. 넌 설탕을 뿌려줘"라고 함. 친구가 "모과는 같이 썰고 설탕을 뿌려주는 사람, 섞는 사람 나누자"라고 제안하자 ○○는 "그래. 그럼 내가 섞는 사람, 넌 뿌리는 사람"하고 말함. 잠시 뒤 모과 한개를 썰고 난 뒤 친구가 뿌려준 설탕을 숟가락으로 저으며 섞음. **교사평가:** 자신이 원하는 것을 알고 선택할 수 있으며 자신이 할 수 있는 일을 스스로 할 수 있음	젓가락으로 밥을 집어 올리다가 책상 위에 떨어뜨림. 손으로 떨어진 밥을 집어 국 그릇 옆에 올려둠. 다시 젓가락으로 밥을 집으려고 함. "스스로 해 보려고 시도하고 있구나! 밥을 흘리지 않고 먹으려면 어떤 식사도구가 좋을까?" 하며 숟가락으로 밥을 먹는 모델링을 보이자 ○○는 숟가락으로 밥을 떠서 먹음. **교사평가:** 젓가락 사용이 가능해지며 밥을 젓가락으로 먹으려고 하며 밥을 흘리는 경우가 많음. 유아가 젓가락 사용에 자신감을 가지도록 지지하되 올바른 방법으로 식사를 하게끔 지도할 예정
총평	**의사소통**: 모르는 글자를 물어보며 글을 읽는 등 유아 스스로 즐겁게 책읽기가 가능함 **사회관계**: 자신이 할 수 있는 일에 자부심을 가지고 스스로 선택하며 즐겁게 놀이할 수 있음 **예술경험**: 동화를 듣고 그에 적합한 역할 선정 및 관련 소품 만들기를 할 수 있으며, 적절한 방법으로 극놀이를 할 수 있음. 또한 다양한 방법으로 노래 부르기가 가능함. 한편 다양한 예술작품에 관심을 가지고 올바른 방법으로 감상하기가 가능함 **자연탐구**: 계절의 특성과 규칙성을 인식하고 있음 **신체운동 · 건강**: 감각기관을 활용한 신체활동이 가능하며 느낌을 어휘로 표현 가능함			

표 13-20 유아(5세) 평가도구 기록지 전산화 프로그램 입력 예시

유아명(성별)		김○○ (여)			생년월일		20○○.9.3		
문항		1	2	3	문항		1	2	3
신체운동·건강	신체를 인식하고 움직인다.		V		사회관계	서로 다른 감정, 생각, 행동을 존중한다.			V
	신체 움직임을 조절한다.			V		친구와 어른께 예의바르게 행동한다.		V	
	기초적인 이동운동, 제자리 운동, 도구를 이용한 운동을 한다.		V			약속과 규칙의 필요성을 알고 지킨다.			V
	실내외 신체활동에 자발적으로 참여한다.		V			내가 살고 있는 곳에 대해 궁금한 것을 알아본다.			V
	자신의 몸과 주변을 깨끗이 한다.			V		우리나라에 대해 자부심을 가진다.		V	
	몸에 좋은 음식에 관심을 가지고 바른 태도로 즐겁게 먹는다.		V			다양한 문화에 관심을 가진다.		V	
	하루 일과에서 적당한 휴식을 취한다.			V	예술경험	자연과 생활에서 아름다움을 느끼고 즐긴다.		V	
	질병을 예방하는 방법을 알고 실천한다.			V		예술적 요소에 관심을 갖고 찾아본다.			V
	일상에서 안전하게 놀이하고 생활한다.		V			노래를 즐겨 부른다.			
	TV, 컴퓨터, 스마트폰 등을 바르게 사용한다.			V		신체, 사물, 악기로 간단한 소리와 리듬을 만들어 본다.			
	교통안전 규칙을 지킨다.					신체나 도구를 활용하여 움직임과 춤으로 자유롭게 표현한다.			
	안전사고, 화재, 재난, 학대, 유괴 등에 대처하는 방법을 경험한다.					다양한 미술 재료와 도구로 자신의 생각과 느낌을 표현한다.			V
의사소통	말이나 이야기를 관심 있게 듣는다.		V			극놀이로 경험이나 이야기를 표현한다.		V	
	자신의 경험, 느낌, 생각을 말한다.		V			다양한 예술을 감상하며 상상하기를 즐긴다.			V
	상황에 적절한 단어를 사용하여 말한다.		V			서로 다른 예술 표현을 존중한다.			V
	상대방이 하는 이야기를 듣고 관련해서 말한다.		V			우리나라 전통 예술에 관심을 갖고 친숙해진다.			V
	바른 태도로 듣고 말한다		V						

유아명(성별)		김○○ (여)			생년월일		20○○.9.3		
문항		1	2	3	문항		1	2	3
	고운 말을 사용한다.		V		자연탐구	주변 세계와 자연에 대해 지속적으로 호기심을 가진다.			V
	말과 글의 관계에 관심을 가진다.		V			궁금한 것을 탐구하는 과정에 즐겁게 참여한다.			V
	주변의 상징, 글자 등의 읽기에 관심을 가진다.			V		탐구과정에서 서로 다른 생각에 관심을 가진다.			V
	자신의 생각을 글자와 비슷한 형태로 표현한다.		V			물체의 특성과 변화를 여러 가지 방법으로 탐색한다.			V
	책에 관심을 가지고 상상하기를 즐긴다.		V			물체를 세어 수량을 알아본다.		V	
	동화, 동시에서 말의 재미를 느낀다.					물체의 위치와 방향, 모양을 알고 구별한다.			
	말놀이와 이야기 짓기를 즐긴다.					일상에서 길이, 무게 등의 속성을 비교한다.			
사회관계	나를 알고 소중히 여긴다.			V		주변에서 반복되는 규칙을 찾는다.		V	
	나의 감정을 알고 상황에 맞게 표현한다.		V			일상에서 모은 자료를 기준에 따라 분류한다.			V
	내가 할 수 있는 것을 스스로 한다.			V		도구와 기계에 대해 관심을 가진다.			V
	가족의 의미를 알고 화목하게 지낸다.		V			주변의 동식물에 관심을 가진다.			V
	친구와 서로 도우며 사이좋게 지낸다.			V		생명과 자연환경을 소중히 여긴다.			
	친구와의 갈등을 긍정적인 방법으로 해결한다.		V			날씨와 계절의 변화를 생활과 관련짓는다.			

APPENDIX

평가제 통합지표에의 적용

1 관찰기록 평가 지표

2 바람직한 교사의 역할

3 현장에서의 상호작용

1 관찰기록 평가 지표

1-5-1) 반별 보육일지에 하루 일과 및 놀이실행에 대한 기록이 있고, 필요한 경우 그 내용을 다음 놀이 지원 및 활동계획에 반영한다.

• 반별 보육일지에 영유아의 하루 일과와 놀이실행에 대한 기록이 있음.

- 영유아가 어떻게 하루를 보냈는지, 어떤 놀이와 활동을 하였는지, 어떻게 놀이와 활동을 하였는지에 대한 내용이 보육일지에 반별로 매일 기록되어 있음.

  ※ 놀이 및 활동에 대한 기록에는 영유아들이 흥미를 보인 놀이 및 활동의 실행 기록, 주요 놀이에 대한 평가 또는 다음 놀이를 위한 지원 계획 등이 포함되어 있음.

• 필요한 경우 하루 일과 및 놀이실행에 대한 기록을 다음 놀이 지원 및 활동계획에 반영하고 있음.

- 필요한 경우 보육일지에 놀이와 활동 일상생활 등을 기록한 내용에 기초하여 이후 놀이 지원 및 활동 계획에 반영한 기록이 있음.

1-5-2) 영유아의 일상생활, 실내외 놀이에 대한 관찰 내용을 기록하고, 영유아의 발달특성과 변화를 평가한다.

• 영유아 별로 일상생활, 놀이 포함하여 일과 전반에 걸쳐 나타나는 영유아 행동을 관찰하여 기록한 자료가 있음.

• 영유아의 반응과 행동에 대한 관찰이 월 1회 이상 주기적으로 이루어짐.

※ 현장평가월 기준 3개월 이내 실시기록 확인

※ 검토기간 내 일상생활, 놀이를 모두 포함하여 관찰 내용이 기록되어 있는지 평정함.

- 영유아 관찰 기록을 종합하여 영유아별로 발달 특성과 변화의 정도에 대한 총평을 연 2회 이상 기록함.

※ 영유아의 발달특성과 변화에 대해 표준보육과정과 개정누리과정을 토대로 하여 평가함.

- 영유아 평가 결과를 영유아의 놀이 지원, 부모 면담 등에 반영하고 있음.

* 영유아 평가 결과를 영유아 놀이 지원, 활동 선정, 환경구성, 상호작용 방법, 부모 면담 중 하나 이상에 반영하고 있음.

- (장애영유아)개별 장애영유아의 교육진단과 발달평가를 위한 진단 평가도구 및 참고자료를 구비하여 활용하고 있음.

※ 현행 수준 진단을 위한 평가 시 정확한 정보를 얻기 위해 다양한 자료를 활용하여야 함. 발달평가 도구를 반드시 포함/특수교사 및 장애영유아를 위한 보육교사가 배치되어 있는 경우에 한하여 평정.

1-5-3) 원장은 각 반별 보육과정 운영에 대한 평가를 통해 어린이집 전체 보육과정 운영을 파악하고 있다.

- 원장은 반별 보육과정 운영에 대한 평가를 실시하여 어린이집 전체의 보육과정 운영을 파악하고 있음.

* 보육과정은 보육철학, 보육계획(내용), 보육실행(교수·학습방법), 보육평가로 구성됨. 질적으로 우수한 보육이 실현되기 위해서는 각 반에서 영유아 중심으로 보육과정이 운영되어야 할 뿐 아니라, 어린이집 전체의 보육과정 운영이 일관성이 있고 체계적이어야 함.
* 원장은 각 반별 보육계획안, 보육일지, 담임교사와의 면담, 보육실 관찰 및 지도, 학습공동체 운영 등을 통해 반별로 보육과정이 어떻게 운영되고 있는지 파악하고 평가하여야 함.
* 원장의 보육과정 운영 평가를 통해 어린이집에서 설정한 철학대로 운영되고 있는지, 어린이집 철학과 표준보육과정, 영유아의 발달 수준 및 요구에 따라 보육계획이 수립, 실행되고 있는지 각 반별 보육과정 평가는 잘 이루어지고 있는지 점검하고 필요한 경우 보육과정 운영을 수정·보완하여야함

• 원장은 반별 보육과정 평가 결과를 어린이집 운영에 반영함.

TIP 1-5-1, 1-5-2, 1-5-3 영역을 충족하는 관찰 예시안

* 만 1세 영아 관찰기록의 예시

2021년 만 1세 영아 관찰기록(9월)

결재	담임	원장

이름	박○○	성별	남	생년월일	19.○○.○○.	기록자	

	표준보육과정 관련 요소					
내용 범주	기본생활 (건강하게생활하기/ 안전하게 생활하기)	신체운동 (감각과 신체 인식하기/ 신체활동 즐기기)	의사소통 (듣기와 말하기/ 읽기와 쓰기에 관심 가지기/ 책과 이야기 즐기기)	사회관계 (나를 알고 존중하기/더불어 생활하기)	예술경험 (아름다움 찾아보기/ 창의적으로 표현하기)	자연탐구 (탐구과정 즐기기/ 생활 속에서 탐구하기/ 자연과 더불어 살기)
일시	9월 4일 화요일	9월 12일 수요일	9월 5일 수요일	9월 13일 목요일	9월 10일 월요일	3월 30일 금요일
관찰 내용	식판을 받고 고기를 먼저 먹는다. 이후에 숟가락을 놓고 가만히 있어 교사가 "○○아 다른 반찬하고 같이 먹어볼까?"라고 하자 "고기줘요"라고 한다. 교사가 밥과 다른 반찬을 조금 더 먹어보자고 하고 고기를 더 주자 박수를 치며 고기를 받아 숟가락에 올려 먹는다.	공이 들어 있는 바구니를 바닥에 쏟는다. 그중 공 한 개를 "받아봐요" 하면서 교사에게 던진다. 교사가 공을 받아 던져주자 받지 못하고 떨어뜨린다. 교사가 조금 앞으로 올 것을 권유하자 교사 앞 50cm 정도로 이동한다. 교사가 공을 던져주자 팔을 벌려 공을 받는다.	"이거는 ○○이 거"라고 하면서 종이를 꺼내온다. 종이에 크레용으로 끼적이며 "엄마 사랑해요"라고 한다. 교사가 "○○이 엄마 사랑해요?"라고 물어보자 "네"라고 한다. 종이에 끼적이기를 마친 후 "이거 엄마껀데"를 반복하며 이야기한다.	○○의 팔을 물고 있는 ㅁㅁ에게 교사가 "하지마" 친구가 아프다고 이야기하며 깨물지 말자고 이야기했다. 옆에서 듣고 있더니 "ㅁㅁ가 물었어요?"라고 한다. "응, ㅁㅁ가 ○○를 물었어. 선생님이 그래서 하지 말자고 이야기 하는 거야"라고 하자 "ㅁㅁ 혼내지 마세요"라고 함	쉐이크를 흔들며 같은 종류의 쉐이크를 차례로 다 흔들어본다. 교사가 "어떤 소리가 날까?"라고 하며 함께 흔들어 보자 교사의 것을 뺏어 자신이 흔들고 교사에게는 북을 주며 두드리라고 한다. 교사가 북을 두드리자 쉐이크를 흔들며 뽀로로 노래를 부른다.	벽면에 우리 반 다섯 명이 수박 먹는 사진을 보더니 숫자를 세기 시작한다. "하나, 둘, 셋, 넷, 다섯" 정확하게 다섯 명을 세더니 교사에게 "다섯 개에요"라고 한다. 교사가 친구들은 "한 명, 두명 이렇게 세고 우리는 다섯 명이야"라고 하자 한 명, 두 명, 세 명, 네 명, 다섯 명에서 다섯 명을 큰소리로 이야기한다.
해석 및 평가	밥의 양이 많고 식판에 받은 밥은 다 먹고 싶어하는 모습이 강함. 하지만 채소 특히 당근과 양파는 잘 먹지 않으려고 하는 모습이 개선되지 않음. 다행히 다른 채소들은 조금씩 맛보기를 시작하였고, 고기는 밥보다 많이 먹으려고 해 가정과 연계한 식습관 관리가 필요함.	던지기, 받기에 흥미를 보이며, 활동이 자주 일어남. 교사가 지속적으로 함께 지원하며, 점점 더 흥미를 발전시켜야겠음. 두발 뛰기, 한발로 서 있기 등 대근육활동이 눈에 띄게 향상되는 모습을 보이며 모양을 자르는 것은 하지 못하나 단순한 가위질을 능숙하게 함.	대부분의 말을 문장으로 하며, 자신의 의견을 적극적으로 이야기함. 교사는 영아가 하는 이야기를 잘 들어주고 반복적이고 정확한 단어를 사용하기 위해 노력해 주었음. 가족에 대한 이야기가 아빠에 대한 이야기가 주를 이루었으나 요즘 엄마에 대한 이야기를 자주 함.	친구들의 행동에 옳고 그림을 판단하여 교사에게 자주 이야기하는 모습을 보임. 해야 할 행동과 하지 말아야 할 행동을 구분하며, 친구의 잘못된 부분도 교사에게 이야기하거나 직접적으로 말하는 모습을 보임. 친근하게 생각하는 친구에게 더 친절한 모습이 관찰된.	예술경험 영역에서 자주 놀이가 이루어지지 않았지만, 놀이를 시도하거나 놀이가 이루어지면 조금 더 다양하게 탐색할 수 있도록 교사가 도움을 줌. 한 가지 악기보다는 많은 것을 한꺼번에 가지고 놀이 하는 것을 즐거워하며 즐거워 하는 모습을 보임.	생활 속에서 수량에 관심을 가지고 수세기가 자주 일어나는 모습을 보였으며, 교실에 있는 것들에 대해서 관심을 가지고 탐색하는 활동들이 적극적으로 이루어짐을 볼 수 있음. 있다, 없다와 한 개와 여러 개를 구분하여 이야기하는 모습을 자주 볼 수 있음.
변화된 모습	*채소, 당근과 양파를 먹지 않으려는 모습이 개선되지 않았으나 맛보기를 시도하고 당근과 양파를 관찰하고 잘라보고 탐색하는 과정을 경험하며 거부감이 줄어들고 관심을 보이고 조금씩 먹을 수 있었음. *엄마와의 관계가 다소 어려움이 있었으나 엄마와 즐거운 시간을 보내는 경험을 반복하였더니 엄마와의 관계가 차츰 좋아졌음.					

* 만 5세 유아 관찰기록의 예시

2021년 만 5세 유아 관찰기록(9월)

결재	담임	원장

이름	박○○	성별	여	생년월일	2015.○○.○○.	기록자	박○○

	표준보육과정 관련 요소				
구분	신체운동건강 (신체활동 즐기기/건강하게 생활하기/안전하게 생활하기)	의사소통 (듣기와 말하기/읽기와 쓰기에 관심 가지기/책과 이야기 즐기기)	사회관계 (나를 알고 존중하기/더불어 생활하기/사회에 관심 가지기)	예술경험 (아름다움 찾아보기/창의적으로 표현하기/예술 감상하기)	자연탐구 (탐구과정 즐기기/생활 속에서 탐구하기/자연과 더불어 살기)
일시	4.26	4.4	4.16	4.30	4.18
관찰 내용	벚꽃이 떨어지는 모습을 보며 "비 내리는 것 같아. 눈 내리는 것 같기도 하고"라고 친구에게 이야기한다. 쓰고 있던 모자로 떨어지는 벚꽃을 담아보려 팔을 쭉 뻗는다.	동물의 부분 그림을 보며 친구에게 "이건 어떤 동물일까?"라고 물어본다. ○○이가 카드 아래에 써 있는 문제를 가리키며 친구에게 문제를 내기 시작한다. ○○이가 "글 놀이 말놀이를 하니까 잘 읽게 되는 거 같아"라고 이야기한다.	엄마아빠놀이를 하다가 친구가 고양이를 하려고 하니 ○○이가 "나도 하고 싶은데. 그럼 고양이 두 명할까?"라고 제안한다. 친구가 좋다고 하며 ○○이를 안는다.	새싹의 도안을 보고 "이거 어떻게 꾸며요?"라고 물어본다. "친구들은 색종이를 찢어 붙였는데, ○○이는 어떻게 꾸며보고 싶니?"라고 하니 친구들이 그림을 보다가 "색종이랑 반짝이풀로 할래"라고 이야기한다.	나비의 구조가 적혀있는 제시자료를 보며 "나비는 진짜 코가 없네"라고 이야기한다. "근데 더듬이가 있어요"라고 말한다. 교사가 나비의 구조와 관련된 동영상을 함께 보자고 제안하자 인터넷으로 찾아보자고 이야기한다.
해석 및 평가	바깥놀이를 하며 봄이 되어 볼 수 있는 벚꽃나무에 관심을 보이고, 주변의 자연물 변화에 반응을 보임. 또한 자신의 신체 움직임에 필요한 부위와 방법에 대해 알고 신체를 활용하여 움직일 수 있음.	언어놀이 교구에 관심이 많은 편이며, 3월 처음 만났을 때보다 주변의 글자를 읽는 것에 더 많은 관심을 표현하며 받침이 있는 글자를 보고 읽을 수 있음.	친구와 놀이 도중 문제 상황이 생겼을 때 긍정적으로 해결할 수 있는 방법을 제시할 수 있음. 또한 남자, 여자친구와 잘 어울려 놀며, 역할놀이에서 협동놀이를 즐김.	미술놀이에 많은 관심을 보이며, 다양한 재료를 활용하여 미술놀이에 활용하기를 좋아함. 또한 모양자, 각도기 등을 이용하여 다양한 모양을 구성할 수 있음.	과학놀이의 다양한 게시자료를 탐색하기를 좋아하며, 관심있는 동식물의 성장과정 및 구조 등을 알아보기를 즐겨함. 그리고 기계의 쓰임새에 대해 알고 활용하기를 좋아함.
변화된 모습	*자신이 하고 싶은 놀이를 교사에게 적극적으로 표현하고 자신의 마음을 교사에게 표현할 수 있음. *언어놀이에 관심이 많고 점점 읽을 수 있는 글자가 많아지고 받침 있는 글자도 읽을 수 있음. *친구와 놀이 중 문제 상황이 생겼을 때 긍정적인 해결 방안을 제시하고 해결을 위한 노력을 할 수 있음. 지금처럼 문제가 생겼을 때 피하지 않고 스스로 해결할 수 있는 방법을 찾을 수 있도록 해야 겠음. *도구의 이용에 어려움이 없고 동식물의 성장과정 및 구조 등에 관심이 많음. 자연에 대한 호기심을 키울 수 있는 환경을 마련해 주면 자연에 대한 관심이 더 성장할 수 있을 것 같음.				

* 만 1세 부모 면담기록의 예시

결재	담임	원장

부모 면담 기록

면담일시	2021년 ○○월 ○○일	면담교사	임○○
영유아이름	박○○	생년월일	2019년 ○○월 ○○일 (만 1세)
면담참여자	방○○	면담형태	방문(○) 전화 ( )

구분		부모의견	교사의견
영유아발달상황	기본생활	씻는 것을 좋아하고 음식을 골고루 먹는 편이나 조금 많이 먹으려고 합니다. 숟가락을 사용하려고 하나 손으로 먹는 모습을 자주 보입니다. 장난감을 잘 정리합니다. 김치는 먹는지 궁금합니다.	씻고 스스로 먹는 것을 하려고 노력합니다. 아직 손으로 먹거나 다른 친구의 음식을 만지는 등의 모습을 보이나 교사가 이야기하면 하지 않으려고 하고 김치는 먹어보려고 몇 번 시도했으나 매워서 뱉어버리고 이후에는 먹어보려고 하지 않습니다.
	신체운동	움직임이 활발하나 너무 많아서 다칠 위험이 있어 항상 조심해야 하는 상황입니다. 자주 넘어지고 다칩니다. 하지만 행동은 민첩합니다.	대소근육이 잘 발달되어 있고 활발히 움직입니다. 모두 적절하게 사용하지만 과격하게 움직이는 상황이 많아 항상 세심한 주의가 필요합니다.
	의사소통	말이 느린 것 같은데 어떤 건지 궁금합니다. 말을 하지 못해서 의사소통에 문제는 없고 이야기하는 것을 대체로 알아 듣습니다.	의미있는 단어들을 이야기하기 시작합니다. "안먹어", "주세요" 등의 단어를 부정확하지만 이야기하고, 친구들의 이름을 듣고 찾을 수 있습니다.
	사회관계	친구들과의 놀이는 어떤지 궁금합니다. 단체활동에 참여가 가능한가요?	낯선 사람에 대한 경계심이 많이 없어 주의를 필요로 합니다. 사람들을 좋아하는 모습을 많이 보이고 친근하게 표현합니다. 친구들에게도 친절하게 대하려고 노력하나, 성의를 거절당하면 화를 내거나 거칠게 변하기도 합니다.
	예술경험	음악이 나오면 움직이고 그리기활동도 적극적으로 참여합니다.	다양한 쓰기활동을 정말 좋아합니다. 하루에 몇 번씩 꼭 이루어지는 활동입니다. 노래를 흥얼거리며 몸을 움직이기도 하고, 노랫소리를 듣고 몸을 움직이거나 흥얼거리기도 합니다. 예술 경험활동에 적극적으로 참여합니다.
	자연탐구	또래에 비해서인지 발달 상황이 어떤지 궁금합니다. 집에서 곰들이 학습지는 하고 있는데 인지 상황이 어떤가요?	또래와 비교는 큰 의미가 없을 것 같습니다. ○○는 지금 본인의 개월 수에 맞게 전반적으로 발달이 잘 이루어지고 있습니다. 주변을 탐색하는 능력도 뛰어나고 교사에게 단어가 아니더라도 다양한 언어적 표현을 하며, 자신의 생각을 이야기합니다.
종합의견 및 교수계획		생일이 느리고 처음 어린이집에 다니기 시작하여 여러 가지 부모님이 마음 쓰이는 부분들은 각 영역별로 골고루 발달할 수 있도록 우선 걱정이 많이 되는 기본생활습관과 신체운동 부분은 표정, 소리, 몸짓으로 자신의 생각을 자연스럽게 표현하고, 이 과정에서 다양한 단어들을 알아가는 활동으로 계획하여 지원할 계획입니다. 아직 다른 사람의 감정에 주의를 기울이지 못하는 단계이기 때문에 다른 사람의 감정에 주의를 기울이고 교실 안에서 또래나 교사와 안정적인 애착을 형성하도록 할 계획입니다.	

* 영유아발달 평가지 예시 (영아반)

<table>
<tr><th colspan="2">학급명</th><td>○○반</td><th>평가자</th><td>담임교사 임○○</td></tr>
<tr><th colspan="2">아동성명</th><td>박○○</td><th>생년월일(성별)</th><td>2019.○○.○○. (여)</td></tr>
<tr><th colspan="5">상하반기 영유아발달 평가</th></tr>
<tr><td rowspan="9">상반기 평가</td><td colspan="2">평가준거</td><td colspan="2">표준보육과정 영역별 목표와 내용을 준거로 평가</td></tr>
<tr><td colspan="2">평가기간</td><td colspan="2">2021년 ○○월 ~ ○○월 (총 6개월)</td></tr>
<tr><td colspan="2">수집자료</td><td colspan="2">월별 영유아관찰일지, 놀이활동결과물 또는 사진 등</td></tr>
<tr><td rowspan="6">영역별 평가</td><td>기본생활 영역</td><td colspan="2">3~4월은 급간식 시간에 스스로 손 씻기, 양치질을 하기 어려워하였으나, 5월부터는 스스로 손을 씻고 양치 후 물 뱉기도 하기 시작함. 다만 칫솔질은 서툴러 교사가 도움을 주어야 함.
편식은 거의 없으나 밥과 국을 주로 먹고 나머지 반찬은 교사의 도움을 받아 나머지 음식을 먹음.
7월부터는 스스로 밥을 떠먹고 흘리는 경우가 많이 줄어듦. 배변 후에 배변했다는 의사표현을 하며 변기에 앉아보는 활동도 시작함.</td></tr>
<tr><td>신체운동 영역</td><td colspan="2">3~4월은 스스로 걸으려고 노력하나 자주 넘어져 안전사고에 유의하며 보육함.
5월부터는 넘어지는 횟수가 눈에 띄게 줄어들고 걷는 산책활동은 즐겨했으나 견학 시에는 항상 걷기를 거부하고 안아달라고 함. 3~5월은 블록을 단순한 쌓기로 반복했다면 이후는 소근육을 사용하여 정교한 맞추기활동을 시도하고 성공하는 횟수가 늘어감. 8월은 신체의 각 부분의 명칭을 알고 짚어보는 모습을 보임.</td></tr>
<tr><td>의사소통 영역</td><td colspan="2">한 단어로 하던 대화가 4월부터는 두 단어 정도로 대화를 할 수 있게 됨. 다양한 말소리의 차이를 인식하여 반응하는 모습을 보임. 자신이 이야기하는 것을 도래 영아나 교사가 알아듣지 못하면 울거나 화를 내는 모습을 많이 보임.
6월 이후 구사 단어가 늘어 3~4단어 이상의 문장으로 이야기하며, 다른 영아들이 ○○의 말을 이해하기 시작함. 교사나 다른 영아들의 말을 따라하기도 하고, 일주일에 2~3회 관찰되는 끼직이기 활동을 매일 매일함.</td></tr>
<tr><td>사회관계 영역</td><td colspan="2">사진 속의 나를 보고 손가락으로 짚어 보고 관심을 표현함. 5월경부터는 다른 친구들에게도 관심을 보이고 표현하기 시작함.
3~5월 정도는 의사표현이 어렵거나 원하는 것이 이루어지지 않을 때는 바로 때리거나 물어 버리는 경우가 대부분이었지만, 이후에는 때리거나 물려고 시도하는 모습이 차츰 줄어 현재는 거의 보이지 않음. 다른 사람들의 행동과 하는 일에 관심을 자주 표현함.</td></tr>
<tr><td>예술경험 영역</td><td colspan="2">3월은 예술경험 영역에서의 활동에 관심이 없었음. 교사가 예술적 호기심을 유도하기 위하여 점토를 만들거나 악기를 연주하면 조금 관심을 표현하나, 이내 다른 영역으로 이동하여 활동함. 교사가 반복적으로 리듬 있는 소리, 움직임, 표현 등을 하자 점차적으로 노래를 따라서 흥얼거리거나 그리기, 찢기 등의 단순한 미술경험을 반복적으로 하는 모습을 보임.</td></tr>
<tr><td>자연탐구 영역</td><td colspan="2">3월부터 주변 사물에 관심이 많아 적극적으로 주변 사물에 관심을 갖고 탐색을 시도함. 이러한 탐색의 시간이 점차 늘어나며, 주변 사물의 모양을 자각하거나 주변의 친숙한 사물에 대해서 탐색하는 시간이 길어짐을 볼 수 있었음.</td></tr>
</table>

2 바람직한 교사의 역할

1) 행복한 교육을 위한 영유아교육의 중요성

교사의 역할은 아동을 지원하는 것이지 지시하는 것은 아니다. 교사가 아동에게 수동적으로 귀 기울이도록 하거나 오랜 시간 연필과 종이를 사용하는 과제하기를 기대하면서 '고도로 구조화되고 교사주도적인 학습을 전적으로 하는 것', '활동을 모두 지시하는 것' 그리고 '아동이 무엇을 하고 언제 할 것인지를 결정하는 것'은 적절하지 않다(Brekecamp, p.3).

발달적으로 적합한 커리큘럼은 다음과 같다.

① 목표로는 아동의 모든 영역들을 적합한 방식으로 언급해야 한다. 이것은 하나의 통합적인 방식으로 신체적, 사회적, 정서적, 인지적 발달을 포함시킨다. 한 영역의 발달이 다른 세 영역의 발달에 불가피하게 영향을 주기 때문이다.

② 목표와 계획은 아동 개개인의 욕구, 감정, 흥미에 기초해야 한다. 모든 아동들을 포괄할 수 있으며 가족 및 문화적 배경에 관한 정보가 고려되어야 한다.

③ 아동은 그들만의 교육에 활발히 참여되어야 하고 자료들, 성인들 그리고 다른 아동들을 자유롭게 탐색하도록 격려되어야 한다. 비구조화된 자유 놀이는 그들의 발달의 필수적인 부분이다.

④ 학습 자료는 구체적이고 실제적이며 어린 아동의 생활과 관련이 있어야 한다. 아동에게 문자 및 숫자들과 같은 상징들을 다루도록 기대하기 전에 아동들이 자료를 조작해 보도록 허용해야 한다.

⑤ 교사는 아동에게 다양한 활동들과 자료를 제공해야 하며, 아동의 이해와 기술이 발달되어감에 따라 복잡성의 수준을 높여가야 한다.

⑥ 교사의 역할은 아동의 환경을 흥미롭고 도전적으로 만들고, 아동이 다양한 활동을 선택할 수 있도록 준비하는 것이며, 그 다음에는 아동이 스스로의 활동을 주도하고 지시하도록 격려하는 것이다.

⑦ 모든 연령의 아동들이 활동과 교육자료를 통해 다문화 그리고 성차별 없는 경험에 노출되어야 한다. 그러한 경험은 아동의 자아존중감을 고양시킬 뿐만 아니라 아동이 개인적 차이를 인정하고 존중하도록 돕는다.

> 아이의 학습이나 바른 교육을 위해서는
> 가르침보다는 올바른 돌봄과 관찰
> 그리고 따뜻한 위로가 중요하다

2) 영아반 교사의 역할

- 만 2세 미만: 신체적, 심리적으로 욕구를 충족, 안정적인 양육환경, 신뢰감 형성
- 만 2세: 영아의 존중 및 활동 조절 및 통제허용, 성취감 경험 및 자율성 발달촉진

(1) 영아의 개인 기질을 고려한 양육을 제공

토마스(Thomas)와 체스(Chess)에 의하면, 아이들은 각자의 기질을 가지고 태어난다고 한다. 이 기질은 성장하면서 잘 수정되지 않고 이에 근거해 성격이 형성된다는 것이다. 기질은 성격의 일부분으로 생리적·유전적

요소에 의해 결정되며, 비교적 변하지 않는 특성을 가지고 있어서 아이의 기질을 잘 파악해 양육하는 것이 중요하며, 기질을 무시하고 아이를 키우는 것이 심한 경우에는 아이가 정신장애로 발전될 수도 있다고 한다(Thomas & Chess, 1977).

순한 기질, 느린 기질, 까다로운 기질 등 영아의 기질을 잘 파악하여 양육

- 순한 영아: 자칫하면 무관심하기 쉬우므로 요구가 적더라도 지속적으로 관심을 주어야 한다. 영아의 40% 정도가 규칙적으로 밥을 먹고 배변을 하고 잠을 푹 자는 등 규칙적인 생활리듬을 가지는데, 주변 환경의 변화에 잘 적응하고 새로운 자극이 생기면 관심을 보이며 그다지 스트레스를 받지 않는다.
- 까다로운 영아: 영아의 요구에 민감하게 반응하며 일관성 있게 대한다. 까다로운 아이는 전체 영아의 10% 정도로 나타난다. 까다로운 아이에 속하는 영아들은 한 가지 일에 강한 집중력을 보이므로 주의를 적절히 전환해주고, 하루의 일과를 미리 알려주는 것이 좋다. 또 영아가 걸어 다니게 되면 자신의 욕구를 스스로 해결할 수 있게 되므로, 이 시기부터는 영아가 떼를 쓰거나 요구를 관철시키기 위해 울음을 사용할 경우 일관성 있는 태도로 대응하는 것이 필요하다.
- 반응이 느린 영아: 영아를 재촉하지 않고 인내심을 갖고 대한다. 느린 기질을 가진 아이는 잘 짜인 상황이나 규칙적인 틀 안에 있는 것을 좋아한다. 처음 적응은 어렵지만 습관이 되면 잘할 수 있다. 아이에게 적당한 주도권을 갖도록 하는 것이 필요하다.

(2) 영아의 울음소리에 대한 반응 – 정서표현 및 이해 촉진

영아기 초에는 대체로 울음을 통해 의사표현을 하다가 점차 다양한

정서표현을 하게 되는데, 영아가 보이는 정서에 대해 교사는 인정해주고 적절히 반응해주어야 한다. 특히 부정적인 정서표현에 공감과 위로를 통해 안정과 편안함을 느낄 수 있도록 해야 한다.

- 배고파서 울 때: 칭얼거릴 때 대체로 조용히 시작, 지체하면 소리를 지른다. 낮은 목소리로 짧게 울다가 멈추고 다시 울고 멈춘다.
- 목이 말라 울 때: 울음소리가 매우 크고 얼굴에 붉은기가 돌며 땀을 흘린다.
- 피곤해서 울 때: 거짓으로 우는 것 같고 마치 화를 내는 것처럼 보인다.
- 놀라거나 긴장되서 울 때: 눈물을 뚝뚝 흘린다.

(3) 안정적 애착형성

영아기 접촉은 애착형성에 중요한 요소로 작용한다.

교사는 안아주기, 쓰다듬어주기 등의 신체 접촉을 통해 영아가 안정감을 갖도록 하는 것이 중요하다. 교사는 영아의 신호를 신속하게 지각하고 정확한 해석과 반응으로 관심을 기울여야 한다. 교사는 민감한 양육행동을 통해 영아와 안정애착을 형성할 수 있다.

(4) 영아의 이름을 자주 불러라

교사는 아이들이 자신을 인식할 수 있도록 보육실에 영아의 얼굴사진을 두고, 영아의 이름을 불러주는 것이 필요하다. 영아는 태어나자마자 자신의 존재에 대한 인식을 하지 못하고, 영아는 아직 타인을 이해하는 능력이 미흡하지만 시간이 흐르면서 자신이 타인과 다른 존재라는 것을 점차 인식하게 된다.

(5) 영아와의 친밀감 형성하기

* 어린이집 등원하는 영아를 반갑게 맞이 한다.

- 교사가 자신을 반갑게 맞이할 때 사랑받고 있다는 것을 느끼며, 영아 자신의 존재감에 대해 긍정적인 생각을 가질 수 있도록 한다.
- ○○아 어서와, 선생님이 보고싶었어.
- 사랑하는 ○○아, 웃는 모습이 사랑스럽구나.

* 영아의 반응에 미소를 보이며 이야기한다.

- 영아의 얼굴을 바라보며 차분하고 부드러운 음성으로 웃으며 말한다.
- 오늘은 선생님과 어떤 놀이를 해볼까?
- 어떤 동화책을 볼까?

* 영아를 따뜻하게 안고 등을 토닥이면서 이야기한다.

- 아이의 신체 움직임에 대해 반응하며 말한다.
- ○○이 발가락이 움직이네.
- ○○가 있어 선생님은 행복하단다. 사랑해.

3) 유아반 교사를 위한 역할

- 만 3~5세 유아: 유아의 주도성 및 도덕성의 발달, 유아의 행동에 대한 이해와 반응하는 보육환경 제공, 긍정적인 훈육으로 문제해결, 갈등해결로 접근

(1) 정서인식과 표현의 기회 제공한다

유아기에는 자신의 정서를 조금 더 세련되게 표현할 수 있고, 자신의

정서가 다른 사람에게 영향을 미칠 수 있음을 인식할 수 있다. 그러므로 교사는 이 시기 유아에게 감정표현의 기회를 많이 제공해 줄 수 있도록 다양한 매체를 활용하는 것이 바람직하다. 교사는 영유아의 감정에 공감하고 스스로의 감정을 다룰 수 있도록 '속상해서 우는구나!' 등 부정적 정서를 인정하고 바람직한 사회관계를 형성할 수 있는 기초를 마련해 주어야 한다.

(2) 친사회적 행동을 확장시켜 준다

유아기에 접어들면 자신뿐 아니라 다른 사람도 여러 가지 정서를 지니고 있음을 인식하고, 다른 사람의 정서에 공감할 수도 있다. 이러한 능력은 친사회적 행동의 기초가 된다. 부모는 유아가 동생에게 책 읽어주기, 집안 청소 도와주기, 포크나 숟가락을 놓기 등 스스로 할 수 있는 일들을 직접 경험하게 해주면, 유아가 뿌듯함을 느끼고 자신에 대해 긍정적으로 생각하게 된다.

(3) 또래에 관심을 갖도록 한다

유아기는 자신의 소중함을 알고 그 마음을 다양한 방법으로 표현할 수 있으므로, 집 가까이에서 자주 만날 수 있는 친구를 사귀게 하여 같이 놀 수 있도록 하면 자연스럽게 사회성이 증진된다.

(4) 자연에 대해 관심을 갖도록 한다

여러 가지 식물과 동물을 키워보는 기회를 제공함으로써 유아의 정서적 안정을 도모함과 동시에, 생명의 소중함에 대한 인식을 고취시킬 수 있다. 단순히 동식물을 길러보는 것에 머무는 것이 아니라 생명체의 소중함을 인식하게 된다.

(5) 주도적으로 놀이하며 놀이가 확장되도록 한다

유아기가 되면 스스로 활동을 주도함으로써 성취감을 느끼며, 자신의 행동과 능력에 자신감을 갖게 된다. 놀이는 유아가 주도성을 실제로 시험해보는 매개체이다. 이 시기 유아는 친구들과의 놀이를 통해서 협동심과 친사회적 행동을 발달시킬 수 있으므로, 부모는 유아기 공동체의 구성원으로서 소속감을 가지며, 다른 유아와 협력하여 문제를 해결할 수 있도록 다양한 협동작업의 기회를 제공하여야 한다.

4) 연령별 교사의 상호작용

(1) 만 0세 아기는 "괜찮아, 선생님 여기 있어"라고 말해주면 안심한다

다정하게 안고 "안심하렴!"이라고 말해 주면 아기는 금세 새근새근 잠이 든다.

- 울음을 그칠 때까지는 안아주는 것이 이상적이다.
  - 아기는 생후 1년 동안 양육자에게 사랑을 충분히 받아야 한다.
  - 스킨십을 충분히 해주고 소리를 내서 자주 말을 걸어주는 것이 좋다.(캥거루육아법)

    → 이렇게 자란 아이는 자신감을 갖게 되고 자존감이 높아진다.
  - 시간이 지나면 아기는 교사가 안아주지 않을 때도 안심감을 느끼게 되고, 잠자리에서도 울지 않게 된다.
- 태어나자마자 혼자서 잘 자는 아기도 살펴보며 안정적으로 잘 자고 있는지 살펴보며 관심받고 있음을 이야기한다.
  - 아무렇지 않게 혼자서 잘 자는 아기의 경우에는 사랑받고 있음을, 관심 받고 있음을 수시로 느낄 수 있도록 한다.
  - 아이들은 기질이 다르고 개성이 있으므로 개별적 특성을 고려하여

상호작용할 수 있도록 한다.

(2) 만 1세 때는 실험기이다. "해냈구나"라는 말로 도전 의욕을 높인다. "안돼", "하지마"가 아니라 "하고 싶구나", "해냈구나"로 동기를 부여한다.

- 생후 1년이 지난 아기는 호기심 덩어리로 '실험기'라고 부른다.
  - 아기는 강한 호기심으로 살아가는 데 필요한 다양한 학습을 하게 된다.
    예) 높은 곳에 올라가려고 하는 행동, 입에 물건을 가져가는 행동, 손으로 물건을 던지는 행동 등

  - "하지 마"라고 말하고 싶을지라도, 우선은 "해냈구나"라고 "새로운 것을 발견했구나" 새로운 지식과 스킬을 습득했다는 사실을 인정해주어야 한다. "넘어지지 마라"라고 말하지 말고 "조심해"라고 말한다.

- 아기에게는 사소한 성공도 성장하고 있다는 증거다.
  - "해냈구나", "올라가는 데 성공했네", "잘 던지네"라는 말로 먼저 의욕을 북돋아 주어야 한다.

- 아이는 부정문을 이해하지 못한다.
  - 아이가 "넘어지지 마라"라는 말을 들으면 "넘어지다"라는 말 밖에 모르는 아이의 머릿속에는 넘어지는 영상이 떠오르기 때문에 넘어질 확률이 높아진다.
  - 아이에게 "천천히 다니자!", "조심 조심 걷자", "걸어다녀 볼까?"

등의 긍정문을 사용하여 이야기한다.

(3) 만 2세 때는 감정의 뇌가 발달하는 시기로 "그렇구나!"라는 말로 마음을 진정시킨다. 무리한 요구를 하며 울 때는 감정을 받아주고 행동의 대안을 선택하게 한다.

- 아이는 이 시기가 되면 지능이 발달하면서 자신이 원하는 것과 하고 싶은 것을 주장한다.
  - 2살이 되면 제1차 반항기가 찾아오면서 울고 떼쓰는 일이 잦아진다. 하지만 울고 떼쓰는 이유를 찾아 마음을 읽어주며 부정적인 감정을 표현할 수 있도록 방법을 알려준다.
  - 점심시간 "배고파!", "밥줘!"하는 아이에게 서둘러 배식했더니 밥을 보자마자 "빵 먹을래"라며 "빵이 아니면 안 먹을거야"라고 한다.
- 아이의 감정을 수용해주고 부드럽게 대안을 제시해 준다.
  - 빵을 줄 수 없는 상황일 때는 "빵 먹고 싶은가 보구나. 그런데 빵은 없단다. 밥이라면 있어"라고 부드러운 말투로 반복해서 말한다.
    → 아이가 "싫어! 싫어!"라고 할 때는 '감정은 받아주고 행동은 고쳐주는 방식'으로 대처해야 한다.
  - 아이는 머릿속의 이미지처럼 잘 만들어지지 않을 때 짜증내며 울게 되는데, 이때는 꼭 안고 티칭해주면서 감정을 받아준다.
  - 그 후에 조금씩 단계별로 물어본다.
    예) "같이 할까?", "선생님과 함께 해 볼까?", "도와줄까?", "어떻게 하고 싶어?"
    → 아이는 달성감을 맛보면 새로운 의욕이 생긴다.

(4) 만 3세 때는 "뭐로 할래?"라는 질문으로 도와준다

"어떻게 하는게 좋을까?"라고 질문함으로써 스스로 생각하게 한다.

- 유아가 직접 우유를 컵에 따르다가 쏟았을 때
  - "빨리 닦아" : 아이는 생각하는 힘을 키우지 못 함
  - "내가 뭐랬니?" : 아이의 인격을 부정하는 것
  - "우유가 바닥에 쏟아졌구나. 어떻게 하면 좋을까?" : 아이 스스로 생각하게 함
  - 휴지로 닦아보는 과정 또한 아이 스스로 생각하게 하고 모른다고 할 경우에는 가르쳐줌
- 실수한 후의 해결하는 방법을 유아 스스로 생각하게 한다.
  - 어떻게 해야 실수하지 않고 살 수 있는지를 가르치는 것이 아니라, 실수했을 때 어떻게 하면 스스로 만회할 수 있는지를 가르쳐야 실수를 두려워하지 않고 도전하는 용기있는 사람으로 성장 가능

"어떻게 하는 게 좋을까?"라고 물으면 문제 해결력이 있는 아이가 된다.

- 아이는 스스로 생각하고 상황에 대처하는 힘을 길러야 한다.
  - '쉐마(Shema)': 인간이 반복적인 경험을 통해 몸에 벤 자연스러운 동작(경험을 바탕으로 여러 가지 태도와 행동을 습득)
- 아이가 덥다고 했을 때 교사가 바로 에어컨을 틀어버린다면 어떤 일이 벌어질까?
  - 아이는 스스로 생각하는 힘을 키울 수 없게 됨
  - 이때는 "더운가 보구나. 어떻게 하면 좋을까?"라고 묻는 것이 좋음
    → 아이는 이러한 질문의 과정을 거치면서 발상력이 풍부한 사람으로 자라게 됨
  - 아직 3살이기 때문에 "몰라"라고 대답할 경우: 해결책이 될 수 있

는 선택지를 가능한 많이 제시해주는 것이 좋음(이렇게 반복적으로 할 때 다음부터는 아이가 스스로 생각함)

"못하겠어"라며 울 때는 "선생님이 어떻게 도와주면 좋을까?"라고 물어본다.

- 아이가 우는 것은 아이에게도 아이 나름의 이상(理想)이 있기 때문!
  - 만 3세 때는 뭐든지 스스로 하고 싶어 하지만 막상 해보면 마음처럼 잘 되지 않음(예를 들어, 종이접기, 단추를 채우는 것. 양말을 신는 것 등)
  - "어떻게 하면 좋을까?"라고 물은 후 스스로 해결하고 싶어 하는 유아에게는 "○○이가 먼저 해 보고 도움이 필요하면 도와달라고 이야기해 줘요"라는 말을 알려줌
  - 만 3세 유아가 무언가를 못하는 것은 기술이 미숙하기 때문. 의욕이 부족하거나 노력할 마음이 없는 것이 아니기 때문에 도움을 요청했을 때는 교사의 작은 도움으로 "성취감"을 느끼도록 하는 것이 유아에게 도움이 됨

"그렇구나. 그리고 또 어떻게 생각해?"라고 물어봐주면 아이는 스스로 생각하게 된다.

- 만 3세 아이가 무언가를 이르는 것은 자신의 감정을 이해해줬으면 하기 때문!
  - 유아가 느낀 복잡한 감정을 반복해서 말로 표현해주면 유아는 점차로 안정을 되찾음
  - 유아의 말을 반복하면 유아는 지금 어떤 일이 일어났었는지 재차 이해하는 데 도움이 됨

(5) 만 4세 때는 "뭘 해야 하지?"라는 질문으로 스스로 생각하고 예측의 힘을 키워준다.

- 4살이 되면 기억력이 발달하면서 앞으로의 일을 예측하는 힘에 관여하는 뇌가 발달하는 시기여서 다음에 해야 할 일을 계획하게 할 수 있다.
- 유아가 해야 할 일을 소리쳐서 알려주게 되면 커서도 계속 말해야만 한다.
  - 어린이집 현관에 들어가서 신발을 벗어 던지는 아이에게 신발을 가지런히 정리하게 하고 싶다면, 현관문을 열기 전에 유아를 멈춰 세우고 "어린이집 현관에 들어가면 뭘 해야 하지?"라고 묻는 것이 중요함
  - 유아 스스로 생각을 한 후 "신발을 가지런하게 놓고 보육실로 들어가야 해!"라고 대답하게 되면 차츰 습관으로 형성됨(2주 동안 지속하면 습관화할 수 있음).
  - 중요 포인트는 직전에 물어본다는 것!

"언제?", "어디?"라는 질문으로 구체적인 행동을 유도한다.

- 자율성이 발달하는 4세는 기초교육을 하기에 가장 적당한 나이이다.
  - 자율성: 자신의 기준에 따라서 스스로를 규제하는 힘, 감정을 컨트롤하는 데 필요한 능력
  - 지저분하게 장난감을 정리하지 않을 경우,
    - → 부정적 반응: "정리하라고 했지!", "다음에 못 놀게 한다!"
    - → 긍정적 반응: "장난감은 어디에 둬야 하지?", "얼마나 더 놀고 정리하면 좋을까?"
  - 규칙을 확실하게 가르치고 약속을 잘 지키도록 하면 사회의 규율을 잘 지키는 사람으로 성장

- 생각하게 만드는 질문이 아이의 과제 수행 능력을 키운다.
  - "정리해!"라고 하면 아이는 "응!" 혹은 "싫어!"라는 말로만 대답하는데 아이 스스로 생각하도록 하는 질문을 하는 것이 포인트!
  - 아이는 이런 대화를 통해 스스로 생각하고 스스로 과제를 해결하는 힘을 키움
  - 주의해야 할 점 : 기다리라고 했으면 정해진 시간 후에는 약속을 지켜야 함. 자신의 요구를 틀림없이 들어 줄 것이라는 신뢰가 있을 때 유아는 그것을 기반으로 인내할 수 있기 때문!
- 유아가 바깥놀이 시 놀이터나 공원에서 더 놀고 싶어할 때 우선 유아의 요구를 수용해준다.
  - "교실에 가자!"고 교사가 말할 때 아이의 반응은 "싫어!"라고 하고 하는 경우
  - 이때 "더 놀고 싶구나! 그럼 미끄럼틀 몇 번 더 탈까요?"라고 구체적인 수치를 제시하고 요구를 들어준다.
  - 유아는 아직 숫자와 시간의 개념을 분명하게 갖고 있지 않기 때문에 일단 자신의 주장을 받아준 것에 만족해서 교사의 요구를 받아들일 것
  - 신기하게도 아이들은 자신이 수긍한 약속을 잘 지킴. 이런 대화를 지속하면 반드시 약속을 잘 지키는 사람으로 자랄 것
- "보여 주고 싶은 것이 있니? 5분 있다가 갈게"라는 말로 서로 조금씩 양보한다.
- 유아는 원에서 언제 어디서나 교사를 찾지만 교사에게도 교사의 생활이 있다.
  - 유아가 재미있는 것을 발견했을 때는 교사에게 보여 주고 싶어 하고, 슬픈 일이 있을 때는 교사에게 위로받고 싶어 함
  - 이때 교사는 "보여 주고 싶은 것이 있구나!"라고 유아에게 한 번

관심을 보이고 나서, "5분 있다가 갈게"라고 조건을 분명하게 수치를 말하는 것이 좋음
- 유아가 기다려준 후에는 "기다려줘서 고마워"라고 말하고 제대로 집중해서 유아의 이야기를 들어주어야 함
- 주의해야 할 점: 기다리라고 했으면 정해진 시간 후에는 약속을 지켜야 함. 자신의 요구를 틀림없이 들어줄 것이라는 믿음이 생겼을 때 유아는 그것을 바탕으로 인내할 수 있기 때문!

(6) 만 5세 'I 메시지'로 배려심을 키운다

장난감을 잘 정리했을 때는 "착하다"고 하지 않고 "기분 좋다"라고 말해준다.

- 5살 때는 타인의 기분을 이해하는 공감 능력이 발달한다.
  - 이때가 되면 자신이 한 행동이 상대방에게 어떤 영향을 끼칠 수 있는지 예측이 가능하며, 자신이 한 말 때문에 상대방이 어떤 기분을 느낄 수 있을지를 이해하게 된다.
  - 'YOU 메시지'를 자주 들으면
    → 아이는 타인의 평가를 신경 쓰는 사람, 남에게 칭찬받고 싶어 하는 사람으로 자란다.
    예) 멋지구나! 예쁘구나! 머리가 좋구나! 착하다. 대단한데! (×)
  - 'I 메시지'로 바꿔서 말하는 것이 바람직한데 자신의 감정을 표현하는 'I 메시지'를 사용하면
    → 배려심이 있는 사람, 공감 능력이 있는 사람으로 성장한다.
    예) 선생님이 기분 좋아. 기쁘구나. 슬프네. (○)

아이가 친구를 때렸을 때는 "선생님 마음이 아프다"라고 말한다.

- 아이가 친구와 싸웠을 때, 친구를 때렸을 때, 남에게 상처가 되는 말을 했을 때는 상대방이 어떻게 느낄 수 있는지를 분명하게 이야기한다.
  - "그러지마", "하지 마"라고 말하는 것이 대안이 될 수 없음.
  - "때리면 친구가 어떨까?", "친구 마음이 어떨까", "친구 표정이 어떤지 볼까?"라고 상대방의 기분이 어떨 수 있을지 가르쳐야 함.
  - 나아가 그런 행동이 친구에게 상처가 될 뿐 아니라 가족을 비롯한 주변 사람들에게도 영향을 준다는 것을 이야기한다.

계산을 잘했을 때는 "머리가 좋네"가 아니라 "해냈구나!"라는 말로 칭찬한다.

- 계산을 잘했을 때, 이름을 쓸 수 있게 됐을 때, "머리가 좋네!"라고 하면 유아는 남의 평가를 신경쓰는 사람이 된다.
- 대신에 "○○이 스스로 해냈구나!"라고 하면 남과 비교하는데 신경쓰는 사람이 아닌 유아는 성장을 추구하는 사람으로 성장한다.
  - 나아가 "○○이가 해 내다니 선생님도 깜짝 놀랐어!"라고 'I 메시지'로 교사의 기분을 표현해준다면 "정말?"이라며 더욱 기뻐할 것이다.

인사를 잘했을 때 "기쁘구나!"라고 말해주면 공감의 기쁨을 알게 된다.

- 인사를 잘했을 때 "착하다"고 하면 착한 유아를 연기하는 유아가 된다. 유아는 항상 칭찬을 받고 싶다.
- 인사를 잘했을 때는 "○○이가 인사하는 모습을 보니 선생님이 참 기쁘구나!" 양치질과 손 씻기를 잘했을 때는 "안심된다. ○○이가 병에 걸리면 선생님 마음이 아프거든"이라고 'I 메시지'로 교사의

마음을 표현한다.

→ 자신이 타인을 행복하게 만들어 줄 수 있는 존재라는 것을 알게 된다.

어린이집에서 어떻게 지냈는지를 말하지 않을 때는 어떻게 해야 할까?

- 유아는 그날 있었던 일을 순발력 있게 말하지 못한다.
  - 집으로 돌아온 유아에게 그날 있었던 일을 떠올리지 못하면 힌트를 주면 잘 떠올린다.
  - "땀을 흘리는 것을 보니 열심히 뛰어놀았나 보구나"라고 말하며, 아이의 '현재'에 관심을 두고 말을 건네는 것이 좋다. 땀이 계기가 되어 연상되는 기억을 줄줄이 말할 수 있다.

"고마워"라는 말을 듣고 자란 유아는 다정한 사람으로 성장한다.

- 교사가 "고마워"라고 말하면 도움이 됐다는 메시지가 유아에게 전달된다. 유아는 '내가 교사에게 도움이 됐어! 와, 신난다'라고 생각하고 보람을 느낀다.
- 교사가 진심으로 고맙다고 말할 때 유아는 행복감을 느끼고, 고맙다는 말의 진정한 의미를 알게 되며 할 수 있게 된다.
- 교사가 솔직하게 사과하는 모습을 보고 유아는 사과하는 방법을 배운다.
  - 부모가 아이에게 미안한다고 말하면 아이는 밝고 솔직한 사람이 된다.

유아가 울고 소리칠 때는 "화났나 보구나", "슬픈가 보구나"라고 말해준다.

- 울고 소리칠 때 "울지 마", "조용히 해!"라고 하면 유아는 감정을

억누르는 사람이 된다.

- 꼭 안고 터치하면서 "화났나 보구나", "슬픈가 보구나"라고 말해주면 유아는 자신의 감정을 이해하게 되어 감정을 통제할 수 있는 사람으로 성장한다.
  - 유아는 자신이 느끼는 불쾌한 감정의 정체를 모른다. 슬픔. 후회, 공포를 구별하지 못한다.
  - 감정을 말로 표현해주면 유아의 마음이 진정된다.
  - 유아의 마음이 진정되면 '다른 것에 집중해본다', '좋은 방향으로 생각해 본다', '큰소리를 질러본다', '몸을 움직인다'와 같이 구체적인 감정 통제방법을 가르쳐야 한다.
    → 심리학 용어로 '승화', 감정은 수용해주고 행동은 바로잡아야 한다.

"노력하고 있구나"라는 말이 유아의 향상심을 자극한다.

- "열심히 해"라고 자주 말하면 결과에 집착하는 유아가 된다. "노력하고 있구나"라고 응원해주면 과정을 중요하게 여기는 유아가 된다 (동기부여).
- 유아는 어른이 생각하는 것보다 훨씬 많이 최선을 다하고 있을 때가 많다. 열심히 하라는 말을 있는 그대로 받아들여 부담을 느끼기도 한다.
- 작은 변화도 놓치지 말고 "노력했구나", "해냈구나"라고 말해주면 성장의 기쁨을 느끼게 된다.

"네 편이야"라고 말해줄 때 아이는 진심으로 안심한다.

- 유아들 사이에서 발생한 문제를 유아는 자신의 힘으로 해결하고 싶어 하는 마음이 있기 때문에 "선생님은 ○○이 편이야!" "무슨 일이

있으면 말해줘야 해"라고만 말한다.

- 유아가 성장하는데 중요한 것은 자존감!
  - '자존감'은 자신을 스스로 존재 가치가 있다고 생각하는 것, 살아 있는 것만으로도 의미가 있다고 느끼는 감정
  - 자존감은 다른 것이 아닌 교사의 '사랑'으로 형성된다.

"사랑해"라고 말하면서 꼭 안아주면 아이는 삶의 행복과 기쁨을 느낀다.

- 'I 메시지' 가운데 아이에게 가장 효과가 좋은 말은 "사랑해"이다.
  - "사랑해"하는 말을 자주 해주면 사랑하고 사랑받을 때 느껴지는 따뜻한 마음을 알게 된다.
- 다정하게 꼭 안아주면 '나는 지금의 나로 가치 있는 존재'라고 느끼고 자기 존재를 긍정하게 된다.
  - 하루에 한 번 6초 이상씩 꼭 안아 주자. 포옹은 아이가 씩씩하게 자라는데 필요한 마음의 힘이 된다(다케우치 에리카, 『선생님 이렇게 말해주세요』 중에서).

3 현장에서의 상호작용

1) 또래 간의 긍정적 상호작용의 격려

① 역할놀이에서 유모차가 지나가도록 양보하는 영아에게 교사가 "○○이가 길을 비켜줬구나. **아 고마워 해볼까?"라고 이야기함.

② 쌓기놀이에서 기차놀이를 하며 한 영아가 "너도 타"하자 교사가 "친구도 같이 태워줬구나 더 즐거워 보이는구나!"라고 격려함.

③ 역할놀이에서 유모차를 끌던 유아에게 "유모차를 같이 미는구나" 라고 격려함.

④ 바깥놀이 시 풍선 놀이하는 두 명의 영아에게 "A와 B는 사이좋게 풍선놀이하니까 더 재미있겠다"라고 격려함.

⑤ 바깥놀이 시 꽃향기를 맡고 싶어 하는 A유아가 키가 닿지 않자 "선생님, 안돼요"하자 B유아가 "이리와 여기서 해"하며 자기 자리를 양보함. 교사가 "B야 친구가 꽃향기를 맡을 수 있게 양보했어요? 너무 고맙다. A야 B한테 고마워 해볼까?"라고 격려함.

⑥ 바깥놀이 시 돌다리 건너기 활동을 하다가 A유아가 넘어지자 B유아가 손을 잡아 일으켜 세워줌. 교사가 "어머! B가 손잡아 줬어요? 너무 고맙다"라고 이야기함.

⑦ 실내놀이 중 직업그림 맞추기 퍼즐을 하던 친구가 옆에서 기다리던 친구에게 "내가 먼저 하고 줄게, 기다려봐"라고 한 후 "우리 같이 할까?"라고 하자 교사가 "우리 ○○반 멋지다"라며 격려함.

⑧ 역할놀이에서 여러 명의 유아가 함께 활동하자 한 유아가 "차례차례 해야지"라고 하고, 교사는 "그래, 선생님이 도와줄게. 기다려줘서 고마워"라고 함.

⑨ 역할놀이 주전자로 물을 마시겠다고 서로 밀치자 "주전자는 하나인데 어떻게 하면 좋겠니?"라고 하자 유아들이 다시 줄을 섬. 교사가 "그래 한 명씩 한 명씩 먹으면 좋겠다"라고 격려함.

⑩ 바깥놀이 시 손을 잡고 가는 2명의 영아에게 교사가 "사이좋게 손잡고 가는구나"라고 격려함.

⑪ 바깥놀이 시 각자의 리본막대를 가지고 놀던 2명의 영아가 서로 바꾸어 놀이하자 교사가 "친구꺼랑 바꿔서 놀이하는 거예요? 또 다른 친구와도 바꿔서 해볼까?"라고 격려함.

⑫ 미술놀이에서 뽕뽕이로 리본막대를 꾸미는 영아에게 교사가 "우리 빨간색도 붙여볼까? 다른 색을 붙이면 어떤 모습으로 보일까?"라고 격려함.

⑬ 언어놀이에서 동화책을 보는 두 명의 유아에게 교사가 "사이좋게 동화책을 보고 무슨 이야기인지 친구들에게 말해 줄 수 있겠니?"라고 격려함.

2) 동기유발과 호기심의 장려

① 쌓기놀이에서 한 영아가 "선생님 불났어요"하자 교사가 "어디 불났어요?. 그럼 어떻게 해야 할까?"라고 질문함.

② 역할놀이에서 커피를 권하는 한 영아에게 교사가 "뜨거워요? 아니면 차가워요?"라고 질문함.

③ 바깥놀이 시 풍선 놀이를 하며 "풍선을 만지니까 어떤 느낌이에요?"라고 질문함.

④ 과학놀이에서 싹이 난 채소를 관찰하는 유아에게 교사가 "이게 무슨 싹일까? 크게 자라면 어떤 채소가 될까요?"라고 질문함.

⑤ 바깥놀이 시 새장 옆을 지나가다가 한 유아가 "어, 새가 말을 해

요!"하자 교사가 "새가 지금 무슨 말을 할까? 뭐라고 해요?"라고 질문함.

⑥ 바깥놀이 시 튤립 꽃밭을 지나가다가 교사가 유아들에게 "이 꽃은 무슨 꽃일까? 꽃 속에는 뭐가 들어있을까? 향기는 어때요?"라고 질문함.

⑦ 동화책을 보고 있는 영아에게 교사가 "어떤 동물이에요?", "고양이는 어떻게 소리를 내요?"라고 질문함.

⑧ 바깥놀이 시 리본막대를 흔들며 노는 영아에게 "그렇게 흔드니까 어떤 모양이 될까? 동그란 공 같구나!"라고 이야기함.

⑨ 바깥놀이 시 날아가는 나비를 보며 교사가 "나비가 날아가네. 나비는 어떻게 날아 다녀요?"라고 질문함.

참고문헌

REFERENCE

강문희, 신현옥, 정옥한, 정전옥(2006). **아동발달**. 경기: 교문사.

고문숙, 김수향, 김춘경, 이경하, 이용주, 임영심(2013). **아동관찰 및 행동연구**. 서울: 동문사.

고문숙, 임영심, 황정숙(2011). **영유아 놀이지도**. 경기: 양서원.

곽금주(2002). **아동심리평가와 검사**. 서울: 학지사.

곽금주, 오상우, 김청택(2011). *Korean-Wechsler Intelligence Scale for Children* (4th ed.) 서울: 학지사.

교육과학기술부(2008). 유치원 교육과정.

교육과학기술부(2012). **5세 누리과정-해설서**. 서울: 대한교과서.

교육과학기술부, 보건복지부(2013). 3-5세 연령별 누리과정 해설서.

교육부, 보건복지부(2019). 개정누리과정 해설서.

육아정책연구소(2019). 개정 우리과정 교사 연수자료.

교육부, 보건복지부, 육아정책연구소(2017). 3-5세 누리과정 운영을 위한 교사연수 자료집.

김언주, 강영하, 최건수(1989). **인지발달과 교육**. 경기: 양서원.

김병선, 이윤옥(1998). **이동연구방법**. 경기: 양서원.

김형숙(2000). 요리활동이 유아의 친사회적 행동에 미치는 영향. 순천향대학교 교육대학원 석사학위논문.

김영환, 문수백, 홍상황(2005). **심리검사의 이론과 실제**. 서울: 학지사.

김은영, 김진경, 최경숙, 조운주, 조혜주, 안진(2009). **유치원과 보육시설 시설 · 설비 기준 개발 연구**. 서울: 육아정책연구소.

김이영, 김태인, 김현정, 송명숙. 이지미, 한석실(2015). **영유아 행동 관찰의 이해**. 경기: 정민사.

김지은(2014). **영유아 행동 관찰의 이해**. 경기: 정민사.

김지은, 김진숙(1999). **영유아 행동 관찰의 이해**. 경기: 정민사.

김희진, 박은혜, 이지현(2000). **영유아교육기관에서의 관찰**. 서울: 창지사.

노명숙(2018). **아동관찰 및 행동연구**. 서울: 창지사.

박경자 역(1997). **유아행동 관찰**. 서울: 학지사.

박재옥, 홍길회(2012). **보육기관 운영의 실제**. 서울: 창지사.

박재옥, 홍길회(2017). **영유아를 위한 수학교육**. 서울: 동문사.

법제처. 영유아보육법 시행령[대통령령 제23734호, 2012.4.17, 타법개정], 자료검색일 2012. 5. 20, http://www.moleg.go.kr.

보건복지부(2013). 제3차 어린이집 표준보육과정.

보건복지부(2020). 제4차 어린이집 표준보육과정 해설서.

보건복지부(2012). 2012 어린이집 평가인증사업 안내(39인 이하 어린이집).

보건복지부(2012). 2012 어린이집 평가인증사업 안내(40인 이상 어린이집).

보건복지부(2012). 2012 어린이집 평가인증사업 안내(장애전담 어린이집).

보건복지부, 한국보육진흥원(2018). 제3차 어린이집 평가인증 안내.

서 현(2007). 보육시설 평가인증을 위한 준비과정에 나타난 보육교사 경험의 의미. **한국영유아보육학, 제50권**, 1-29.

서현아, 하선혜, 박소윤, 강현미, 한희정, 김산아(2018). **아동관찰 및 행동연구**. 경기: 양서원.

성미영, 전가일, 정현심, 김유미(2017). **아동 관찰 및 행동연구**. 서울: 학지사.

안선희, 문혁준, 김양은, 김영심, 안효진, 이경옥, 신혜원(2017). **개정 아동관찰 및 행동연구**. 서울: 창지사.

양명희, 임유경(2016). **유아행동 관찰 및 평가**. 서울: 학지사.

원계선, 고지민, 김현정, 문혜경, 양수경, 임진형, 현은선(2017). **아동관찰 및 행동연구**. 서울: 학지사.

이경옥, 박혜원, 이상희(2016). 한국 웩슬러 유아지능검사 4판(K-WPPSI-IV)의 지능구조에 관한 연구. **아동학회지 제37권** 제6호.

이순형 외(2014). **아동관찰 및 행동연구**. 서울: 학지사.

이영석, 이경영(1995). **유아사회교육의 이론과 실제**. 서울: 형설출판사.

이영석, 이정화(2000). **영역별 포트폴리오 평가방법의 적용 원리와 실제**. 서울: 교육과학사.

이영석, 이정화(2000). **포트폴리오 평가방법의 적용 원리와 실제**. 서울: 교육과학사.

이은옥, 임난영, 박현애(1998). 간호 · 의료연구와 통계분석. 경기: 수문사.
이은해(1985). 아동연구방법. 경기: 교문사.
이정모(2010). 김영정 선생님 추모 특집: 체화된 인지접근과 학문간 융합-인지과학 새 패러다임과 철학의 연결이 주는 시사. 철학사상. 38, 27-66.
이정환, 박은혜(1995). 교사를 위한 유아관찰 워크북Ⅰ. 어린이육영회.
임창재(2000). 유아심리측정. 서울: 학문사.
전남련, 김인자, 백향기, 황연옥(2016). 아동관찰 및 행동연구. 경기: 양서원.
조복희(2010). 아동연구의 방법. 경기: 교문사.
조성연, 이정희, 황혜정, 나종혜, 양성은(2018). 아동관찰 및 행동연구. 서울: 신정.
한국교육심리학회(2000). 교육심리학용어사전. 서울: 학지사.
한국교육평가학회(2004). 교육평가용어사전. 서울: 학지사.
한국보육진흥원(2012). 평가인증 유형별 지침서.
한국유아교육학회(1996). 유아교육사전. 서울: 한국사전연구사.
홍길회, 김명연(2018). 유아사회교육의 실제. 경기: 정민사.
홍길회, 이혜란, 왕영희, 정미자(2016). 사회 · 가족 변화에 따른 부모교육. 서울: 창지사.
홍길회, 한경님, 박애경(2015). 영아 발달의 이해. 경기: 창지사.
홍길회, 한성희(2019). 영유아발달. 경기: 정민사.
황해익(2009). 유아교육평가의 이해. 경기: 정민사.
황해익(2012). 아동연구방법 개정판. 경기: 정민사.
황해익(2015). 영유아행동 관찰법. 서울: 창지사.
황해익, 송연숙, 정혜영, 유수경(2015). 영유아 행동 관찰법. 경기: 창지사.
황해익, 송연숙, 정혜영(2008). 유아행동 관찰법. 경기: 창지사.

Aiken, L. R.(1989). *Assessment of Persnality*. Boston: Allyn & Bacon.
Alan S. Kaufman & Nadeen L. Kaufman.(2005). Kaufman assessment battery for children II [KABC-II]. KABC-II 한국 카우프만 아동 지능검사 2. (문순백 역, 2014). 서울: 학지사.

Anastasi, A.(1988). *Psychological testing*(6th ed.). New York: Macmillan.

Ault, R.(1982). 아동의 인지발달(곽금주 역). 서울: 중앙출판사.

Bell, D., & Low, R. M.(1977). *Observing and recording children's behavioral* (4th ed.). Albany, New York: Delmar.

Bentzen, W. R.(2000). *Seeing young children: A guide to observing and recording behavior*(4th ed.). Albany, New York; Delmar Publishers.

Clements, D. H.(2004). Geometic and spatial thinking in early childhood education. In D. H. Clements, J. Sarama & A. DiBiase(Eds.), Engaging young children in mathematics. Mahwah, NJ: Lawrence Erlbaum Associates.

Cohen, R., M. E. Swerdlik, and D. J. Smith.(1992). *Psychological testing and assessment: An introduction to test and measurement*(2nd ed.). Mayfield Publishing Company.

Copley, J. V.(2010). *The young child and mathematics*. Washington DC: National Association for the Education of Young Children 2nd ed.

Epstein, A. S.(2007). *The intentional teacher: Choosing the best strategies for young children's learning*. Washington D.C.: NAEYC.

Ginsburg, H. P., Lee, J. S., & Boyd, J. S.(2008). Mathematics education for young children: What it is and how to promote it. *Social Policy Report*, 22(1), 1-24.

Hendrick, J.(1990). *Total lerning: Developmental curriculum for the young child*(3rd ed.). New York: Macmiallan.

Howe, M. B.(2000). Improving child care and promoting accreditation: The Military Model. Public Policy Report. *Young Children*, 55(5). 61-63.

Jonathan, R. H., & Fabenne, D.(2004). Early mathematics experience: Observing young black and white children's everyday activity. *Early Childhood Research Quarterly*, 19, 21-39.

Kerlinger, F. N.(1986). *Foundations of behavioral research*. Orrlando, F.L.: Harcourt Brace Jovanovich College Publishers.

Martin, S.(1999). *Take a book: Observation and portfolio assessment in early childhood*(2nd ed.). Ontari, Canada; Addison-Wesley.

McLean, M. E., Bailey, D. B., & Wolery, M.(1996). *Assessing infants and preschoolers with special needs*(2nd ed.). Englewood Cliffs, N.J.: Merrill.

Nilsen, B.(2001). *Week by week: Plans for observing and recording young children*(2nd ed.). Albany, New York: Delmar.

Salvia, J., & Yesseldyke, J. E.,(1991). *Assessment in special and remedial education*(5th ed.). Boston: Houghton Mifflin.

Shores, Elizabeth F. & Cathy Grace(1998). 단계별 포트폴리오 활동의 이론과 실제(한유미, 오연주 역, 2003). 서울: 다음세대.

Tall, D.(2004). Thinking through three worlds of mathematics. *Proceedings of the 28th Conference of the International Group for the Psychology of Mathematics Education*, 4, 281-288.

Tucker, K.(2010). *Mathematics through play in the early years*(2nd ed.). London: Sage Publications Ltd.

Wechsler, D.(1939). *The measurement of adult intelligence*. Baltimore, MD, US: Williams & Wilkins Co.

INDEX
찾아보기

▸ ㅂ

▸ ㅅ

▸ ㅇ

▸ ㅈ

▸ ㅊ

▸ ㅌ

▸ ㅍ

▸ ㅎ

▸ 기타

저자소개

홍길회

연세대학교 및 대학원 아동학과 졸업

G. Araneta University(아동교육) 박사

현. 동남보건대학교 유아교육과 교수

주요 저서: 창의성교육의 실제 / 유아사회교육의 실제
사회변화에 따른 부모교육
영유아건강교육 제2판 / 아동문학과 동화구연
가족관계의 이해 / 영유아발달
유아교육기관 운영관리 / 영유아교사(인성)론 등

박재옥

인하대학교 대학원 아동학 박사

인천대학교 강사

인하대학교 강사 · 겸임교수

동남보건대학교 강사 · 겸임교수

현. 시립월곶어린이집 원장

주요 저서: 영유아를 위한 수학교육 제2판
다문화교육의 실제
보육기관운영의 실제
유아다문화교육 등

아동관찰 및 행동연구 제2판

초 판 1쇄 발행 / 2018년 12월 17일
초 판 2쇄 발행 / 2019년 8월 30일
초 판 3쇄 발행 / 2021년 2월 28일
제2판 1쇄 발행 / 2021년 8월 10일
제2판 2쇄 발행 / 2022년 2월 28일
제2판 3쇄 발행 / 2023년 8월 16일

공저자 / 홍길회 · 박재옥
발행인 / 이 중 수
발행처 / 동 문 사

서울특별시 서대문구 홍제원 1길 12
(홍제동 137-8)
Tel: 02)736-3718(대), 736-3710, 3720
Fax: 02)736-3719
등록번호: 제9-17호
가격: 23,000원

ISBN: 979-11-6328-328-7 (93370)
E-mail: dong736@naver.com
www.dongmunsa.com